Heinz Ohff · Auch sie waren Preußen

Heinz Ohff

Auch sie waren Preußen

15 Lebensbilder

SAFARI-VERLAG BERLIN

ISBN 3-7934-1458-2

Schutzumschlag: Dieter Winzens, Berlin
Layout und Herstellung: Werner Weinberg, Berlin
Gesamtherstellung: Jos. C. Huber KG, Dießen
Printed in Germany

Inhalt

1 Der Große Kurfürst oder Die pragmatische Toleranz

Auf dem berühmten Stich blickt er mit hochgezogenen Augenbrauen, fleischig herabfallender Nase, Zwirbelbart und Doppelkinn den Betrachter an wie jemand, mit dem nicht eben gut Kirschen essen sein dürfte. Der Eindruck ist richtig. Jener grimmig lächelnde, untersetzte Dickkopf, dessen grimmiges Lächeln man im übrigen auch als höhnisches Grinsen deuten könnte, und das mit dem gleichen Recht, war alles andere als ein Ausbund an Tugend. Ganz im Gegenteil. Obwohl er, der auf die beiden erzpreußischen Namen Friedrich Wilhelm getauft wurde und nach seinem Sieg bei Fehrbellin vom Volk den ehrenvollen Titel eines »Großen Kurfürsten« erhielt, der eigentliche Gründer eines preußischen Staates ist, Vorbereiter auch jenes »Staatsgedankens«, der Preußen auszeichnen (und ihm zugleich seinen weltweiten schlechten Ruf eintragen) wird, liegen ihm preußische Tugenden meilenfern, als da sind: Treue, Zuverlässigkeit, Patriotismus. Dem Gründer Preußens bleiben sie fremde Begriffe; er wäre erstaunt, wenn sie einer von ihm erwartet oder gar verlangt hätte.

Auch Liberalität und Toleranz hatte er keineswegs auf seine Fahnen geschrieben, die er durch viele Schlachten mit ständig wechselnden Bundesgenossen trug. Ein Krieger, ein Schlitzohr, ein skrupelloser Taktierer, tapfer wie ein Bär und hinterhältiger als alle Schlangen, organisiert und mogelt er das Land Preußen, das es noch gar nicht gibt, in die Weltgeschichte hinein, zunächst unter diejenigen europäischen Mächte, auf die es ankommt. Machiavelli hätte seine helle Freude an ihm gehabt.

Sonderbarer-, vielleicht aber auch bezeichnenderweise wird eben dieser Egoist, der immer nur auf seinen eigenen Vorteil bedacht bleibt und der diesen auch noch als eine von keinem Geringeren als dem Herrgott übertragene Aufgabe betrachtet, zum Begründer eben jener Toleranz und Liberalität, die Preußen zumindest in einem Teil seiner politischen und geistigen Existenz ebenfalls ausgezeichnet haben. Zwar versteht er unter »Libertät«, die er übrigens gern im Munde führt, nur die eigene, höchstpersönliche Unabhängigkeit von den deutschen Kaisern, den katholischen Habsburgern, aber — immerhin! — eine gewisse Libertät gesteht er auch seinen Untertanen zu. Bei ihm bekommen, vorher undenk-

Der Große Kurfürst. Bronzerelief von Gottfried Leygebe (1671).
Ehemals Besitz Hohenzollern-Museum, Berlin

bar, sogar Leute von höchst bescheidener Herkunft große Chancen am Hof, im Offizierskorps und in der Verwaltung. Am Ende seines Lebens, drei Jahre vor seinem Tod, unterzeichnet er sogar ein Edikt der Toleranz, das, mit wenigen Ausnahmen, alles bislang Übliche in den Schatten stellt. Warum? Um es negativ auszudrücken: aus Raffinesse, aus Schlitzohrigkeit, weil es ihm selbst Vorteile bringt. Man kann es aber auch positiv sagen: aus Vernunft oder, um einen Mittelweg zu wählen: aus Pragmatismus, aus Kalkül.

So kann es gut sein, daß, mit dem Großen Kurfürsten als Ahnherrn, preußische Toleranz (oder preußisches Toleranzbemühen) überhaupt und ganz grundsätzlich aus dem Kalkül stammt, aus der kühlen Überlegung, daß Toleranz immer besser ist als Intoleranz. Moral, in der Geschichte ohnehin zwar viel zitiert, aber selten befolgt, spielt da — falls nicht von der bürgerlichen Opposition ins Feld geführt — eine bestenfalls untergeordnete Rolle. Da sie jedoch unter anderem von den wechselnden Launen der Herrschenden abhängt, ihren Überzeugungen und Ideologien, nicht zuletzt von den jeweiligen Gefühlen der jeweiligen Oberklassen, mag solch ein Baugrund reiner Vernunft sogar der schlechteste gar nicht einmal sein. Besser einer tut das Gute, weil er es für vorteilhaft hält, als er tut das Schlechte. Was wäre, wenn Hitler dem sonst so oft beschworenen ersten Preußen nachgeeifert hätte, wenigstens darin, daß er, bei aller Abneigung gegen die Juden, diese als wichtig und wertvoll für das Ganze erkannt und sie darum — nur darum — als gleichberechtigte Staatsbürger behandelt hätte? Der Große Kurfürst war ganz gewiß kein Liberaler, aber ohne ihn und sein ebenso kluges wie krummes Handeln wird sich spezifisch preußische Liberalität kaum faßbar machen lassen. Betrachten wir uns also den Mann, dem Preußen zwei Dinge verdankt, die ihm nicht immer unbedingt nur Freunde eingetragen haben, weder nach außen noch nach innen, das stehende Heer und das Establishment einer allgegenwärtigen Beamten-Bürokratie. Er hat seine sympathischen Züge.

Drei Faktoren bestimmen seine Jugend: der Dreißigjährige Krieg, in den er — am 16. Februar 1620 — hineingeboren wird, eine streng calvinisti-

sche Erziehung, die wegen der Kriegswirren nicht in seinem Geburtsort Berlin vor sich gehen kann, sondern hinter den schützenden Wällen der Festung Küstrin, und, endlich, Holland. Dorthin wird der junge Mann gebracht, zu Verwandten, ebenfalls wegen der Kriegsumstände und zur weiteren Ausbildung.

Der Dreißigjährige Krieg trifft die Mark Brandenburg besonders schlimm. Sie liegt stets im Griffbereich der jeweils feindlichen Heere, die ungehindert, plündernd und Kontribution erhebend, mordend und brennend das Land durchziehen. Friedrich Wilhelms Vater, der Kurfürst Georg Wilhelm, muß dem Treiben hilflos zusehen. Seine ohnehin nicht mit Gütern gesegnete Mark wird verwüstet und entvölkert: Kaiserliche und Schweden benutzen sie als Schlachtfeld.

Der Junge wird, der erste Hohenzoller, von Anfang an calvinistisch erzogen, von seinem vorzüglichen Erzieher von Leuchtmar. Sein Großvater, Kurfürst Johann Sigismund, war 1613 zum Calvinismus übergetreten, halb aus Überzeugung, aber halb auch aus Berechnung. Da gibt es westliche Besitzungen, Kleve und Jülich, deren »Landstände«, der damals ungemein mächtige grundbesitzende Adel, seine Untertanentreue von einem derartigen Religionswechsel abhängig gemacht hat — Kleve und Jülich liegen im Machtbereich Hollands, und Holland ist calvinistisch. Die Religion spielt in jenen Tagen überhaupt eine ausschlaggebende, wenngleich oft nur vorgeschobene Rolle: Machtpolitik und Glaubensbekenntnis sind eng miteinander verflochten und führen dann ja auch zum letzten großen Glaubenskampf (der zugleich ein machtpolitischer ist) im dreißig Jahre langen Großkrieg.

Strenge calvinistische Überzeugung wird dann auch zur einzigen Konstante im Leben des Großen Kurfürsten. Wenn er überhaupt zu etwas Idealem oder Idealistischem tendiert außer zu Eigennutz und Landesvatertum, dann zu seinem Glauben, zum Protestantismus, zum Calvinismus. Mütterlicherseits — Elisabeth Charlotte stammt aus der Pfalz — ist er überdies ein Oranier. Seine ausgesprochen militärische Begabung dürfte er keinesfalls vom Vater, sondern von der Mutter, dem Haus Oranien ererbt haben.

Das Haus Nassau-Oranien, weit verzweigt und unter vielen Fahnen und Herren dienstbar, hat mehr überragende Heerführer hervorgebracht als alle anderen europäischen Fürstenhäuser. Ihm verdankt man jene auf die Dauer gewiß zweifelhaften Errungenschaften, die aus den Landsknechts- und Bauernheeren des Mittelalters erst schlagkräftige und einsatzfähige Truppen nach modernem Maßstab gemacht haben, Errungenschaften, wie sie bis heute als unabdingbar für jede soldatische Ausbildung gelten, als da sind: die Einteilung und Ausbildung nach bestimmten Kategorien (Infanterie, Kavallerie etc.), das planmäßige Exerzieren, links-zwei-drei, rechts-zwei-drei, der Gleichschritt, die festgefügte Hierarchie eines Offiziersstandes vom Leutnant bis zum Generalfeldmarschall — lauter Dinge, die für das Kriegswesen so ausschlaggebend und revolutionierend waren wie die Erfindung des Rades für die Entwicklung der Menschheit. Der Große Kurfürst wird sie dann auch bei sich einführen, sobald er an die Macht gekommen ist. Selbst leidenschaftliche Pazifisten müssen zugeben, daß dies unter den damaligen Umständen eine Erlösung für seine geplagten Untertanen bedeutet haben muß, die sonst in barbarischer Regelmäßigkeit von fremden Marodeuren überfallen zu werden pflegten.
In Holland, bei Prinz Friedrich Heinrich, seinem späteren Schwiegervater, lernt der junge Kurprinz diese »Kriegskunst« — die Oranier führen den Freiheitskampf der Niederlande gegen die Spanier — von der Pike auf; Friedrich Wilhelm macht die Belagerung von Breda mit. Gleichzeitig studiert er aber auch an der altehrwürdigen Universität von Leyden und entdeckt eine andere, friedlichere, nicht weniger wichtige Seite der Politik. Der Kontrast zum armen, nahezu völlig verwüsteten Brandenburg muß schlagend genug gewesen sein. Hollands blühende Wirtschaft basiert auf der Leistung der Entwässerungsingenieure und Schiffsbauer. Da sind fruchtbare Landstriche entstanden, in denen vorher kaum etwas wuchs, da betreiben ganze Flotten von Schiffen einen schwunghaften Handel mit Nachbarn und weit entfernten Völkern und Gegenden, bis hin nach Afrika. Da herrscht Leben und Treiben, ein abenteuerlicher Reichtum — und da fallen Steuern genug ab, mit denen man ein Heer bezahlen und seine Verteidigung finanzieren kann, indes ein Land wie

das seine allen Fremdmächten erbarmungslos ausgeliefert ist. Holland muß ihm als ein Paradies erschienen sein. Es wird sein — wie er selbst meint: unerreichbares — Vorbild.

Friedrich Wilhelm ist zwanzig, als er 1640 die Regentschaft übernimmt. Keine leichte Erbschaft, die der junge Mann da antritt. Ihm geht zwar der Ruf eines energischen (und cholerischen) Charakters voraus, der seinen Willen unter allen Umständen durchzusetzen trachtet, aber eben diese Umstände erlauben es ihm zunächst kaum, seine charakterlichen Stärken auch nur annähernd anzuwenden. Wie es in seinen und anderen deutschen Landen aussieht, hat ein zutiefst betroffener Engländer beschrieben, der sie im Gefolge seines Botschafters 1636 — auf dem Weg nach Regensburg zum sogenannten Kurfürstentreffen — durchreiste. Jedes Dorf, jede Stadt, jedes Schloß »zerschmettert, geplündert und verbrannt«. In den Ruinen leben verhungernde Kinder, die wie Wölfe übereinander herfallen, wenn sie Eßbares in irgendeiner Form wittern. Die Menschen ernähren sich weitgehend von Gras; Leichen haben es oft noch unzerkaut im Mund zwischen den Zähnen. Seuchen grassieren, und in den noch nicht gänzlich verlassenen Ortschaften fliehen die Einwohner, sobald sich Fremde auch nur von ferne blicken lassen, aus Angst vor den ständig umherstreifenden Söldnern, die noch den Ärmsten die letzten Fetzen vom Leib reißen. Der Botschafter sieht, wie »verschiedene arme Menschen auf dem Dunghaufen lagen . . ., kaum fähig«, wie unser Gewährsmann berichtet, »herunterzukriechen, um die Gaben seiner Exzellenz entgegenzunehmen«. Man schätzt, daß 7 1/2 Millionen Menschen im Dreißigjährigen Krieg ums Leben gekommen sind. In Brandenburg hat er weite Landstriche gänzlich entvölkert.

So sieht es also aus. Doch die unvorstellbare Not ist nicht das einzige schier unlösbare Problem, mit dem Friedrich Wilhelm konfrontiert wird. Es handelt sich in Wirklichkeit gar nicht um ein Land, das er aus den Händen seines Vaters empfängt, sondern um ein merkwürdiges Gebilde von so unglücklicher Dreiteilung, daß es kaum je zusammenwachsen kann, wie man meinen sollte. Da sind Kleve und Jülich weit im Westen, ein Spielball zwischen Holland und Spanien, eine Exklave, deren Landstände den fremden Herren zwangsläufig mehr gehorchen müssen als dem eigenen Herrn. Preußen, weit im Osten, ist nicht einmal Bestandteil des Reiches, sondern, als Fürstentum, lehnsabhängig vom polnischen König – auch da kann er nicht schalten und walten, wie er will. Zudem drohen im Nordosten die Schweden, die sich in Pommern eingenistet haben – lauter Feinde und kein innerer Zusammenhalt. Die »Streulage« der brandenburgischen Territorien verhindert sogar eine einheitliche Politik, die, jedenfalls bisher, nur aus einem jeweiligen Hinundherlavieren bestehen konnte.

Friedrich Wilhelm ergreift die Zügel zunächst mit äußerster Umsicht. Daß er sie überhaupt ergreift, dürfte nicht zuletzt seinem calvinistischen Glauben zuzuschreiben sein, denn sonderbarerweise entspricht dies durchaus nicht den üblichen Gepflogenheiten. Gewöhnlich lassen die Herren Herrscher die Zügel nämlich schleifen, sie regieren nicht, sie lassen regieren, wie auch sein schwacher Vater die Staatsgeschäfte fast ausschließlich vom Grafen Adam von Schwarzenberg aus Kleve führen ließ. Calvin mit seinem christlichen Aktivismus und seiner Forderung nach rastloser Tätigkeit, die auch eine gegenseitige Durchdringung von Kirche und Staat verlangt, hat da freilich anderes gelehrt. Ein untätiges Leben führt zwangsläufig zur Hölle – also heißt es, für die Seligkeit selbst etwas zu tun, und Friedrich Wilhelm, der Calvinist, ist nicht der Mann, der untätig zur Hölle fährt. Schwarzenberg ist über den plötzlichen Systemwechsel so entsetzt, daß er einem Schlaganfall erliegt. Er bleibt ohne Nachfolger.

Das Zeitalter des Absolutismus zeichnet sich ab, ein Rückschritt, wie manche Historiker meinen. Drei Jahre später setzt sich in Frankreich Ludwig XIV. auf den Thron, die Inkarnation eines Alleinherrschers (und einer von Friedrich Wilhelms gefährlichsten Gegenspielern). Aber kann man es einem Fürsten verdenken, daß er, wenn er schon vor der Welt und dem Herrgott die alleinige Verantwortung trägt, auch selbst in den Lauf der Dinge eingreifen möchte? Das tut Friedrich Wilhelm, und es gelingt ihm sogar, schlau wie ein Fuchs, sich und sein Land bis zum Westfälischen Frieden zwischen Kaiser, Schweden, Polen, Franzosen durchzumogeln, mit eben jener flink reagierenden Gewitztheit, die ihm später den nicht eben ehrenhaften Namen eines Schaukelpolitikers eintragen wird.

Wenn es jemals einen Schaukelpolitiker gegeben haben sollte, dann war es wahrhaftig der Große Kurfürst. Er ist den Mächtigen bald so unheimlich, daß er sich sogar im Westfälischen Frieden eine schöne Scheibe Landes abschneiden kann: Hinterpommern mit Cammin, Minden und Halberstadt dazu. Er zeigt sich trotzdem bitter enttäuscht und läßt dies auch alle Welt wissen und spüren, denn sein eigentliches Ziel, das er sein ganzes Leben hindurch hartnäckig verfolgen wird, ist — partout! — Vorderpommern, will er doch nach holländischem Vorbild eine merkantile Handelsmacht gründen mit einer Flotte, die alle Weltmeere befährt. Und dazu braucht er Stettin, das die Schweden behalten.

Im ersten Anlauf versucht er es auf die österreichische Methode, durch Heirat. Er bietet der späteren Königin Christine von Schweden die Hand, gleichfalls einer Oranierin, seiner Kusine. Hämische Zungen behaupten, Friedrich Wilhelm habe ihr leichtsinnigerweise sein Bild geschickt, eine wahrheitsgetreue Miniatur seines Antlitzes, und das habe sie zwangsläufig bewogen, den Antrag nicht anzunehmen, aber in Wirklichkeit waren die Gründe für ihre Ablehnung politischer Natur. So holt er sich seine erste Frau, Luise Henriette, aus dem geliebten Holland, und nicht nur sie. Er holt auch holländische Architekten, die den Grundstock legen zu einer Residenzstadt, die später einmal Berlin heißen wird, holländische Deich- und Kanalbauer, die ihm den Luch und Sumpf trockenlegen, dagegen den Sand und die Heide bewässern, die überall holländische Windmühlen aufrichten — unweit der Panke im Wedding gab es noch zu Fontanes Zeiten eine ganze Reihe davon —; holländische Gartenkultur, Meierei- und Viehwirtschaft werden importiert. Die tüchtigen Niederländer und ihr — wir würden heute sagen: — Know-how versetzen dem Land einen entscheidenden wirtschaftlichen Impuls. Hätte Friedrich Wilhelm damals Stettin besessen, er hätte die Hafenstadt wahrscheinlich — anstelle von Berlin — zu seiner Hauptstadt gemacht, denn auch einen holländischen Admiral holt er sich ins Land, Raule, der

Friedrich Wilhelm, der Große Kurfürst.
Ausritt zur Falkenjagd. Zeitgenössischer Stich

mit der buchstäblich aus dem Boden gestampften kurbrandenburgischen Marine erstaunlicherweise sogar einen kolonialen Stützpunkt im heutigen Guinea errichten kann, wenn auch nur sehr vorübergehend (»Groß-Friedrichsburg«), und der eine große Transatlantische Gesellschaft vorbereitet – was für Zeitgenossen nicht anders erschienen sein mag, als wenn heute die Schweiz etwas Ähnliches plante.

Auf Handwerk und Handel legt Friedrich Wilhelm größten Wert, muß er auch, denn seine Reformen gehen noch weiter. Obwohl jetzt zunächst (vorübergehend) Frieden herrscht, behält er das Heer, gründet es geradezu neu. Damit sind die Landstände natürlich nicht einverstanden, weil sie es sind, die die Kosten zu tragen haben. Da gibt es viel Widerstand zu überwinden, aber ohne ein ständiges Heer ist man nichts in so unruhigen Zeiten – und Friedrich Wilhelm gelingt es, aus der Not eine Tugend zu machen. Als er Kurfürst wird, umfaßt sein Heer 8 000, bei seinem Tode, trotz unzähliger Kriegszüge, 31 000 Mann. Das macht: eine gründliche Reform des Steuerwesens, eine straff zentralisierte Behörde, hat er aus eben dieser Armee entwickelt, und zwar aus den ehemaligen »Kriegskommissarien«. Ein genialer Schachzug: der Bock wird zum Gärtner, der Gärtner zum Bock gemacht. Denn diese neue Finanzverwaltung hat nicht nur die Aufgabe, Steuern einzutreiben, sondern auch, diese konsequent zu erhöhen; sie muß also den Handel pflegen, Kredite geben und für die Ansiedlung von Industrie sorgen: es sind wiederum in der Hauptsache Holländer, die in Brandenburg die ersten Werke errichten, die Textilien, Glas und Luxusgüter herstellen, zum Wohle des Landes, des Staates, der Steuer, des Militärs, des Landesherrn, was plötzlich alles ein und dasselbe ist oder zu sein scheint.

Der Landadel fühlt sich, selbstredend und zu Recht, bald übergangen, übers Ohr gehauen, betrogen, verschaukelt, aber auch hier dient die Armee als Auffangbecken für offenen und geheimen Unmut. Die nach oranischem Vorbild geschaffene Offiziershierarchie zieht besonders die jungen Söhne an und bietet ihnen Laufbahnen, die unversehens ungemein ehrenvoll und verlockend erscheinen: Jülich-Kleve, Brandenburg und Preußen wachsen, von einer einzigen Hand gezwungen, zusammen, ehe sie es sich versehen – der Staat, der bald schlicht »Preußen« heißen wird, ist aus dem Genie des Großen Kurfürsten entstanden, seiner diplomatischen Gewandtheit, seinem Eigensinn, seinem Egoismus – und aus purer Notwendigkeit. Bis zum Jahre 1700 zieht Preußen 20 000 Flüchtlinge aus allen Teilen Europas an, später hauptsächlich aus Frankreich: der Blutverlust des Dreißigjährigen Krieges wird ausgeglichen und mehr als das, die Neusiedler führen neue Gewerbe, neue Erwerbsmöglichkeiten ein, von denen das ganze Land profitiert.

Friedrich Wilhelm ist unermüdlich in der Entdeckung solcher Möglichkeiten. Kaum wird bekannt, daß man in Freienwalde einen heilenden Quell entdeckt hat, schickt er schon seinen Kammerdiener und Chemiker Kunkel hin (der als Entdecker des Phosphors in die Geschichte seiner Wissenschaft eingegangen ist), und als dessen Untersuchungen positiv verlaufen, baut er dort alsbald ein Bad, das er nebst Gemahlin selbst einweiht und das prompt Gäste von überallher anzieht. Auch, im übrigen, die Bettler und die Armen, von denen es immer noch überreichlich gibt. Sie kommen, weil sie die eine schwache (und vielleicht stärkste) Seite ihres Kurfürsten kennen: seine Mildtätigkeit. Bei seiner ersten Freienwalder Kur – er leidet früh an Rheumatismus, der Krankheit aller Heerführer mit ihren nassen Quartieren – läßt Friedrich Wilhelm »zehn Wispel Getreide verbacken und die Brode samt einer Geldbeisteuer wöchentlich zweimal verteilen«.

Es stört ihn nicht einmal, wenn derartige Experimente bisweilen schiefgehen. Eben besagter Johann Kunkel, der den Phosphor entdeckt (und das Rubinglas, das sich gewinnbringend für schöne Pokale verwenden läßt), erhält von ihm eine ganze Insel, den Kaninchenwerder, die heutige Pfaueninsel, geschenkt, auf der er brauen, backen und brennen darf nach Herzenslust, wenn er nur alljährlich genug Glaskorallen, beliebte Tauschgeschenke für die Eingeborenen Guineas, herstellt und sich verpflichtet, möglichst umfassend mit Glas und anderen Materialien zu experimentieren. Kein Fremder darf die Insel betreten, nur der Kurfürst besucht seinen Kunkel oft, diskutiert mit ihm technische Probleme, unter anderem der gewaltigen Öfen auf der Pfaueninsel, hofft wohl auch, daß am Ende so etwas wie der Stein der Weisen, die künstliche Herstellung von Gold herausspringen möge. Aber das geht natürlich schief, wie, anscheinend, auch andere, noch geheimere Hoffnungen sich nicht erfüllen. Als man Friedrich Wilhelm auf die unnötigen Ausgaben für Kunkels Spleen aufmerksam macht, sagt der, er habe in seinem Leben so viel Geld verspielt oder in Feuerwerk verpuffen lassen, daß er nun, wo er nicht mehr spiele, das Gesparte wohl für die Wissenschaft verwenden dürfe. Fügen wir hinzu: oder für ein bißchen Scharlatanerie, was oft das gleiche ist. Seither spricht man bei undurchsichtigen Geschäften von »Kunkeln«.

Den ungeheuren inneren Umwälzungen laufen im übrigen ähnliche äußere Schwierigkeiten parallel. Die Friedenszeit ist nur von kurzer Dauer, aber Friedrich Wilhelm bewährt sich auch als Feldherr. Da hat er zwar Mitstreiter, nicht zuletzt den »alten Derfflinger« (einen schwierigen Mann, der leicht gekränkt ist, fortwährend seinen Abschied verlangt und dann doch bleibt), aber wie mit den Geheimen Räten im Kabinett, so sammelt Friedrich Wilhelm auch im Feldlager »gleich den Bienen, die den besten Saft aus den Blumen ziehen«, die Meinungen der Mitarbeiter, um dann höchstselbst die Dinge »zu bedenken anheim« zu nehmen. Die letzte Entscheidung fällt immer nur er und kein anderer.

Da wird ihm auch niemand die Verantwortung abnehmen können oder wollen für die vielen Front- und Stellungswechsel, die er, Zeitgenossen sprechen vom »brandenburgischen Wechselfieber«, im Laufe seines kriegerischen Lebens vornimmt. Das ist zwar damals nicht unüblich, wird aber kaum je mit einer derartigen Skrupellosigkeit praktiziert. So marschiert er, inzwischen Befehlshaber über ein wohlorganisiertes und gefürchtetes Heer, mit den Schweden gegen die Polen (der Sieg bei Warschau sieht Preußen zum erstenmal auf der Siegerseite), um sodann mit Polen einen Sonderfrieden abzuschließen, der ihm — endlich! — die volle Souveränität über Preußen garantiert. Er ist Verbündeter und Gegner des Kaisers und der Franzosen, wendet sich zeitweise sogar gegen das vielgeliebte Holland, bleibt neutral, wo man von ihm Hilfe erwartet, und greift überraschend an, wo keiner es vermutet. Zeitweilig läßt er sich von Ludwig XIV. bezahlen, was einen überzeugten Preußen noch heute die Nackenhaare sträuben läßt, und befindet sich doch flugs wieder im anderen Lager. Es ist hier nicht der Ort, all die intriganten Zickzackzüge nachzuvollziehen, auf die bald das Reich, auf die ganz Europa mit Argwohn und skeptischer Hochachtung blicken.

Viel hat ihm das übrigens nicht eingebracht, nicht einmal Vorpommern. Er kämpft im Elsaß – wo sein ältester Sohn, der hochbegabte Karl Emil, an einer Lagerseuche in Straßburg stirbt, zu seinem großen Kummer –, da fallen wieder einmal die Schweden ins Land, die er am 28. Juni 1675 bei Fehrbellin vernichtend schlägt, zum erstenmal ohne fremde Hilfe: In 35 Jahren hat er Brandenburg-Preußen, das absurde Gebilde, vom Prügelknaben der Großmächte zu einem starken, auch innerlich soliden Staat gemacht, der, wenn es denn sein muß, selbst Prügel verteilt. Der Winterfeldzug, in dem er die Schweden übers Eis auf die Ostsee jagt, setzt zudem neue strategische Maßstäbe. Trotzdem, das bereits besetzte Vorpommern muß er beim Frieden von Nijmwegen 1679 wieder herausgeben, weil die Franzosen es so wollen, denen der Sand-und-Heide-Junker – der sich selbst als Korrelat, als Puffermacht zwischen den Mächten sieht – selbst zu mächtig geworden ist.

Er heiratet nach dem Tode Luise Henriettes 1668 ein zweites Mal, die Holsteinerin Dorothea von Glücksburg, eine Frau, die ihm an Tatkraft nicht viel nachsteht. Sie regt die Gründung der Dorotheenstadt außerhalb des damaligen Festungsrings nördlich der Straße Unter den Linden an – Berlin, die Hauptstadt, wird hauptstädtisch, erhält ein »Quartier des Nobles«. Der Große Kurfürst läßt die Hauptstraße des neuen Viertels mit tausend Linden und Nußbäumen in sechs Reihen bepflanzen. Dorothea wird übrigens im – vergeblichen – Kampf um die Einsetzung ihrer Kinder in die Thronfolge noch dem Nachfolger Friedrich III. Schwierigkeiten machen, einem schwächlichen und etwas verwachsenen Mann, dem der Vater, der große Hoffnungen auf Karl Emil gesetzt hat, nicht viel zutraut. Zu Unrecht, denn unter ihm, dem ersten preußischen König, wird Preußen auch zu einem Staat werden, in dem die Musen zu ihrem Recht kommen.

Die größte und weitreichendste Tat des Großen Kurfürsten aber ist und bleibt die Unterzeichnung des Edikts von Potsdam, drei Jahre vor seinem Tode, 1685. Schon 14 Jahre vorher hat er, aus ähnlichen Gründen, die Wiederzulassung der Juden in Brandenburg verfügt. Jetzt ruft er die französischen Protestanten ins Land, die durch die Aufhebung des Edikts von Nantes in ihrer Heimat plötzlich zu Parias geworden sind. Sie kommen nur zu gern, um den Verfolgungen zu entgehen, und sie bringen ins Land, was dieses, ausgepowert, wie es ist, am meisten braucht: Gewerbefleiß und Kapital. Berlin wird zeitweilig zu einer halb französischen Stadt, was – ganz wie heute mit den türkischen und jugoslawischen Gastarbeitern – nicht problemlos über die Bühne geht, aber innerhalb von zwei Generationen hat sich das hugenottische Element assimiliert, wovon Namen wie Fouché, Fontane, Devantier, Devrient zeugen. Die Geschichte und die Geistesgeschichte Preußens wurden von den französischen Flüchtlingen entschieden aufgelockert, bereichert, vervollständigt – in Zukunft gehören auch Esprit, Eleganz und, last not least, Toleranz zu Berlin, zu Brandenburg, zu Preußen.
Der Große Kurfürst ist am 9. Mai 1688 in Potsdam gestorben. Er hinterläßt etwas, was er nicht vorgefunden hat: ein Land. Sogar ein Land, in dem es sich leben läßt.
Freilich auch eines, für das viele gestorben sind und viele sterben werden. Was der resolute Mann da in einem Lebensalter geschaffen hat, trägt auch den Keim des Unheils in sich. Die Zentralisierung der Macht, die zentrale Rolle, die die Armee spielt, die alles durchsetzende Bürokratie mit ihrem sturen Beamtenapparat sind Preußen nicht immer zum Guten ausgeschlagen, aber die enorme Lebensleistung bleibt. Wäre man Zeitgenosse des Großen Kurfürsten, was wäre einem lieber: ein Land, in dem man wehrlos allen Übergriffen von außen ausgesetzt ist und jederzeit um Habe und Leben fürchten muß, oder ein zwar straff von oben her verwaltetes, in dem man Korn erntet, Handel treibt, meinetwegen exerziert und drillt, aber kein Gras frißt? Es waren eben jene dankbaren Untertanen, die Friedrich Wilhelm den Titel eines Großen Kurfürsten verliehen haben.

Im übrigen hat er einen Maßstab gesetzt, einen klugen, sicher egoistischen, trotzdem oder eben deshalb bleibenden, den religiöser und damit geistiger Toleranz. Ihn wird noch sein Urenkel vertreten im friderizianischen Preußen.

2 Friedrich Nicolai oder Der ungeliebte Kritiker

Gibt es einen Superlativ von »berlinisch«? Wenn ja, dann war von allen großen Berlinern Friedrich Nicolai gewiß der berlinischste.

Stimmt das alte Sprichwort, demzufolge »Viel Feind, viel Ehr« bedeutet? Wenn ja, dann hat es kaum einen ehrenvolleren Mann gegeben als ihn. Die Liste seiner Feinde liest sich wie das Register der Kulturgeschichte seiner Zeit. Fichte, Kant, Schelling, Herder, Goethe und Schiller haben keine Gelegenheit ausgelassen, ihn herunterzuputzen, lächerlich zu machen, Spottverse gegen ihn zu schmieden. Noch heute ist sein Bild von jenen Unratkübeln getrübt, die unsere sonst so erhabenen Klassiker unermüdlich über ihn ausgeschüttet haben, wobei man ihnen allerdings, der Gerechtigkeit halber, einiges zugute halten muß. Sie handelten in einer Art von Notwehr, denn Nicolai war eine Macht. Er war sogar, in gewisser Weise, mächtiger als Fichte, Kant, Schelling, Herder, Goethe und Schiller zusammengenommen. Noch ein Menschenalter später sagte Heinrich Heine, der im Gegensatz zu den Vorgenannten Nicolai rückhaltslos bewunderte, daß die wichtigsten geistigen Impulse von Berlin ausgegangen seien, »wo Friedrich der Große und der Buchhändler Nicolai regierten«.

Tatsächlich ist das friderizianische Berlin nicht weniger von Nicolai geprägt worden als von seinem Monarchen. Als Wissenschaftler und Schriftsteller, Gelehrter und Kritiker ein Autodidakt, herrschte Nicolai in einem Imperium, das er sich selbst geschaffen hatte, als unumschränkte Autorität. Ein Mann der Vernunft und des Verstandes, war er, zusammen mit seinem Freund Lessing, der erste, der die Kritik an und in deutscher Sprache und Literatur zu einer eigenen Kunst erhob. Ein Moralist. Ohne ihn keine Aufklärung, nicht in Berlin und nicht anderswo in deutschen Landen. Die preußische Hauptstadt wäre ohne ihn gewiß eine provinzielle Residenzstadt unter vielen anderen geblieben. Er machte Berlin – vorübergehend – zur geistigen Hauptstadt eines damals noch vielgeteilten Deutschlands.

Waren Residenzstädte sonst kulturell auf die Interessen und Aktivitäten ihrer jeweiligen Landesherren angewiesen – die Bürger und gemeines Volk durchaus nicht immer an ihnen teilnehmen ließen –, so setzte sich hier ein Bürger kulturell gleichberechtigt neben seinen König, zwei gleich-ungleiche Friedrichs. Wobei anzumerken gilt, daß nur die sprichwörtliche Toleranz desjenigen, den man wohl doch nicht ganz zu Unrecht »den Großen« nennt, so etwas ermöglichte. Für die geistig interessierten Zeitgenossen und Nachfahren, unter ihnen Heine, war die Bezeichnung des Zeitalters als »friderizianisch« durchaus doppeldeutig. Man meinte beide, den König und den Buchhändler-Verleger.

Wer war der Mann bürgerlicher und geistiger Emanzipation, dem alle, die damals in Deutschland schrieben und wirkten, so unendlich viel verdankten und den sie trotzdem mit einem Zorn verfolgten, der bis heute reicht? Was warfen sie ihm vor? »Querkopf! schreit er ergrimmt in unsere Wälder . . .«, reimten Goethe und Schiller gemeinsam in ihren »Xenien«, »Leerkopf! schallt es darauf lustig zum Walde hinaus.«

Nichts ungerechter, nichts falscher als das. Eher schon hätte man ihm den Vorwurf machen können, daß er sein Leben lang zuviel im Kopf gehabt hat.

Friedrich Nicolai ist am 18. März 1733 als jüngster von vier Brüdern im sogenannten »Kurfürstenhaus«, Poststraße 4, geboren worden. »Kurfürstenhaus« hieß es, weil in ihm vor über hundert Jahren, 1619, der Kurfürst Johann Sigismund, sechs Jahre nach seinem Übertritt vom lutherischen zum calvinistischen Glauben, gestorben war. Berlin und Cölln zählten damals zusammen erst an die 14 000 Einwohner statt der 56 000 (Garnison mitgerechnet) zur Zeit von Nicolais Geburt. Keine kleine Großstadt, eher eine große Kleinstadt. Wer damals Bücher kaufte, tat dies in der Nicolaischen Buchhandlung in der Heiliggeiststraße. Christoph Gottlieb Nicolai, Friedrichs Vater, hatte es als Buchhändler und Verleger besonders von Schul- und Wörterbüchern schon zu einigem Ansehen und Vermögen gebracht. Berühmtester Kunde in der Heiliggeiststraße war Kronprinz Friedrich gewesen, der spätere große König.

Buchhandlung und Verlag hat Nicolai also ererbt. Er war 25, als er beides übernahm, und schon ein geachteter Schriftsteller, Herausgeber und — nicht zuletzt — Polemiker. Freilich: es hatte sich alles nicht eben günstig entwickelt; man befand sich mitten im Siebenjährigen Krieg, und

Friedrich Nicolai. Kupferstich von Daniel Chodowiecki

das Geschäft schien durch Erbstreitigkeiten zwischen den Brüdern und den Tod des Ältesten, Gottfried Wilhelm, so gut wie zugrunde gerichtet. Bei Friedensschluß mußte Nicolai fast ganz von vorn anfangen. Das war allerdings auch seine Chance, die er zu nutzen wußte. Buchhandlung und Verlag, nun mit dem Signet des Homer-Kopfes, konnten von ihm nach seinem Sinn neu aufgebaut werden. Sie nahmen bald eine führende Rolle ein, die weit über die große Kleinstadt Berlin hinausreichte.

Friedrich Nicolai hatte drei Haupteigenschaften, und alle drei waren sie bei ihm auf extreme Weise ausgebildet, was man dann oft — ich zweifle, ob immer ganz zu Recht — als »typisch berlinisch« bezeichnet hat. Er besaß ein nahezu hemmungsloses Kritikbedürfnis, das nicht einmal vor seiner eigenen Person und der seiner engsten Freunde — also Moses Mendelssohn und Lessing — haltmachte. Literarisches Cliquenwesen und gegenseitige Lobhudelei, heute wie damals weit verbreitete Merkmale der Literatur-Szene, waren ihm zutiefst zuwider. Schon der junge Mann zerpflückte in seinen »Briefen über den itzigen Zustand der schönen Wissenschaften in Deutschland« (1755) den Erfolgsautor Bodmer, vor allem aber den damaligen Literaturpapst Gottsched, daß diese, burschikos gesprochen, kein Bein mehr auf die Erde bekamen — sie erlitten ein ähnliches Schicksal wie später Nicolai selbst, der Begründer der Kritik in ihrer schärfsten Form. »Die Kritik«, sagte er, »ist die einzige Helferin, die, indem sie unsere Unvollkommenheiten aufdeckt, in uns zugleich die Begierde nach höheren Vollkommenheiten entfachen kann.« Berühmte Männer nahm er nicht aus, denn »es ist eine sehr alte Wahrheit, daß die Fehler der größten Geister die gefährlichsten sind, weil sie leichthin anstecken«.

Seine zweite Eigenschaft: ein phänomenaler Fleiß, eine Arbeitswut, die bisweilen pathologische Züge annehmen konnte. Hatte er schon in seiner Zeitschrift »Bibliothek der schönen Künste« von 63 Artikeln, die in ihr erschienen, 35 selbst geschrieben, so packte er die Sache nach Übernahme der Buchhandlung noch systematischer an. Die »Allgemeine deutsche Bibliothek«, mit Mendelssohn und Lessing gegründet, wurde von ihm zur wohl umfänglichsten und erfolgreichsten Literaturzeitschrift ge-

FR. NICOLAI.

Titelblatt zu »Freuden des jungen Werthers«
mit Kupferstich von Daniel Chodowiecki (1775)

macht, die es in Deutschland je gegeben hat. Nahezu vierzig Jahre, bis zu seinem Tode, konnte sich das gebildete Publikum an ihr umfassend über alles, was an Büchern erschien, orientieren. Es erschienen 268 Nummern, in denen von mehr als 150 Mitarbeitern (übrigens anonym) rund 80 000 Neuerscheinungen besprochen wurden. Ein kritisches Forum, wie es nie zuvor bestanden hatte und wie es auch niemals später wieder zustandegekommen ist.

Aber damit nicht genug. Nicolai schrieb, gleichsam nebenher, einen Roman, der rasch zum Bestseller wurde und der — zu Goethes Ärger — weit populärer war als der »Wilhelm Meister«, den »Sebaldus Nothanker«. Er schrieb eine wirkungsvolle Parodie auf den »Werther«, »Die Freuden des jungen Werthers«, und in sechsjähriger Arbeit schuf er, mit einigen Mitarbeitern, den ersten Berlin-Führer, ebenfalls ein Novum, wenn es da auch ein Vorbild gab: die Geschichte, die Nicolais alter Freund Justus Möser über seine Heimatstadt Osnabrück vorgelegt hatte. Die erste Berlin-Beschreibung, der erste »Baedeker« der Buchgeschichte mit dem umständlichen Titel »Beschreibung der Königlichen Residenzstädte Berlin und Potsdam und aller daselbst befindlicher Merkwürdigkeiten, nebst Anzeige der jetzt lebenden Gelehrten, Künstler und Musiker, welche vom 13. Jahrhundert bis jetzt in Berlin gelebt haben und deren Kunstwerke daselbst befindlich sind«, ist zum Vorbild geworden für ein Heer von Praktikussen, das uns noch heute mit Informationsmaterial über Länder und Städte, mit Reiserouten und eingehenden Stadtbeschreibungen versorgt. Da Nicolai das Königliche Archiv für seine Arbeit benutzen durfte und ein penibler Sachbearbeiter war, ist seine Historiographie auch eine der wichtigsten Quellenwerke für alle Berlin-Forscher und Liebhaber geblieben.

Unter dem Kapitel mit der Überschrift »Von verschiedenen Dingen, die einem in Berlin sich aufhaltenden Fremden zu wissen nötig und nützlich sind« finden sich zum Beispiel alle Wirtshäuser verzeichnet (mitsamt den Preisen), alle Speise-, Wein- und Kaffeehäuser, sogar die Taxen für Mietkutschen und die damals noch gebräuchlichen Sänften. In einer weiteren, 1768 veröffentlichten Schrift, deren Titel ebenfalls mehrere Zeilen um-

Freuden des jungen Werthers

Leiden und Freuden

Werthers des Mannes.

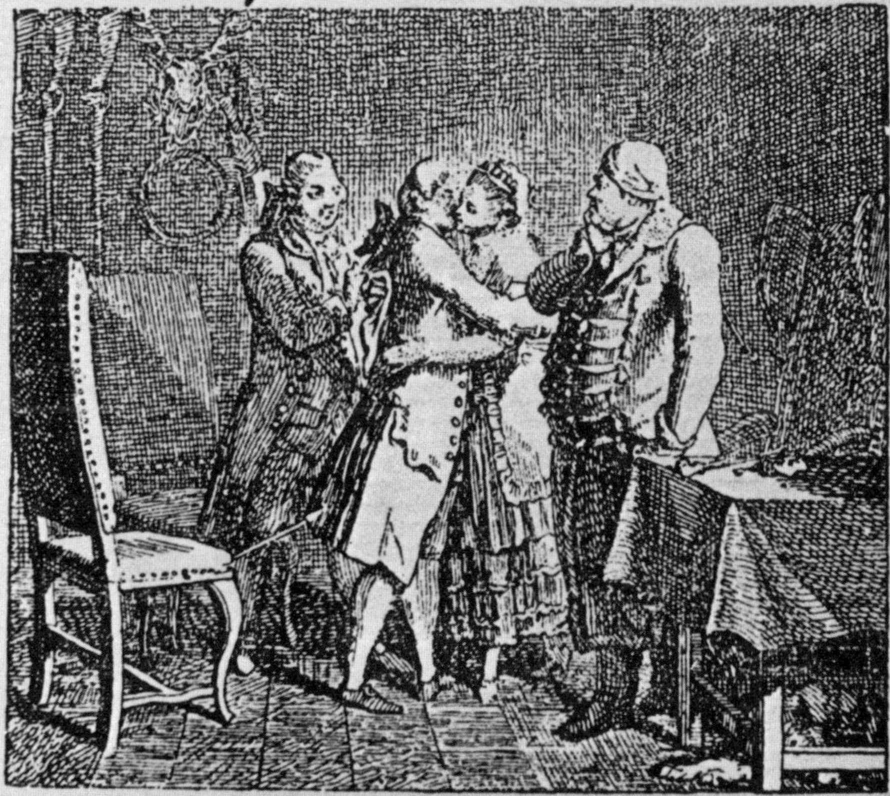

Voran und zuletzt ein Gespräch.

Berlin,
bey Friedrich Nicolai.
1775.

faßt, »Nachricht von den Baumeistern, Bildhauern, Kupferstechern, Malern, Stukkateuren und anderen Künstlern, welche vom dreizehnten Jahrhundert bis jetzt in und um Berlin sich aufgehalten haben und deren Kunstwerke zum Teil daselbst noch vorhanden sind«, hat er uns eine komplette Aufstellung Berliner Kunst hinterlassen, ebenfalls ein Grundlagenwerk, das bis heute be- und genutzt wird: der Anfang einer speziell Berliner Kunsthistorie, mit der Nicolai seine Vaterstadt an die Seite Wiens, Augsburgs und Nürnbergs stellte, die zu seiner Zeit als deutsche Zentren der Kunst galten.
Seine dritte Eigenschaft war keineswegs autodidaktisch erworben, sondern gründlich erlernt, wenn auch wohl zum Teil bereits angeboren: Nicolai besaß einen hervorragenden und wohlausgebildeten Geschäftssinn. So idealistisch er zu Werke ging, sosehr er Verstand und Vernunft, Wissenschaft und Künste nach Kräften förderte und sosehr er selbst als Schriftsteller dazu beitrug, in Archiven stöbernd und über fremdsprachigen Werken brütend (hervorragend beherrschte er die englische Sprache, wäre sogar einmal beinahe ins Land der ältesten europäischen Demokratie ausgewandert): er sorgte auch dafür, daß die Kasse stimmte.
Übrigens zum Ärger der beiden in Weimar und Jena — Schillers »Horen« reüssierten bei weitem nicht so gut wie Nicolais »Allgemeine deutsche Bibliothek«, um deren Vertrieb sich der Buchhändler-Herausgeber-Autor selbst kümmerte. Goethes und Schillers hämisches Distichon entsprach dann auch, jedenfalls im abschließenden Vers, durchaus der Wahrheit: »Hast du auch wenig genug verdient um die Bildung der Deutschen, Fritz Nicolai! Sehr viel hast du dabei doch verdient.« Mag das »sehr viel« auch ein bißchen übertrieben sein und Nicolais zweifellose Verdienste um Aufklärung, Literatur und Kunst überhaupt nicht würdigen, verdient hat er tatsächlich ganz gut. Seine Erkenntnis: »Sehr selten ist bei uns ein Gelehrter ein homme de lettres« ließ ihn zu einem Sprach-Erzieher seiner Generation werden. Unermüdlich wies er in Briefen, aber auch in Aufsätzen und programmatischen Artikeln darauf hin, daß man durchaus ein klares, allgemeinverständliches Deutsch schreiben könne und

trotzdem wissenschaftlich seriös bleiben. Wenn er für Lesbarkeit plädierte, so ganz gewiß aus Überzeugung und nicht, wie Kant ihm in seinem Pamphlet »Über die Buchmacherei« vorwarf, weil er als »Direktor einer Fabrik die Materie sowohl als die Fasson« austüftelte, »welche mutmaßlich die größte Nachfrage oder allenfalls auch nur die schnellste Abnahme haben wird«. Es wird eher umgekehrt ein Schuh daraus: weil Nicolai auf gutes, verständliches Deutsch pochte, erzielte er die größte Nachfrage.

Bahnbrechend übrigens wurde auch die Art, in der er die rein buchhändlerische Seite seines Unternehmens anpackte. Als Nicolai das Geschäft übernahm, war es, wie gesagt, überschuldet. Ein paar Jahre später konnte er schon eine Filiale in Stettin eröffnen. Um sein Sortiment zu vergrößern, was damals keineswegs so einfach war wie heute, reiste der Vielbeschäftigte noch in Kriegszeiten durch Gebiete, die vom Feind besetzt waren, besuchte höchstselbst die Messen in Leipzig, Danzig, aber auch schon in Frankfurt am Main. Der Ruf seiner Buchhandlung drang bis Rußland: Katharina II. erteilte ihm lukrative Aufträge, wie es überhaupt schick wurde, seine Bücher bei Nicolai in Berlin zu bestellen, und sei es aus den entlegensten Gegenden der Welt. Sortimentskataloge, die er zu diesem Zweck herausgab, erleichterten derartige Bestellungen. Ein »Verzeichnis ... der nützlichsten deutschen Schriften zum Vergnügen und Unterricht wie auch der brauchbarsten Ausgaben der lateinischen und griechischen klassischen Autoren und in Deutschland gedruckten ausländischen Bücher« von 1787 umfaßte 92 Seiten. Überdies war Nicolai kein Kostverächter — er verlegte und führte auch Trivial- und Unterhaltungsliteratur, wenn diese nur der Vernunft das Wort redete; und er hatte eine Nase für Bestseller. Allein Gleims populäre »Grenadierlieder« und jene damals ungemein beliebten Berlockenkalender sollen ihm ein Vermögen eingebracht haben. Berlocken nannte man im 18. Jahrhundert Anhänger, und Berlockenkalender waren winzig kleine Schriften, in Leder gebunden und mit einer goldenen Borte versehen. Sie enthielten Verse auf den König und seine Generale, auch Kupferstiche, und jeder standesbewußte und überzeugte Preuße trug sie zur Zeit des Siebenjährigen

Krieges und noch lange danach, eine Art von patriotischem Abzeichen, an der Uhrkette.

Geistiger und geschäftlicher Rationalismus gehen bei Nicolai Hand in Hand. Trotzdem, er konzentriert sich auf die guten Autoren, das sind für ihn die aufklärerischen, und er hat bekannt: »Wenn ich als Kaufmann rede, so muß ich freilich wissen, was eigentlich mein Vorteil ist, aber ich liebe meinen Vorteil nicht so sehr, daß ich ihn mit dem Schaden der ganzen Welt erkaufen wollte. Ich liebe die Aufklärung des Menschengeschlechts.« Ein Wort, das sich noch heute jeder Verleger ins Stammbuch schreiben könnte und sollte.

Tut er's, so sei ihm gegönnt, was Kant, Schiller, Goethe und viele andere mehr oder minder große Geisteshelden dem guten Nicolai verübelten, daß er sich nämlich bisweilen auch seines Wohlstands freute. So ließ er sich in der Brüderstraße 13 das von einem Minister gebaute Prachthaus von Zelter umbauen zu einem wahren Palais. Fremde, die nach Berlin kamen, stiegen zumeist in der Brüderstraße ab, in der sich die Hotels »König von England« und »Stadt Paris« befanden, auch Maurers Weinkeller und die sogenannte »Baumannshöhle«, ein Weinrestaurant, in dem Nicolai sich zeitweilig täglich mit Mendelssohn und Lessing traf. Nicolais Haus war bald eine Sehenswürdigkeit; selbst spätere Feinde — zum Beispiel Schiller — ließen es sich nicht nehmen, bei einem Berlin-Besuch dem bedeutenden Mann ihre Aufwartung zu machen. War es für Weimar-Reisende eine Auszeichnung, von Goethe empfangen zu werden, so galt unter Intellektuellen ein Besuch bei Nicolai in Berlin nicht weniger als ein Ritterschlag.

Leseabende, Soirees, Konzerte fanden in seinem Hause statt (zu allem Überfluß spielte Nicolai vorzüglich Bratsche), seine Bibliothek, die größte in privater Hand zu seiner Zeit, umfaßte 16 000 Bände, die 6 800 Grafiken dienten auch der Kunstanschauung einer Unzahl von Malern und Studenten — »Andere Leute«, so sein Freund Johann Jakob Engel, »haben nur ein Steckenpferd, aber Nicolai hat einen ganzen Stall voll.« Eine Pause gab es nur im Sommer; da pflegte Nicolai seine Gesundheit in Bad Pyrmont.

Verheiratet war er auch, mit der Tochter eines ehemaligen Leibarztes, Elisabeth Macaria Schaarschmidt. Acht Kinder zeugte er mit ihr, die er alle überlebte. Im übrigen gehörte Nicolai, wie hätte es anders sein können, zur guten Berliner Gesellschaft, so zum »Gelehrten Kaffeehaus« mit seinen Mathematikern, Naturwissenschaftlern, Theologen und Philosophen, zum »Montagsclub«, dessen Mitglieder auf 24 beschränkt blieben (und in dem er Lessing kennenlernte), zur »Geheimen Mittwochsgesellschaft«, zu der auch Staats- und Justizräte sowie Angehörige der Aristokratie gehörten und von der man munkelte, in ihr würden manche Entscheidungen gefällt oder doch zumindest vorbereitet, die ganz Preußen betrafen. Nicolais Tage müssen prall gefüllt gewesen sein. Möglich wurde solch eine ungeheure Arbeitsleistung nur durch einen fast übermenschlichen Fleiß. Nicolai pflegte täglich nahezu zwölf Stunden zu arbeiten, und das mit einer Konzentration, die von seinen Zeitgenossen gleichfalls oft genug bestaunt und gerühmt worden ist. Vom Schreiben eines moralischen Artikels pflegte er sich durch Arbeit an den Geschäftsbüchern zu erholen, von redaktioneller Tätigkeit durch eine kaufmännische und umgekehrt; es wird glaubhaft berichtet, daß er bis zu drei unterschiedliche Dinge zugleich oder doch im gleichen Abstand so gründlich abzuwickeln verstand, als handele es sich um eine einzige Arbeit. Ein Phänomen an Vielseitigkeit und Konsequenz, dieser Nicolai — nur Verse hat er nie geschmiedet. Er liebte die Prosa, ein in positivem Sinne prosaischer Mann.

Er kaufte und verkaufte, schrieb und redigierte, regte an und regte sich auf, focht gegen »Eitelkeit, Anmaßung, Phantasterei und Geisterschwindel« (nämlich gegen die aufkeimende Romantik und das Rosenkreuzertum, das nach dem Tode des Rationalisten Friedrich II. in Preußen eine große Rolle zu spielen begann und dessen Grundsatz, daß alles Tiefe nicht im Licht liegt, sondern im Dunkel, dem alten Nicolai zutiefst verhaßt sein mußte). »So eifert Nicolai über viele Seiten hin«, moniert noch Fontane.

Der Tod Friedrichs des Großen veränderte dann auch die Fronten. Waren diese verdammten Aufklärer mit ihrer »Erziehung des Menschenge-

Friedrich Nicolai nach einem Stich von F. Lehmann.
Besitz Nicolai'sche Verlagsbuchhandlung, Berlin (Dieter Beuermann)

schlechts« nicht mitschuldig an dem, was in Frankreich geschah, an einer blutigen Revolution? Ein Staatsminister Wöllner, der zum Freundeskreis Nicolais gehört hatte, begann, kaum daß der Wind andersherum pfiff, den Aufklärer und seine Anhänger, die man in Berlin »Nicolaiten« nannte (ausgesprochen: Nicolai-iten), als Rebellen, Königsfeinde, Sympathisanten der Französischen Revolution zu diffamieren und zu verfolgen. Es kam, wie es so oft kommt: die Prediger der Toleranz wurden mit höchster Intoleranz behandelt. Nicolai mußte sein Lebenswerk, die »Allgemeine deutsche Bibliothek« verkaufen, an den Hamburger Buchhändler Bohn, der sie in seinem Kieler Universitätsverlag unter dem veränderten Titel »Neue allgemeine deutsche Bibliothek« weiterführte. Durch eine preußische Kabinettsorder wurde sie, am 17. April 1794, sogar für Preußen verboten.

In den Chor der reaktionären Feinde Nicolais stimmten dann auch, trauriges Schauspiel, diejenigen ein, die sich fortschrittlich dünkten, aber vom gestrengen Nicolai heftig kritisiert worden waren, so der pedantische Homerübersetzer Johann Heinrich Voß in Eutin, der im »Deutschen Merkur« Nicolai vorwarf, er handele mit Rezensionen wie mit Heringen, sodann die unermüdlichen Dioskuren Goethe und Schiller, die die Geschmacklosigkeit besaßen, einen Schlaganfall Nicolais folgendermaßen in satirische Verse zu fassen:

> »Rührt sonst einen der Schlag, so stockt ihm gewöhnlich die Zunge,
> Dieser, so lange gelähmt, schwätzt nur geläufiger fort.«

Das Verbot wurde allerdings bald aufgehoben, und nach dem Regierungsantritt Friedrich Wilhelms II. konnte Nicolai sein Rezensions-Journal mit dem 107. Band wieder übernehmen. Die Kräfte des unermüdlichen Kämpen schienen jedoch gebrochen. Zwar setzten jetzt die offiziellen Ehrungen ein – er wurde Mitglied der philosophischen Abteilung der Berliner Akademie (und hat als solcher wie Don Quichotte mit den Windmühlenflügeln gegen eine Aufnahme Fichtes gefochten), der Münchener Akademie, Ehrendoktor der Universität Helmstedt, die es damals noch gab, und korrespondierendes Mitglied der St. Petersburger Akademie. Auch erschienen in seinem Verlag die zwölf Bände seiner »Reise

CHR. FRIED. NICOLAI.

Dr. der Philos. u. Mitglied der Königl. Akademie der Wissenschaften zu Berlin Geb. zu Berlin d. 18 Mrt. 1733.
Gestorb. daselbst d. 8 Jan. 1811.

durch Deutschland und die Schweiz im Jahre 1781. Nebst Bemerkungen über Gelehrsamkeit, Industrie, Religion und Sitten«, Frucht einer siebenmonatigen Reise mit seinem ältesten Sohn, eine Reisebeschreibung als Wissens-Kompendium, die zum erstenmal ein Gesamt-Deutschland nicht als Traum, sondern in exakter soziologischer und nationalökonomischer Faktensammlung vorwegnahm – ebenfalls ein Bestseller, denn es mußten schon von den ersten Bänden eine zweite, bald sogar eine dritte Auflage gedruckt werden.

Aber die Gegner formierten sich. Schiller, dem Nicolai in eben seiner »Reise durch Deutschland« ein paar unfreundliche, aber wahre Sachen über seine bei Cotta verlegten »Horen« unter die Nase gerieben hatte, schlug zurück. Persönliche Schicksalsschläge trafen den Alternden noch heftiger: nach 33jähriger Ehe starb 1793 völlig unerwartet seine Frau, sein ältester Sohn, depressiv veranlagt, nahm sich das Leben, der zweite, Karl August, der den Verlegerberuf seines Vaters ergriffen hatte (er gab unter anderem Ludwig Tiecks Schriften heraus), starb 1799, wahrscheinlich an übermäßigem Alkoholgenuß, der dritte Sohn, David, der es schon in jungen Jahren zum Kammerdirektor in Kalisch gebracht hatte, brach sich bei einem Sturz vom Pferd das Genick, 1808 verlor Nicolai sein letztes überlebendes Kind, Charlotte Macaria, übrigens eine in Berlin hochgeschätzte Sängerin, die ihm den Haushalt geführt hatte. Durch eine Augenkrankheit büßte er das rechte Auge ein. Nur die Kinder seiner ebenfalls frühverstorbenen Tochter Wilhelmine überlebten ihn und konnten sein Erbe antreten.

Sie hießen Parthey. Sein Enkel Gustav Parthey, der ein geachteter Archäologe wurde, erzählt in seinen Jugenderinnerungen von seinem Großvater, dem die Ärzte zur Schonung seines Augenlichts »viel Grün« angeraten hatten: »Seine Stube war daher grün gestrichen. Sofa und Stühle waren grün bezogen, und beim Abendessen trug er seinen grünen Schlafrock.« Er hatte Halluzinationen, seine verstorbenen Söhne erschienen in seinem Zimmer, und es quälten ihn, während er immer noch unermüdlich tätig war – seine letzte Schrift war die kulturhistorische Untersuchung »Über den Gebrauch der falschen Haare und Perücken« –, Gespräche

aus dem Jenseits, die er zu hören glaubte. Bezeichnenderweise hat er, der auch noch eine deutsche Literaturgeschichte plante, über diese Phantasmen selbst kritisch berichtet, in der »Berlinischen Monatsschrift« 1799, was Goethe zum Anlaß nahm, in als »Proktophantasmisten« in der Walpurgisnacht-Szene seines »Faust« zu verwenden.
Einen Großteil seines Vermögens spendete Nicolai dann in der Franzosenzeit zur Linderung der Steuernöte seiner Mitbürger und seiner Stadt. Der Magistrat hatte ihn 1810 bei der Einziehung der Kontribution übersehen: er gab das Geld doppelt und dreifach freiwillig, wie für ihn, den tüchtigen Kaufmann, Geld nie Selbstzweck gewesen ist. Als Voß, einer seiner Erzgegner, nach einer schweren Erkrankung sich keine Erholungsreise leisten konnte, die ihm von den Ärzten verschrieben worden war, schickte Nicolai Boie, dem Schwager des Homerübersetzers, 1 000 Taler unter der Bedingung, daß Voß nie erfahre, wer sie zur Verfügung gestellt habe. Nicolai starb am 8. Januar 1811, 77 Jahre alt, ohne schwere Krankheit. Die Trauerfeier des berühmten Mannes war so überlaufen, daß in der Marienkirche keine rechte Feierlichkeit aufkam.
In der Singakademie fand am 22. Januar eine Gedenkstunde statt, für die Zelter einen Text des damals sehr prominenten Christoph August Tiedge vertont hatte.
In jedem anderen Land würde eine Erscheinung wie die Nicolais zu den Großen der Geistesgeschichte gehören. Ausschnitte aus »Sebaldus Nothanker«, einem zu Unrecht vergessenen Roman, dessen Thema, die Emanzipation des Bürgertums, ein Erz-Thema nicht nur seiner Zeit war und ist, müßten sich eigentlich in allen Lesebüchern finden. Statt dessen wird das Bild Nicolais bis heute fast ausschließlich von seinen Gegnern bestimmt, die ihn als verknöcherten, sturen Philister karikierten — in scharfer Kritik, die sie freilich von niemand anderem gelernt haben als von ihm. Gibt es einen Superlativ von »berlinisch«? Kulturhistorisch ja. Man kann ihn sogar personifizieren: Christoph Friedrich Nicolai (1733 bis 1811).

3 Friedrich Schlegel oder Ein Berliner Intermezzo

Noch zu Lebzeiten Nicolais, Ende Juli des Jahres 1797, trifft in Berlin ein junger Mann ein, der in der nächsten Generation eine ähnlich anregende Rolle spielen wird wie Nicolai in der seinen. Durch ihn wird die Stadt endgültig zu einer geistigen Metropole.

Dabei haben die beiden so gut wie nichts miteinander gemein. Der solide Nicolai, der sein Leben lang für Vernunft und Kalkül (auch für Toleranz) eintrat, lebt in extrem geordneten, recht eigentlich wohlhabenden Verhältnissen. Friedrich Schlegel dagegen verkörpert eher das, was der Volksmund – der ihn aus gegebenem Anlaß bald »Schriedrich Flegel« tauft – einen Windhund nennt. Er ist erst 25, als er nach Berlin kommt, und doch schon einer der berühmtesten Autoren seiner Zeit. »Herr Friedrich mit den leeren Taschen«, bespöttelt Clemens Brentano den in ständiger Geldverlegenheit befindlichen freien Schriftsteller, der sich überall herumpumpt und in geistigen Bereichen so ziemlich für das Gegenteil dessen eintritt, was Nicolai auf sein Panier geschrieben hat. Kein Ideal für Arrivierte, dieser Friedrich Schlegel. »Eine rechte Brennnessel«, charakterisiert ihn Goethe, ein wenig undankbar, denn der junge Schlegel schätzt ihn hoch und veröffentlicht geradezu enthusiastische Kritiken über seine neuerschienenen Werke; als »naseweise« bezeichnet ihn Schiller, der dazu schon eher Ursache hat, denn er wird von ihm in allen möglichen Zeitschriften und Almanachen regelmäßig über alle Gebühr zerrupft.

Die Feindschaft mit Schiller scheint dann auch das einzig Gemeinsame, das man bei Nicolai und Schlegel zur Not feststellen kann. Mit dem einen Unterschied: die Bissigkeiten, die Schiller im Verein mit seinem Freund Goethe gegen Nicolai in den »Xenien« von 1796 abläßt, bleiben an diesem über mehr als anderthalb Jahrhunderte hängen. Gegen Schlegel aber – wir würden eine Persönlichkeit wie ihn heute vermutlich mit dem Attribut »dynamisch« versehen – kommt er damit nicht an. Worte können den Wortmächtigen nicht schrecken. Die dauernden Sticheleien gegen sein Werk leid, münzt Schiller das Xenion Nr. 773 auf den lästigen Friedrich Schlegel:

»Lange neckt ihr uns schon, doch immer heimlich und tückisch.
Krieg verlangt ihr ja; führt ihn nun offen, den Krieg.«

Das hätte er besser bleiben lassen sollen, denn Schlegel, wie auch sein älterer Bruder August Wilhelm, nahmen die Kriegserklärung nur zu gerne an; und wenn Schiller, im Gegensatz zu Goethe, im Verlauf der deutschen Geistesgeschichte immer wieder in seiner dichterischen und geistigen Substanz angezweifelt worden ist, so liegt das nicht zuletzt an diesem Brüderpaar, das es verstand, Schiller stets dort zu treffen, wo es für ihn am schmerzlichsten war. »Daß Goethe der weitaus größere Dichter sei, wußte und anerkannte Schiller wohl selber auch«, lesen wir bei Josef Körner, dem Prager Literaturforscher, »aber man kann verstehen, daß er es nicht jeden Tag und aus jedermanns Mund hören wollte.« Von den Brüdern Schlegel – August Wilhelm hat er überdies übel mitgespielt, indem er ihm wegen einer Kritik Friedrichs die Mitarbeiterschaft am »Musenalmanach« kündigte – hört er's jedenfalls öfter, als ihm lieb sein kann.

Goethe, obschon beinahe verdächtig hoch gelobt, ist dieser Friedrich Schlegel ebenfalls nicht ganz geheuer. Er wittert bei ihm das, was er vorsichtig »einige demokratische Tendenz« nennt. Die ist bei Schlegel tatsächlich vorhanden, denn der Fünfundzwanzigjährige hat nicht nur die beiden grundlegenden Schriften über das klassische Altertum verfaßt, »Die Griechen und die Römer« und die »Geschichte der Poesie der Griechen und Römer«, die ihm, obwohl beide Werke nicht über den ersten Band hinausgerieten, den Titel eines »Winckelmanns der Literatur« eingetragen haben, sondern auch eine Abhandlung »Über den Begriff Republikanismus«. In ihr tritt er für eine republikanische Internationale ein, eine Weltpolitik, die sich aus einer Vielzahl von nationalen Republiken zusammensetzen soll, eine Art von Vereinigten Staaten der ganzen Welt. In Zeiten, da Künstler und Schriftsteller noch weitgehend vom Wohlwollen ihrer Landesherren abhängen, konnte eine derartige Utopie durchaus noch so etwas wie gesellschaftlichen und finanziellen Selbstmord bedeuten.

Friedrich Schlegel in jungen Jahren.
Gemälde von Franz Gareis, entstanden im Sommer 1798

Goethe war sie allem Anschein nach unbekannt. Sonst hätte der Herr Staatsminister ihren Autor vermutlich nicht so nett empfangen und ihm bei einem Morgenspaziergang in Jena am 10. Juni 1797 so fürsorglich geraten, das Städtchen – wohl hauptsächlich der Feindschaft Schillers wegen – zu verlassen und ein Angebot nach Berlin anzunehmen, wo seit Nicolai Kunst, Kultur und Geist mehr bürgerlich und weit weniger feudal bestimmt wurden. Ob es ohne Goethes freundlichen Ratschlag in Berlin eine romantische Bewegung gegeben hätte? Die Frage ist, wie alle Was-wäre-wenn-Spekulationen, müßig. Jedenfalls wurde Friedrich Schlegel Herz und Kopf dieser Bewegung, die sich sowohl gegen Goethe und Schiller als auch gegen die Ideale des alten Nicolai richten sollte.

Nach Berlin wird Schlegel von Johann Friedrich Reichardt gerufen, der, zwanzig Jahre älter als er, sich als Komponist, Schriftsteller und nicht zuletzt als Gründer von Zeitschriften und Salons einen Namen gemacht hat. Ein unruhiger Geist, übrigens ebenfalls des »Demokratismus« verdächtigt, befreundet oder verfeindet mit allen Kunst- und Geistesgrößen der Zeit, hat Reichardt dem jungen Schlegel schon in Leipziger Studientagen aus arger Bredouille geholfen (was bei Schlegel immer unglückliche Liebschaften und/oder Schuldenlasten bedeutet). Reiselustig und international eingestellt, ist Reichardt in Berlin wie Hamburg, Paris wie London zu Hause, mit wechselndem Erfolg in seinen musikalischen und literarischen Tätigkeiten. 1796 hat er in Berlin die Zeitschrift »Deutschland« herausgegeben, eben jenes Journal, in dem Schlegel seinen vernichtenden Verriß über Schillers »Horen« publizierte, der seinem Bruder August Wilhelm so schlecht bekam.

An Schiller scheinen sich überhaupt die Geister jener Zeit zu scheiden. Auch Reichardt ist sein entschiedener Gegner (und ein enger Freund Goethes, von dem er Lieder und zwei Singspiele vertonen durfte). Jetzt hat er, der ehemalige Kapellmeister Friedrichs des Großen, eine Berufung nach Halle erhalten, wo der vielseitige Mann als Salinendirektor tätig wird und den Salzhandel hauptsächlich mit Franken wieder in Schwung bringt. Da braucht er nun einen Redakteur für das eben von ihm in Berlin gegründete »Lyceum der schönen Künste«.

Schlegels scharfer Geist und seine noch schärfere Feder scheinen ihm dafür ideal; was sie auch tatsächlich sind: das »Lyceum« blüht auf, die Sache läßt sich gut an, wenn auch, wie immer bei Schlegel, nicht eben sehr lange. Reichardt hat es sich bei Halle am Giebichenstein wohl eingerichtet. Dort empfängt er in seinem herrlichen Garten, der als »Herberge der Romantik« weit berühmt und gerühmt wird, Männer wie die Brüder Grimm, Fichte, Voß, Tieck, Arnim, Brentano, Eichendorff. Aber seinen jungen Mann in Berlin kann er nicht am langen Zügel führen. Solange dieser gegen Schiller schreibt oder seine »Kritischen Fragmente« veröffentlicht – in ihnen zeichnet sich zum erstenmal das romantische Literatur-Ideal ab –, ist es gut. Aber als er sich auch Freunde vornimmt, die in Reichardts Romantiker-Herberge verkehren, gibt es Krach, und es kommt, schon im Dezember des gleichen Jahres, zum Bruch. Ursache ist ein böses Aperçu, das Schlegel über den biederen Eutiner Homerübersetzer und Idyllendichter Johann Heinrich Voß (Hauptwerk: »Luise«) verfaßt hat: »Voß«, so schreibt Schlegel zum Entsetzen Reichardts, »ist in der Luise ein Homeride: so ist auch Homer in seiner Übersetzung ein Vosside.« Schlegel kündigt dem »hastigen Exkapellmeister und Salzdirector«, wie er Reichardt nun tituliert, und sitzt alsbald wieder auf der Straße, für ihn kein ungewohnter Zustand.

Freilich: die literarischen Kreise Berlins haben den ebenso gefürchteten wie geachteten, fast schon arrivierten Literaten mit offenen Armen empfangen, und dieser, obwohl zu »schwermütigem Grübeln und bohrender Selbstreflexion« neigend, hat rasch und auf seine Weise überaus kommunikativ eine ganze Reihe von wichtigen Verbindungen und sogar Freundschaften geschlossen. So kann er nach seiner Kündigung kurzerhand zu einem neuen Freund ziehen, den er in der »Mittwochsgesellschaft« kennengelernt hat, dem einflußreichsten literarischen Club der preußischen Hauptstadt, zu Friedrich Schleiermacher. Der damals dreißigjährige Theologe wirkt als Prediger an der Charité.

Schleiermacher (der aus Breslau stammt) an seine Schwester: »Eine herrliche Veränderung in meiner Existenz macht Schlegels Wohnen bei mir. ... Wie neu ist mir das, daß ich nur die Türe zu öffnen brauche, um mit einer vernünftigen Seele zu reden. ... Schlegel steht gewöhnlich eine Stunde eher auf als ich ... Er liegt aber auch im Bette und liest, ich erwache gewöhnlich durch das Klirren seiner Kaffeetasse. Dann kann er von seinem Bette aus die Tür, die meine Schlafkammer von seiner Stube trennt, öffnen, und so fangen wir unser Morgengespräch an. Wenn ich gefrühstückt habe, arbeiten wir einige Stunden, ohne daß einer vom andern weiß; gewöhnlich wird aber eine kleine Pause gemacht, um einen Apfel zu essen. Dabei sprechen wir gewöhnlich über die Gegenstände unserer Studien: dann geht unsere zweite Arbeitsperiode an bis zu Tisch. Ich bekomme mein Essen aus der Charité, Schlegel läßt sich seines aus einem Gasthaus holen. Welches nun zuerst kommt, das wird gemeinschaftlich verzehrt, dann das andere, dann ein paar Gläser Wein getrunken ...«

Die Romantik entsteht aus persönlicher Freundschaft. Schlegel, ihr großer Theoretiker, mit seiner (so Schleiermacher) »Sehnsucht nach dem Unendlichen«, entdeckt durch seinen Freund eine vierte Dimension. In dem Kulturgebäude, das sich in ihm abzeichnet, tritt das religiöse Element zum poetischen, philosophischen, moralischen.

Sie werden bald maßgeblich für einen ganzen Freundeskreis. Zu ihm gehört vor allem Ludwig Tieck, übrigens ein Schwager Reichardts, der die frühromantischen Ideen aufgreift und in Erzählungen umsetzt. Man trifft sich in der Hauptsache bei Henriette Herz, einer außergewöhnlich schönen und dazu gebildeten Frau, Gattin des Arztes Marcus Herz, wo auch die Brüder Humboldt verkehren und Friedrich Leopold Freiherr von Hardenberg, Schlegels alter Freund aus Leipziger Studientagen, der sich als Dichter Novalis nennt, auch Rahel Levin, schon damals eine Vorkämpferin für die Emanzipation der Juden und der Frauen, sowie — ein Zeichen für den aufgeklärten preußischen Adel — bisweilen Prinz Louis Ferdinand von Preußen und die Herzogin Dorothea von Kurland, Freundin Goethes, Napoleons und Talleyrands: eine Art von Kränzchen, ein Debattier-, Diskutier- und Vorleseclub, der theoretisch, aber auch praktisch, so durch Fäden, die man zu Geldgebern, Verlegern, Förderern knüpft, Wege öffnet und bislang verschlossene Tore. Fichte und Schelling

werden in den lockeren Kreis einbezogen und nicht zuletzt August Wilhelm, Friedrichs älterer Bruder, der später mit Tieck den deutschen Shakespeare schaffen wird. Von 1798 bis 1801 geben die beiden Schlegels ihre eigene Zeitschrift heraus, das »Athenäum«, das sich von den Rezensionsblättern, wie sie bislang nach dem Vorbild von Nicolais »Allgemeiner deutscher Bibliothek« erschienen sind, gründlich unterscheidet. Das »Athenäum«, in dem Friedrich Schlegel als Theoretiker, August Wilhelm als Philologe, Schleiermacher als Moralist, Schelling als Philosoph, Tieck als Erzähler und Novalis als Mystiker hervortreten, wird, enzyklopädisch angelegt, zum großen Entwurf einer neuen Geisteshaltung, zu einer »Symphilosophie« (ein Lieblingsausdruck Friedrich Schlegels), einem Fundament für jene »Einheit des Geistes«, die die deutsche Frühromantik anstrebt. Ein gewaltiges Unternehmen. Die Resonanz ist entsprechend. Kaum sind die ersten Hefte erschienen, kommt es in Berlin zu einem Skandal, über den sich die Literaten weit über Deutschland hinaus die Mäuler zerreißen, und nicht nur sie. Entlädt sich die geistige Problematik der Zeit im »Athenäum« des agilen Brüderpaars, so zeichnen sich Größe und Grenzen des Zeitalters ebenso scharf konturiert in jenem handfesten Eklat ab, der viel zur Erhellung der Situation auf gesellschaftlichem Gebiet und dem der bürgerlichen Emanzipation beitragen soll. Auch dort, wo Friedrich Schlegel ganz persönlich handelt, im Privaten, wird er zum Stein des Anstoßes und damit zum Anstoßgeber.
Die besorgte Mutter, Pastorenwitwe in Hannover, die ihren »Fritz« ohnehin für »gar zu sinnlich« hält, schreibt einen besorgten Brief an August Wilhelm, als sie vom Berliner Klatsch erfährt: »Nur glaube ich, daß ich etwas von Fritz erfahren habe, was mir Kummer macht. Ich wente mich also an Dich, bester Sohn, mich zu beruhigen und mir zu sagen, je eher je lieber, was an der Sache ist. Es wird nehmlich gesagt, er lebe mit einer Person, einer Jüdin. Es wäre Mentelsons Stieftochter, und wäre reich. Gott, das will ich doch nicht hoffen ... Fritz hat sich mir schon durch seinen Roman als einen gezeigt, der keine Religion und keine guten Grundsätze hat. Ich wollte lieber, daß er ein ganz ortinärer, aber guter und nützlicher Mensch wäre als so.«

Dorothea Veit gehört zum Kreis um Henriette Herz und Rahel Levin: Frauen spielen in der angeblich so männlichen preußischen Hauptstadt eine große Rolle. Sie tragen einen Großteil des literarischen und kulturellen Lebens, durch Anregung und Anteilnahme, was im übrigen bis heute so geblieben ist. Moses Mendelssohn, der Philosoph und Freund Nicolais, Vorbild zu Lessings »Nathan der Weise«, hat seine älteste Tochter mit einer ihr gebührenden Bildung ausgestattet, aber sehr autoritär (und unphilosophisch) verheiratet, und zwar mit einem Bankdirektor, Simon Veit. Zwei Kinder sind dieser Ehe entsprossen, Johannes und Philipp – Philipp Veit wird später als romantischer Maler hoch angesehen werden, zum Kreis der Nazarener in Rom gehören und es zum Direktor des berühmten »Städelschen Instituts« in Frankfurt am Main bringen. Die Ehe ist nicht eben glücklich, und als Dorothea den acht Jahre jüngeren Friedrich Schlegel kennenlernt, trennt sie sich von ihrem Mann, mit dem sie 19 Jahre zusammengelebt hat. Sie lebt fortan mit dem kleinen Philipp (Johannes, der ältere Sohn, bleibt beim Vater) in einer eigenen Wohnung, in der Schleiermacher, Fichte und Schlegel beinahe tägliche Gäste werden. 1799 erreicht sie die Scheidung, und obwohl Schlegel sich, schon aus finanziellen Gründen, außerstande sieht, eine Ehe einzugehen, zieht er zu ihr. Eine große Liebe, die dreißig Jahre dauern wird, Ende des 18. Jahrhunderts eine kühne Entscheidung, mit der man sich über alle bürgerlichen Schranken hinwegsetzt und die religiösen dazu, denn Dorothea ist getaufte Jüdin und, wie Schlegel in einem Brief sagt, durch einen Übertritt zum Protestantismus »würde die Familie (Mendelssohn) mehr als billig beleidigt werden«. Das Entsetzen reicht weit über Berlin hinaus, wofür schon die vielen Feinde sorgen, die Schlegel sich gemacht hat.

Der Skandal wird perfekt, als er über diese für die Mitwelt so anrüchige Beziehung im Herbst 1799 auch noch einen freimütigen Roman veröffentlicht, die »Lucinde«, in dem nicht nur Eingeweihte unschwer die handelnden Figuren wiedererkennen, eine Autobiographie, zugleich eine »Symphilosophie« über Liebe und Ehe, ein Bekenntnis auch zum »weiblichen Wesen« und zur Emanzipation der Frau. Der kulturelle Einfluß der Frauen auf die jungen Romantiker schlägt sich – zum erstenmal in der deutschen Literatur – auch gesellschaftspolitisch nieder. Schlegel geht zur Gegenoffensive über: er stellt der üblichen bürgerlichen Zweck-Ehe jene »Universalbindung« entgegen, wie sie – ohne eheliche Bande – zwischen Dorothea und ihm besteht. Er fordert »Sinn ... und Glauben füreinander«, weil nur dann zwischen zwei Menschen jene »wunderbarste Symmetrie des Eigentümlichen« sich entfalten kann, und den Männern, die er als »dumm und schlecht« bezeichnet, hält er vor, »ewige Unschuld und Mangel an Bildung« von den Frauen zu fordern. Hauptsächliches Angriffsziel: die allgemeine Prüderie, für Schlegel nichts als »Prätension auf Unschuld ohne Unschuld«. Die Frau soll wieder »den Kopf aus dem großen Weltmeere des Vorurteils und der Gemeinheit in die Höhe« richten.

Es ist dieser Roman, der Schlegels arme Mutter so entsetzt. Aber nicht nur sie. Selbst für aufgeklärte Gemüter scheint er starker Tobak, bekennt doch sogar seine Schwägerin Caroline, die Frau August Wilhelms, daß, »wenn ich seine Geliebte wäre, so hätte es (das Buch) nicht gedruckt werden dürfen«. Dabei ist auch Caroline in den Augen der damaligen Gesellschaft nicht eben ein Unschuldslamm, war sie doch einst – wegen ihrer »Beziehung zu republikanischen Kreisen« und eines Kindes wegen, das sie von einem französischen Besatzungsoffizier bekam – Gefangene der Kurfürstlich-Mainzischen Regierung auf der Feste Königstein im Taunus und mußte sich noch 1793 vor der Polizei in einem Dorf nahe Leipzig verbergen, wofür übrigens Friedrich sorgte, ihr Schwager. Schillers erbostes Wort von der »Dame Lucifer« war auf sie gemünzt. Man kann sich denken, welches Aufsehen die »Lucinde« erregt, wenn schon sie – der man bisweilen, zu Recht oder Unrecht, die Leute reden viel, mehr als nur Sympathie für ihren Schwager Friedrich nachsagt – derart skeptisch und ablehnend reagiert.

Freilich: so groß Schlegel als Denker, Grübler, Theoretiker, Kritiker ist – sein poetisches, sein belletristisches Talent reicht nicht weit. Die »Lucinde« wirkt auf heutige Leser überspannt, zu »glutvoll«; der Autor war auch wohl den Problemen, die er beschrieb, zu nahe. Trotzdem ist gerade dieser Roman wert, gelesen und beherzigt zu werden. Er gehört zu den wichtigsten Zeugnissen romantischer Liberalität und dürfte aus eben diesem Grunde von der deutschen Literaturgeschichtsschreibung allzu schlecht behandelt worden sein. Daß die Berliner Frühromantik keineswegs auf die behaglich-mystische Idylle zielte, sondern in direkter Nachfolge der Aufklärung auch die Erweiterung und Konstituierung bürgerlicher Freiheit und bürgerlichen Selbstbewußtseins vertrat, läßt sich nirgendwo eindrucksvoller erfahren als in diesem so gut wie vergessenem Roman. Als »Darstellung nackter Sinnlichkeit« und reine Obszönität verkannt und viel geschmäht, gespenstert er noch heute, schemenhaft, durch unsere Geistesgeschichte. Obwohl doch ein so strenger Moralist wie Friedrich Schleiermacher — allerdings anonym — zur Verteidigung seine »Vertrauten Briefe über die Lucinde« verfaßte (was ihm gleichfalls sehr verübelt wurde) und obwohl ein Mann wie Ernst Robert Curtius 1932 urteilte: »Wir haben an Friedrich Schlegel viel gutzumachen, denn kein großer Autor unserer Blütezeit ist so mißverstanden, ja so böswillig verleumdet worden, schon zu Lebzeiten, aber merkwürdigerweise auch noch lange darüber hinaus, ja, eigentlich bis auf die unmittelbare Gegenwart.«

Freilich liegen Schlegels Verdienste doch wohl auf einem anderen Gebiet. Mit seinem Bruder stellt er »eine begründete Theorie für das Studium der geistigen Erscheinungen« auf, wie es Wilhelm Dilthey ausgedrückt hat (1870) — er wird damit zum Begründer moderner Geisteswissenschaften, Literatur- und Kunstinterpretation.

Berlin hat er kurz nach Vollendung der »Lucinde« verlassen. Trotz Goethes Warnung treibt es ihn wieder nach Jena, wo er es diesmal als Privatdozent an der dortigen Universität versucht, aber am übermächtigen Schelling scheitert, der dort lehrt und dem er keine Studenten wegnehmen kann.

Dafür nimmt Schelling dem Bruder, August Wilhelm — neuer Romantiker-Skandal —, die Frau weg, eben jene Caroline, die Schiller für ein Satansweib hält. Die intellektuelle Gemeinschaft bekommt die ersten Sprünge. Auch zwischen Schleiermacher und Schlegel gibt es Unstimmigkeiten, die bis zur völligen Entfremdung führen: in einer Kritik Schlegels

Friedrich Schlegel im Jahre 1815.
Lithographie nach einer Bleistiftzeichnung von Philipp Veit

über Schleiermachers »Reden über die Religion« — »Etwas mager kam mir Dein Gott vor ...« — äußert sie sich deutlich. Überdies stirbt am 25. März 1801 in Weißenfels der lungenkranke Hardenberg-Novalis, noch keine 29 Jahre alt. Friedrich Schlegel ist die letzten Stunden bei ihm und drückt dem Freund die Augen zu. Der Freundeskreis löst sich auf, kaum etabliert bricht er zusammen. Da durch Caroline auch die beiden Brüder Schlegel vorübergehend nur noch in kalten und sarkastischen Briefen miteinander verkehren, gibt es in Berlin für Friedrich und seine Dorothea plötzlich nur noch den getreuen Tieck. Eine Weile wird Jena zum Zentrum der romantischen Bewegung. Dann verlagert sie sich in den süddeutschen Raum (wo sie ihre schönsten Früchte erntet). Bei den jüngeren Süddeutschen ist Friedrich Schlegel allerdings ebenfalls nicht gern gesehen, hat er doch, unverbesserlich, wie er ist, noch im Todesjahr Novalis' ein wenn auch kurzfristiges Liebesverhältnis mit der von Brentano umworbenen Sophie Mereau aufgenommen und sich die lebenslange Feindschaft des eifersüchtigen späteren Gatten Sophies zugezogen, der ihm in Jena begegnet, wo Brentano Medizin studiert hat. Berlin blieb für Schlegel nur ein Intermezzo.
Ein ungemein wichtiges allerdings, sowohl für ihn als auch für die deutsche Geistesgeschichte. Nur hier konnte sich, gestützt auf die Vorarbeit der Aufklärer, gestützt auch auf den freien Gedankenaustausch interessierter Menschen, aus bürgerlichem Geist — im Gegensatz zur aristokratisch fundierten Kultur — etwas grundlegend Neues entwickeln. Schlegel ist einer der ersten »freien Schriftsteller«, die ohne ein festes Salär ausschließlich dem zu dienen versuchen, das sie für recht und richtig erkannt haben. Bei ihm und, streng genommen: bei seinem Berliner Aufenthalt und seiner »Lucinde« beginnt jene intellektuelle Unabhängigkeit, die den Geist wehen läßt, wo er will, und nicht, wo er Herkommen, Sitte, Zeitgeschmack und ideologischem Standpunkt zufolge wehen sollte. Eine feste Grenze läßt sich da nicht ziehen. Friedrich Schlegel ist aber ganz gewiß derjenige, der einen der Grenzsteine gesetzt hat, auch wenn er später sich doch wieder den herkömmlichen Förderern von Geist und Kunst, den Mächtigen der Welt, zuwandte. Die weiteren Stationen seines un-

ruhigen Lebens sind Dresden, Leipzig, Weimar und Paris, wo er am 6. April 1804 Dorothea doch heiraten kann. Er konvertiert später in Köln zum Katholizismus, wird Sekretär in Wien (an der Hof- und Staatskanzlei, der die Armee untersteht – die Romantiker sind alle erstaunlich vielseitig), nimmt am Wiener Kongreß und als österreichischer Legationsrat am Bundestag in Frankfurt teil, entwirft für Metternich sogar eine Verfassung für den Deutschen Bund, gibt Zeitschriften (»Deutsches Museum«, »Concordia«) heraus, reist – ein rastlos Tätiger – im Gefolge des Kaiser Franz nach Italien, hält Vorlesungen (die auch im Druck erscheinen), die letzte in Dresden, 1829. Dorothea ist in Wien, seit 1809 Hauptwohnsitz des Ehepaars, zurückgeblieben; nur eine Nichte, die Malerin Auguste von Buttlar, Tochter seiner Schwester Charlotte, hat Schlegel nach Dresden begleitet. Dort trifft ihn am Abend des 11. Januar, bei der Arbeit am Schreibtisch, er behandelt das Thema »Über das ganz vollendete und vollkommene Verstehen«, ein Herzanfall. »In der Nacht mit einem Sterbenden, der aufs gewaltsamste mit dem Tode rang, ohne Hilfe und allein zu sein, ist kein kleines«, hat Sophie berichtet; »ich konnte erst keinen Menschen erwecken, und als endlich Leute kamen, die ich sogleich nach ärztlicher Hilfe wieder fortschickte, verschied er in meinen Armen.«
Schlegel wurde 57 Jahre alt. Dorothea hat ihn um zehn Jahre überlebt.

4 Heinrich von Kleist oder Der Sieg auf der Flucht

Den letzten Brief, am Morgen seines Selbstmords, schreibt er an seine Schwester Ulrike. Er enthält Dank, Abschied und eine knappe Erklärung für seinen Entschluß: »Du hast an mir getan, ich sage nicht, was in Kräften einer Schwester, sondern was in Kräften eines Menschen stand, um mich zu retten: die Wahrheit ist, daß mir auf Erden nicht zu helfen war.«

Selten hat jemand so etwas kürzer und bündiger von sich gesagt und dann die unabänderlichen Konsequenzen daraus gezogen. Wenige Stunden später erschießt Heinrich von Kleist am Ufer des Kleinen Wannsees seine Todes-Gefährtin Henriette Vogel und dann sich selbst. Er ist 34 Jahre alt.

Durch den Brief an die Schwester klingt nicht zuletzt so etwas wie Stolz. Er umreißt Kleists Situation auf Erden mit unerbittlicher Klarheit, ebenso exaltiert wie über die Maßen nüchtern. Der Freitod, gewöhnlich als existentielle Niederlage erachtet, wirkt in seinen Worten wie ein Sieg. Da werden anscheinend festgefügte Werte ausgetauscht. Der Sieger flieht und erlebt den Sieg durch seine Niederlage; eine überraschende Konstellation, die aus einem der Dramen Kleists stammen könnte. Aber trotz seiner eisigen Klarheit bleibt der letzte Halbsatz — »... daß mir auf Erden nicht zu helfen war« — ein Rätsel. Die einfache Formel verbirgt mehr, als sie enthüllt.

Kein Wunder, daß an der Biographie Kleists die Biographen gescheitert sind. Wir wissen zuwenig von ihm. Er läßt sich mit herkömmlichen Erklärungs- und Erforschungstechniken nicht fassen; er widerlegt sich immer wieder selbst. Statt dessen hat man ein paar rettende Formulierungen gefunden: Kleist, heißt es, sei »einer der ersten modernen Menschen Deutschlands« gewesen oder »ein Fremdling auf Erden«; zwei konstruierte Halbwahrheiten, die zusammen nichts weniger ergeben als die ganze Wahrheit.

In einer Anthologie hat Golo Mann den in »Todes-Euphorie« geschriebenen letzten Halbsatz zum Ausgangspunkt einer knappen Analyse gemacht, die mit einer Aufzählung alles dessen beginnt, an dem Kleist, diesen seinen eigenen Worten zufolge, *nicht* gescheitert ist. Es handelt sich

im Grunde um eine Aufzählung all der Fehler all der vielen gescheiterten Kleist-Biographen.
»Nicht an Napoleon«, lesen wir, »an der Politik stirbt man nicht, und unter den leidenschaftlichen Patrioten in Kleists naher und weiterer Umgebung ist keiner seinen Weg gegangen. Nicht an Mangel an Echo. Er hatte Enttäuschungen erlebt, jüngst noch mit dem ersten Band der Erzählungen, und Ermunterungen, am Anfang und in der Mitte seiner zehn Dichterjahre, so großartige, wie sie kaum je einem jungen Dichter zuteil wurden. Nicht, weil Freunde fehlten; er besaß sie zu jeder Zeit, einige von ihnen waren auch jetzt in seiner Nähe, bereit, ihm materielle und, wichtiger, moralische Hilfe zu geben, wenn er sie nur suchte. Zuletzt auch nicht an Geldnot . . .«
Der Grund für Kleists Selbstmord ist unbestimmt. Der Dichter hat mit ihm lange geliebäugelt, ihn seinen Freunden oft angekündigt oder versucht, sie zu überreden, mit ihm zusammen in den Tod zu gehen. Aber auch sie können nur vage Gründe nennen — »Todessehnsucht« —, zumindest haben sie keine Anhaltspunkte überliefert, die über das hinausgehen, was Kleist selbst in seinem lapidaren letzten Satz zum Ausdruck gebracht hat. Und auch sein Leben gibt so gut wie keinen Aufschluß; es sei denn, der innere Weg sei anders verlaufen als der äußere.
Kleists Weg nachzuzeichnen konnte jedoch nur einem Autor gelingen: Kleist. Er hat den autobiographischen Roman, der — anscheinend — vorlag, verbrannt, wie so vieles, allzu vieles, das ihm ungenügend schien aus seiner Feder. Es ist trotzdem genug übriggeblieben aus den zehn Dichterjahren — mehr waren es tatsächlich nicht —, um ihm einen Platz zu sichern unter den Größten deutscher Sprache. Die Spur seines Lebens und seiner Entwicklung (oder Verwicklung) hat er rechtzeitig und nachhaltig verwischt, endgültig.
Ein Rätsel war er schon den Lebenden. In Briefen und Tagebüchern der Zeit wird oft beklagt, daß mit Kleist kein richtiges Gespräch zu führen sei. Wieland, dessen Sohn ihn eines Tages in sein Haus bringt, stellt befremdet fest, Kleist antworte nicht auf Fragen, wirke ständig abwesend und spreche »bei Tisch häufig zwischen den Zähnen wie mit sich selbst«.

Da Kleist damals an seinem »Robert Guiskard« schrieb, den er später gleichfalls verbrannte (es ist nur ein Fragment überliefert), mag seine Abwesenheit und sein Murmeln erklärbar sein. Vom »Guiskard« hat er Wieland noch vor der Niederschrift weite Passagen auswendig rezitiert – Kleist schrieb Verse erst auf, wenn er sie lange mit sich herumgetragen hatte. Aber auch später konstatiert Achim von Arnim »eine gewisse Unbestimmtheit in der Rede, die sich dem Stammeln nähert«; andere sprechen unverhohlen von Stottern, abgebrochenen Sätzen, kaum verständlichen Worten. Unter Fremden hat Kleist sich anscheinend nur unvollkommen ausdrücken können, aus Gehemmtheit oder Nachlässigkeit, wobei hinzukam, daß er überdies, ein leidenschaftlicher Raucher, bei mancher Gelegenheit anscheinend die Pfeife beim Sprechen im Mund zu behalten pflegte. Ein fahriger, leicht aufbrausender Mensch, der doch eine gehörige Portion Willenskraft besessen haben muß und Selbstvertrauen, denn, wie uns andere Ohrenzeugen berichten, belehrte er gern und versuchte – meist vergeblich –, andere von seinen Ansichten zu überzeugen.

Was mehr wiegt: so ungeschickt und hilflos oft sein Auftreten – als er im Schloß Charlottenburg nicht zum König vorgelassen wird, bricht er vor den hohnlachenden Hofschranzen in Tränen aus –, so mißverständlich seine Gesprächsführung, so überlegen handhabt er die Sprache, sobald er zur Feder greift. Zwar moniert Arnim das »ständige Ausstreichen und Abändern« der Texte während der Arbeit; aber am Ende – Kleist kämpft mit jedem Wort, und sei es »bei Tische« – entsteht etwas in jeder Hinsicht nahezu Vollkommenes. Es gibt keine knappere und dennoch exakter geführte Prosa deutscher Zunge, und in Kleists Dramen und Gedichten wird man, selbst bei den kompliziertesten Versformen, vergeblich nach belanglosen Füllwörtern suchen. Es ist nicht zuletzt der stete Fluß der Sprache, der Kleist auszeichnet (und der ihn so schwer übersetzbar macht in andere Sprachen). Was dem Menschen versagt schien, wurde dem Dichter fast überreich zuteil, eine bewunderungswürdige Ausdrucksmöglichkeit – »da ist unsereiner nichts dagegen«, fand Rilke, »so ein Piepvogel«. Der Essay »Über die allmähliche Ver-

Heinrich von Kleist, Kreidezeichnung von Wilhelmine von Zenge, um 1806 (Dresden, Privatbesitz)

fertigung der Gedanken beim Reden«, sechs Jahre vor seinem Tod geschrieben, beruht auf eigener Erfahrung, eine Selbst-Analyse, wie fast alles, was Kleist geschrieben hat. Das Nicht-Ausdrückbare auszudrücken, hatte er sich zur Aufgabe gesetzt – oder zur Prüfung, Selbst-Prüfung. Kleist mag nicht der »erste moderne Deutsche« gewesen sein – er war der erste, bei dem sich Leben und Werk unentwirrbar miteinander verknüpften, dem Dichtung mehr wurde als schriftliche Schaustellerei. Er stand mit seiner Person für sie ein.

Um noch einmal Junker Achim zu zitieren: Kleist schien ihm eine »ein wenig verdrehte Natur«, und er findet – als einziger – eine Erklärung dafür, denn er fügt hinzu: ». . . wie das fast immer der Fall (ist), wo sich Talent aus der alten preußischen Montierung durcharbeitete«. Mit dem Schicksal Preußens in seiner Zeit ist das Leben Heinrich von Kleists ähnlich verzahnt wie mit seiner Dichtung. Sein Lebenslauf bestand aus einer Kette von Katastrophen, nationalen und persönlichen, wobei die eine oft genug die andere bedingte. Wie der rationalere Schinkel der nationalen Katastrophe nach Italien ausweicht, flieht Kleist ins Vaterland des Erzfeindes, nach Frankreich. Er haßt Napoleon, fühlt sich aber französischer Lebensart und Sprache – die er vollkommen beherrscht – verbunden. Er liebt Preußen, kann sich aber auf der anderen Seite mit dem Zustand, in dem sich das Land befindet, nicht anfreunden. Er ist Preuße durch und durch, aber als er Beamter werden soll, weigert er sich, den Eid abzulegen: »Ich soll tun, was der Staat von mir verlangt, und doch soll ich nicht untersuchen, ob das, was er verlangt, gut ist. Zu seinen unbekannten Zwecken soll ich ein bloßes Werkzeug sein – ich kann es nicht.«

Die Absage an das, was wir uns angewöhnt haben als »preußischen Kadavergehorsam« zu bezeichnen, führt zu einem Bruch – nicht mit Preußen, denn es kann keiner aus seiner Haut, wohl aber in Kleist selbst. Was E. T. A. Hoffmann versucht von innen heraus zu bekämpfen und mit rechtsstaatlichen Mitteln zu korrigieren oder zu reformieren, wird bei Kleist und seiner schwierigen Seelenlage zum Anlaß einer Art von Selbstzerstörung. Kleist als Franzose hätte den Zwiespalt höchstwahr-

scheinlich überwunden. Der Preuße mit seinem unbedingten Anspruch auf Liberalität des Staates scheitert. Das heißt: er siegt am Ende doch. Sein Werk bleibt stärker.

Bernd Heinrich Wilhelm von Kleist ist 1777 in Frankfurt an der Oder geboren, der älteste Sohn eines preußischen Hauptmanns in zweiter Ehe, aus einer früheren stammen zwei Halbschwestern, darunter jene Ulrike, zu der Kleist sein Leben lang ein besonders intensives Verhältnis besitzt, die Adressatin auch seines Abschiedsbriefs. Alle Vorfahren, pommerscher Adel, waren Soldaten – alle Paten sind Offiziere. Der Vater stirbt, als der Sohn erst elf Jahre alt ist, die Mutter fünf Jahre nach ihrem Mann – die Kinder, Kleist hat noch vier direkte Geschwister, einen einzigen Bruder darunter, sind früh verwaist; eine Tante führt den Haushalt. Mit fünfzehn tritt Heinrich, den Traditionen seiner Familie folgend, in das Potsdamer Garderegiment ein und nimmt 1794 sogar als Fähnrich am Krieg gegen die Französische Revolution, dem Rheinfeldzug, teil. Nach dem Baseler Frieden – er ist inzwischen Leutnant – unternimmt er, um dem Exerzierplatz zu entfliehen, mit einigen Freunden eine Reise in den Harz. Sie verkleiden sich, sehr romantisch, als Musikanten und verdienen sich sogar damit den Lebensunterhalt – Kleist spielt vorzüglich Klarinette. In Potsdam sorgt sich seine Kusine, Marie von Kleist, um ihn, eine enge Vertraute der Königin Luise, die ihm auch später immer wieder in den Fährnissen seines Lebens, den freiwillig und den unfreiwillig auf sich genommenen, geholfen hat.

Den verhaßten Militärdienst quittiert er 1799. Er will statt dessen »Kameralia« studieren, Volkswirtschaft. Der Leutnant a. D. bleibt sein Leben lang eine bewußt preußische Erscheinung. Er wird nicht zum Bohemien, im Gegenteil. Während er in seiner Heimatstadt studiert, verlobt er sich mit Wilhelmine von Zenge, der Tochter des Ortskommandanten, die er durch Ulrike kennengelernt hat. Ein seltsamer Bräutigam. Er hält den Damen vom Katheder aus Vorträge über asketische Lebensführung – damals eines seiner Lieblingsthemen – und stellt der Braut in seinen Liebesbriefen, den seltsamsten der deutschen Kulturgeschichte, mit Vorliebe Aufgaben zur Denkübung, wie etwa: »Wenn beide, Mann und Frau, füreinander tun, was sie ihrer Natur nach vermögen, wer verliert von beiden am meisten, wenn einer zuerst stirbt?« oder »Was ist wünschenswerter, auf eine kurze Zeit oder nie glücklich gewesen zu sein?«

Die Verlobung geht auseinander – Wilhelmine heiratet später jenen Professor Krug, der Kant auf dem Königsberger Lehrstuhl folgt (einen unbedeutenden Mann). Mit dem anderen Geschlecht hat es Kleist überhaupt schwer. Offensichtlich eine durchaus sinnliche Natur, unterdrückt er am Anfang jede Leidenschaft, hält sich wohl auch für impotent: es gibt da eine geheimnisumwitterte Reise nach Würzburg und eine dort durchgeführte Operation, die den angeblich »Eheuntauglichen« geheilt haben soll. In Würzburg beschließt Kleist übrigens, nun doch kein Staatsdiener zu werden – den Grund haben wir schon angeführt –, sondern Schriftsteller; es entstehen die ersten Entwürfe zur »Familie Schroffenstein« und zur »Penthesilea«. Die Wissenschaften, die ihn bislang angelegentlich beschäftigt haben, kümmern ihn hinfort nicht mehr. Nach einer eingehenden Kant-Lektüre glaubt er auch nicht daran, jemals noch eine endgültige philosophische Wahrheit finden zu können – und rührt, konsequent, wie er in allem ist, in Zukunft kein Buch mehr an. Er beginnt zu schreiben.

Und er beginnt zu reisen, in Begleitung seiner Halbschwester Ulrike. Eine kleine Erbschaft – die er alsbald verschleudert – ermöglicht ihm, in eigener Kalesche mit einem Kutscher und eigens gekauften ausgedienten polnischen Husarenpferden durch die Länder zu fahren, an den Rhein und bis nach Paris, angeblich um seine wissenschaftlichen Studien fortzusetzen (wie man der Familie weismacht). Ulrike, ein intellektuelles Wesen, auf ihre Weise ähnlich unausgeglichen wie ihr Halbbruder, bevorzugt übrigens Männerkleider: nur ein blinder Bettler in Paris soll ihr wahres Geschlecht erkannt und sie als »Mademoiselle« angeredet haben.

In Paris stellen die Geschwister fest, daß sie sich verkalkuliert hatten: der Großteil ihrer Erbschaft ist bereits verbraucht. Da gibt es Vorwürfe und heftigen Streit, Ulrike reist ab, Kleist weigert sich, der Forderung seiner Verwandten nach sofortiger Heimkehr zu entsprechen, und be-

gibt sich in die Schweiz. Hier lernt er Zschokke, den jungen Wieland und Geßner kennen. Aufgrund einer Wette entsteht der »Zerbrochene Krug«. Im Zimmer eines Gasthauses entdecken die Freunde einen Kupferstich mit einer Gerichtsszene: Zschokke soll eine Novelle über sie verfassen, Wieland ein Gedicht, Kleist ein Lustspiel. Es wird eines der bedeutsamsten der deutschen Literaturgeschichte, auch wenn es unter Goethe in Weimar 1808 nur wenig Beifall findet, hauptsächlich, weil Goethe aus dem einen Akt, aus dem es besteht, drei gemacht hat.
Kleist mietet im Frühjahr 1802 ein Häuschen auf einer Aare-Insel bei Thun, in dem er am »Guiskard« und der »Penthesilea« feilt. Aber da holen ihn die Zeitverhältnisse ein: Napoleon ist nahe daran, in die Schweiz einzufallen, eine Bedrohung, auf die Kleist – wie meist in solchen Fällen – mit einer schweren Krankheit reagiert. Ulrike eilt, in Männerkleidung, aus Frankfurt an der Oder herbei und löst den inzwischen Mittellosen (der im übrigen von der Polizei bereits mißtrauisch beobachtet wird) aus.
Es beginnt jene Zeit der Irrfahrten, die wir hier bewußt kurz aufzählen. Europa befindet sich in äußerster Unordnung, weil ein großer Ordner da ist, der es unterwirft, Napoleon. Kleist stürzt von Krise zu Krise: einmal, weil ihn jedes neue Werk in eine solche stürzt, zum zweiten, weil er – trotz allem ein Patriot – an den Verhältnissen seines Landes leidet. Sie bedingen auch die rein äußerlichen Schwierigkeiten, die sich ihm in den Weg legen. Er schreibt deutsche Dramen, aber wenn überhaupt noch Theater in den deutschen Staaten spielen, spielen sie mit wenigen Ausnahmen in französischer Sprache. Und wenn er irgendwo einen Rettungsanker sucht, etwa den der Gründung einer Zeitschrift in Prag (1808, sie soll »Germania« heißen), löst er sich alsbald durch Krieg und napoleonischen Überfall, in diesem Fall die Schlacht bei Wagram, in nichts auf.
Unruhige Zeiten, unruhige Wege: den Winter 1802/03 verbringt Kleist bei Wieland in der Nähe Weimars. 1803 reist er mit seinem Jugendfreund Ernst von Pfuel erneut in die Schweiz, nach Mailand und abermals Paris (wo er den »Guiskard« verbrennt). Ohne Abschied trennt er sich wie in Trance oder unter einer plötzlichen Geisteskrankheit von

Pfuel und eilt – zu Fuß – in die Normandie, wo er sich den napoleonischen Landungstruppen gegen England anschließen will, um »den schönen Tod der Schlachten« zu sterben. Nur ungeheures Glück bewahrt den preußischen Offizier a. D. davor, nicht als Spion erschossen zu werden (ein Schicksal, das sogar einen offiziell akkreditierten Diplomaten ereilt): es sind wiederum Freunde, die ihn retten – er wird nach Deutschland abgeschoben, liegt lange krank in Mainz, bewirbt sich dann in Berlin um eine Anstellung im Finanzdepartment, vergeblich, denn dort nimmt man ihm verständlicherweise übel, daß er sich dem Erzfeind hat anschließen wollen – erst die Fürbitte seiner Kusine erschließt dem längst völlig Verarmten einige Mittel aus der Privatschatulle der Königin Luise, die bei deren frühen Tod freilich wieder hinfällig werden. 1807, auf dem Weg nach Dresden, verhaften ihn erneut die Franzosen und bringen ihn nach Frankreich, zunächst ins Fort de Joux, dann ins Gefangenenlager Châlons-sur-Marne. Er wird, ein mutmaßlicher Spion, erst nach einem halben Jahr wieder entlassen (übrigens geht es ihm gesundheitlich in der Gefangenschaft besser als gewöhnlich in der Freiheit) – für das Reisegeld zurück muß wiederum die unermüdliche Ulrike aufkommen. 1808 redigiert er mit Adam Müller in Berlin die kurzlebige Zeitschrift »Phöbus«, begibt sich zur österreichischen Erhebung nach Prag, wo er in die Wirren einer Niederlage gerät, kehrt als bereits Totgesagter nach Berlin zurück, wo er, inzwischen als Dichter und Dramatiker durchaus anerkannt und vielgerühmt, mit de la Motte-Fouqué, Arnim, Brentano, bei Bettina von Arnim und Rahel Varnhagen verkehrt, ein geschätzter, trotz seiner sprachlichen Hemmnisse begehrter Mann, der es sich erlauben kann, dem Theaterdirektor Iffland einen frechen Brief zu schreiben. Iffland hat das bereits in Wien uraufgeführte »Käthchen von Heilbronn« dem Dichter zurückschicken lassen mit der Äußerung, es gefiele ihm nicht. »Es tut mir leid«, schreibt Kleist, »die Wahrheit zu sagen, daß es ein Mädchen ist; wenn es ein Junge gewesen wäre, so würde es Ew. Wohlgeboren wahrscheinlich besser gefallen haben.«
Mit seinen Erzählungen gelingt Kleist sogar ein Publikumserfolg, und auch sein letztes Projekt kann er, jedenfalls zeitweise, zum Erfolg füh-

ren. Im Oktober 1810 gibt er die »Berliner Abendblätter« heraus, die erste täglich in Berlin erscheinende Zeitung, eine solche gibt es damals sonst nur in Nürnberg und Stuttgart; selbst die Berliner »Intelligenzblätter«, die »Vossische« und die »Spenersche Zeitung«, erscheinen nur dreimal die Woche. Kleist hat nun keineswegs ein »Intelligenzblatt« im Auge — nur sie dürfen übrigens Anzeigen aufnehmen —, sondern, im Gegenteil, ein Organ, wie wir es heute als Boulevardblatt bezeichnen würden. Sensations- und Polizeinachrichten bilden den Blickfang, Nachrichten aus der Stadt den Hauptteil; der Unterhaltungs- und Kunstteil, das Feuilleton (für das Kleist seine »Anekdoten« schreibt), steht eher im Schatten des Aktuellen.

Die Zeitung wird ein ungeheurer Publikumserfolg — auf so etwas haben die Berliner gewartet! —, und sie wäre wohl auch dauerhaft erfolgreich geblieben, hätten nicht Adam Müllers volkswirtschaftliche Glossen den Unwillen der Behörden erregt. Sie reagieren, indem sie Kleists Hauptinformanten im Polizeipräsidium kurzerhand entlassen, und ohne die Polizeinachrichten ist ein Boulevardblatt — damals wie heute — nur die Hälfte wert. Es sind weniger »Zensurmaßnahmen«, die, wie man so oft liest, Kleists populären »Abendblättern« nach 72 Ausgaben im März 1811 das Lebenslicht ausbliesen, als vielmehr interne Unsicherheit über die notwendigen Gegenmaßnahmen und die redaktionelle Weiterführung des Blattes, ein Unvermögen, sich im Verein widerstreitender Herausgeber mit jenen anti-liberalen Kräften, die wohl bis heute an der Spitze eines jeden Staates stehen, einzulassen und ihnen zu trotzen. Anderen ist das, bei einiger geschickter Kompromißbereitschaft, durchaus gelungen, so dem Jounalisten und Verleger Litfaß, der allerdings weniger aufgrund seiner Presseerzeugnisse als der Erfindung seiner berühmten Plakat- und Anschlagsäule in den Sprachgebrauch — und damit in die Geschichte — eingegangen ist.

Immerhin hat Kleist sich Achtung verschafft im Berlin Friedrich Wilhelms III. Obwohl Beschwerden über die hinterhältigen Maßnahmen gegen die »Abendblätter« und Bitten um finanzielle Nothilfe bei Hardenberg nichts einbringen — da hätte man schon stärkere Geschütze auffahren müssen und, vermutlich, sogar können –, reicht jetzt der König Kleist die Versöhnungshand. Er macht dem hinlänglich berühmten Autor Hoffnung auf eine Reaktivierung im königlichen Stab oder zumindest als Kompaniechef (weiter hatte es auch der Vater nie in seiner Laufbahn gebracht), und es sieht fast so aus, als sollte sich alles zum Guten wenden. Kleist und Preußen haben sich gefunden oder sind nahe daran, sich zu finden oder wiederzufinden. Da kommt es zur Tragödie am Kleinen Wannsee.

Kleist hat Henriette Vogel durch Adam Müller kennengelernt und viel mit ihr musiziert. Durch die Indiskretion eines Arztes erfährt Henriette von einer unheilbaren Krankheit, vermutlich Gebärmutterkrebs. Was Kleist bewogen hat, mit ihr seinen labil-latenten Plan eines Doppelselbstmords durchzuführen, ist unklar. »Nicht ohne Widerstreben seiner besseren Natur«, meint Adam Müller, müsse er gehandelt haben. Über Henriette, die von den einen als genialisch begabt, von den anderen als reine Hysterikerin geschildert wird, fällt kaum ein Wort. Die beiden werden an der Stätte des Mords und Selbstmords in ein gemeinsames Grab gelegt.

Der Aufstellung Golo Manns, woran Kleist nicht gescheitert sei, ist nach alledem wenig hinzuzufügen. Es legt sich einem sogar, im Gegenteil, die Frage in den Mund, ob Kleist überhaupt gescheitert ist. Was Preußen bedeuten kann – eine beinahe tödliche Krankheit –, geht fast überkraß aus dem Schicksal eines der begabtesten Menschen hervor, die Preußen hervorbrachte, eines beständigen Siegers auf notorischer Flucht. Gescheitert ist Kleist, wenn überhaupt, an sich selbst, weil ihm auf Erden (und vielleicht dürfen wir, vorsichtig, hinzufügen: in Preußen) nicht zu helfen war.

5 Karl August von Hardenberg oder Die Klugheit der Schlange

Seit Ende des Zweiten Weltkrieges gibt es keinen Staat Preußen mehr; selbst den Namen hat man von der Landkarte radiert. West-Alliierte und Sowjets zogen da an einem Strang. Preußen schien ihnen ein Erzübel, ein Krebsgeschwür, ein Militär- und Aggressor-Staat, die Inkarnation alles Bösen, was aus deutschen Landen über Europa hereingebrochen war im Verlauf von zwei Weltkriegen.

Historische Gerechtigkeit oder ein Mißverständnis? Tatsächlich gab es einen Begriff, der, in Preußen geprägt, dort alles andere, auch Menschenrechte und individuelle Freiheit, stets überschattet hat. Er heißt: Staatsgedanke. Die Idee des Staates als übergeordneter Macht und Kraft hat, außer vielleicht im napoleonischen Frankreich, selten eine derart zentrale Rolle gespielt wie in Preußen.

Andererseits: dem preußischen »Staatsgedanken« lief immer ein ethisches Verantwortungsbewußtsein parallel, wie es längst nicht alle Militärstaaten im Laufe ihrer Geschichte beweisen konnten; manche Siegermächte eingeschlossen. Die Nazis, was das betrifft, sie waren jedenfalls, ihren Lippenbekenntnissen zum Trotz, alles andere als Preußen.

Im politischen Testament Friedrich Wilhelms I., eben jenes Königs, der – Enkel des Großen Kurfürsten – das preußische Militär groß gemacht hat, lesen wir zum Beispiel: »Meinen lieben Successör bitte ich um Gottes willen, keinen ungerechten Krieg anzufahen und nicht ein Aggressör zu sein; denn Gott hat die ungerechten Kriege verboten und Ihr müsset einstmals Rechenschaft geben von jedem Menschen, der da in einem ungerechten Krieg geblieben ist. Bedenk, was Gottes Gericht scharf ist!«

Sein Successör war Friedrich der Große. Schon wenige Tage nachdem er den Thron bestiegen hatte, holte er, eine seiner ersten Amtshandlungen, den aus Halle vertriebenen Aufklärer Christian Wolff aus Marburg zurück, wo der »Religionsfeind und Determinist« Unterschlupf gefunden hatte. Friedrich: »Ein Mensch, der die Wahrheit sucht und sie liebet, muß unter aller menschlicher Gesellschaft wert gehalten werden.«

Als praktisch-politische Frucht der Aufklärung schuf dann auch Friedrich der Große das »Allgemeine Preußische Landrecht«, das acht Jahre nach seinem Tode, 1794, in Kraft trat. Sieben Jahre nach der amerikanischen

Verfassung und drei Jahre nach der Konstitution der Französischen Revolution war Preußen der erste absolutistisch regierte Staat, der sich (Oswald Hauser:) »damit freiwillig unter die Kontrolle allgemeiner Gesetze« stellte. Der § 76 des »Landrechts«: »Die Gesetze binden alle Mitglieder des Staates ohne Unterschied des Standes, Ranges und Geschlechts. Jeder Einwohner ... ist berechtigt, Schutz für seine Person und sein Vermögen zu fordern.«
Nur vor solch einem rechtsstaatlichen Hintergrund konnte es eine Aufklärung geben, wie sie Nicolai, Mendelssohn und Lessing in Berlin vertraten, später die Frühromantik um Schlegel und Schleiermacher. Merkwürdig genug: die Ideen der Französischen Revolution wurden – Freiheit, Gleichheit, Brüderlichkeit – nirgends so intensiv aufgegriffen wie in Berlin. Preußen galt damals als ein fortschrittlicher Staat, eine Hochburg von Toleranzstreben und Bürgerstolz. Der überzeugte Demokrat Görres, Herausgeber des »Rheinischen Merkur«, der ersten politischen Zeitung in Deutschland, ein gewiß unverdächtiger Zeuge: »Sicher ist die Übermacht des Geistigen auf der Seite Preußens, und der Geist ist's, der in der jetzigen Zeit immer siegreich bleibt.«
Ein ganz gewiß zu optimistisches Wort. Aber es dürfte eben jene Kehrseite des preußischen Staatsgedankens umreißen, die man so gerne übersieht und von der auch im Dritten Reich, das sich so stolz auf das »alte Preußen« berief, keine Rede war. Der Hohenfriedberger Marsch wurde zwar nur zu häufig intoniert, aber Lessings »Nathan der Weise«, ebenfalls ein originäres Stück preußischen Geistes, von den gleichen Machthabern verboten.
Ähnlich hielt man es – und hält man es – mit Karl August von Hardenberg. Die Stein-Hardenbergschen Reformen gehörten und gehören zwar zum allgemeinen Lehrstoff in den Schulen. Hardenberg wurde jedoch spätestens im Dritten Reich als Reformer minderen Ranges eingestuft, wahrscheinlich, weil sich mit ihm die endgültige Emanzipation der Juden in Preußen verband, auch wohl weil Treitschke, der bedeutende, aber einseitige, übermäßig nationalistische und zudem antisemitische Historiker, sein ungünstiges Urteil über diesen Staatsmann gleichsam ex

cathedra zu sprechen verstand. Auf Treitschke konnte man sich lauthals berufen, den liberalen Mommsen dagegen (es gab in Preußen immer ein Gegengewicht) getrost vergessen. Und dabei hat man es weitgehend belassen.

An Hardenberg erinnert in Berlin vor allem die nach ihm benannte Straße zwischen Zoo und Ernst-Reuter-Platz sowie der »Hardenberger«, ein deftiger Kornbrandschnaps (»der mit dem Keilerkopf«), aber sonst so gut wie nichts. Stein — man kann es symbolisch nehmen, daß der Steinplatz die Hardenbergstraße dominiert — gilt als der Größere, der verdienstvollere Reformer. »Er ist ein Hardenberg«, lautete eine brandenburgische Redensart, die bis zum Ende des vergangenen Jahrhunderts geläufig gewesen sein soll, will heißen: ein Verwässerer, ein Zauderer, ein Kompromißling.

Vergessen wie Hardenberg ist die Tatsache, daß Preußen vor allem ein Staat des Kompromisses war, der absolut nicht immer »faul« sein muß. Und daß die Größe eben des »preußischen Staatsgedankens« nicht in einer ständigen Annektionsbereitschaft bestand, sondern, ganz im Gegenteil, im Bestreben, eine Ausgewogenheit aller politischen und geistigen Kräfte zu suchen und zu finden.

Gewiß paßt Stein, ein klarer, eindeutig konservativ-patriotischer Mann mit einem Profil, das (Hans-Georg Wormit:) »wie ein mittelalterlicher Holzschnitt wirkt«, weit eher zum Bild, wie man es sich gewöhnlich von einem Preußen macht: rechtlich eingestellt, gutmeinend, knorrig, ein bißchen stur. Dagegen Hardenberg: »Der schlanke Grandseigneur mit den weichen, ausgeglichenen Zügen und einem mitunter fast fraulichen Charme, der Meister gewandter Dialektik und geduldiger Nachsicht, verbarg nicht nur vor seinen Zeitgenossen, welch ausgeprägtes staatsmännisches Profil er besaß.« Freunden der Literatur mag Hardenberg zusätzlich unsympathisch sein, weil er es war, der nach dem Freitod Heinrich von Kleists dessen Bittschriften mit dem lapidaren Vermerk: »Hat sich erledigt« zu den Akten heften ließ.

Ein Pragmatiker reinsten Wassers, der gelegentlich auch krumme Wege nicht scheute, ein Lavierer im Zickzack, ein »Macher«, wie wir heute sagen würden: alles Eigenschaften, wie sie, so ungewohnt es scheinen mag, zu Preußen gehören und ohne die Preußen keinesfalls die Bedeutung hätte erringen können, die es innerhalb der europäischen Staaten als Ordnungsmacht — im Positiven wie im Negativen — doch immerhin einmal besessen hat. Hardenberg bewunderte die Aufklärung, die Französische Revolution, aber auch die napoleonische Staatsverwaltung, und er hat — höchst erfolgreich — versucht, einen Nenner aus diesen drei beherrschenden geistigen und politischen Kräften seiner Zeit zu ziehen. Man darf nicht übersehen, daß es Hardenberg war, der die von Stein begonnenen Reformen durchgeführt hat. Und in was für Zeiten!

Weder Stein noch Hardenberg stammten aus Preußen. Hardenberg ist, sieben Jahre vor seinem Antipoden, Mitstreiter und Gegner, am 31. Mai 1750 als Sohn eines Landedelmannes und Offiziers im Hannoverschen geboren, genauer gesagt in Essenrode bei Gifhorn. Noch heute erinnert eine Autobahnausfahrt mit dem Schild »Nörten-Hardenberg« an den Stammsitz des dort seit dem 12. Jahrhundert ansässigen Geschlechts.

Er studiert in Leipzig, vor allem aber — wie übrigens auch Stein — in Göttingen, die Rechte. In Göttingen läßt er sich vom Nachtwächter der Universität besonders früh am Morgen wecken, um ein abnormes Arbeitspensum bewältigen zu können. Der junge Mann ist ehrgeizig. Er will es zu hohen Staatsämtern bringen, weshalb er sich besonders auf das Studium von Verwaltungsfragen wirft, die er bald vollendet beherrscht. Staaten, die derartige Kenntnisse brauchen, gibt es ja genug. Deutschland ist partikularistisch in beinahe unzählige, oft winzige feudale Herrschaften zerspalten. Dem Zwanzigjährigen bestätigt sein Lehrer, Johann Stephan Pütter, der letzte Kronjurist des Heiligen Römischen Reiches, beim Abschlußexamen, jedem Staat sei Glück zu wünschen, welchem Hardenberg einmal dienen würde.

Dem preußischen Staat widerfährt solches Glück erst, als Hardenberg schon vierzig ist. Zunächst führt die »Kavalierstour« den jungen Verwaltungsfachmann nach Hannover und weiter nach Braunschweig, wo er, ungemein fortschrittlich, bereits für eine strenge Trennung von Kirche und Schule eintritt, dann zum Markgrafen von Ansbach-Bayreuth.

Karl August von Hardenberg.
Gemälde, J. H. W. Tischbein zugeschrieben (Besitz der Familie)

Als Markgraf Karl Alexander, ein aufgeklärter Monarch nach dem Vorbild Friedrichs des Großen, sein Land – auch so etwas kommt vor – aufgibt und an Preußen abtritt, wird Hardenberg als preußischer Minister übernommen. Übrigens läßt sich Karl Alexander auszahlen – die Preußen erwerben den Landstrich nicht anders, als etwa später die Amerikaner Alaska kaufen werden, eine ungewöhnliche, wenngleich humane Methode. Sonst pflegen Änderungen in der Landeshoheit meist unter beträchtlichen Blutopfern vor sich zu gehen. Hardenberg leitet also die Eingliederung von Ansbach-Bayreuth als selbständige preußische Provinz.
Das Volk ist auf seiner Seite; in Ansbach bleibt er sein Leben lang populär und wird gern zur Lösung provinzieller Probleme hinzugezogen, auch nachdem das Land später an Bayern, Frankreich, dann wieder Bayern gefallen ist.
Wir schreiben das Jahr 1791. Stein befindet sich ebenfalls auf einer Art von Ochsentour: er ist im preußischen Bergwesen tätig gewesen, rückt zum Präsidenten sämtlicher Kammern der rheinisch-westfälischen Provinzen Preußens auf und wird – Duplizität der Ereignisse – einige Jahre später die Übernahme der Landesteile Münster und Paderborn leiten. Sie sind Preußen für die Abtretung aller linksrheinischen Gebiete an Frankreich zugefallen.
Viel Arbeit für Verwaltungsspezialisten! Stein bleibt ganze 25 Jahre hindurch als solcher in den Provinzen tätig, ehe er 1807 nach Berlin gerufen und zum erstenmal Minister wird, für Akzise-, Zoll-, Fabrik- und Handelswesen, also eine Art von Wirtschaftsminister. Stein ist der Begründer des Ideals einer »stillen, tätigen, organischen, nicht mechanischen Verwaltung«. Seine schlichte, aber noch heute beherzigenswerte Devise lautet: »Kenntnis der Örtlichkeit ist die Seele des Dienstes.« Sie sei unserem aufgeblähten Verwaltungsapparat nachhaltig ins Gedächtnis zurückgerufen.
Hardenberg befindet sich schon seit 1798 in Berlin, ebenfalls als eine Art von stellvertretendem, dann verantwortlichem Minister für auswärtige Angelegenheiten (regelrechte Fachministerien wird erst Stein als eine sei-

ner Reformen einführen – eine Idee übrigens der Französischen Revolution). Obwohl er es durch kluge Diplomatie verstanden hat, Napoleon in der Gewißheit preußischer Neutralität zu halten (Hardenberg war am preußisch-französischen Separatfrieden von Basel beteiligt), ist er, als Stein nach Berlin kommt, eben in Ungnade gefallen. Auf Wunsch Napoleons, der ihn – zu Unrecht – für seinen Hauptgegner hält, hat ihn Friedrich Wilhelm III., seit 1797 preußischer König, entlassen.

Verwirrte, schwere Zeiten. Frankreich ist übermächtig und besitzt fast ganz Europa. Der preußische König, ein leutseliger, bürgerlich-einfacher, ungewöhnlich beliebter, wenn auch völlig ungeistiger Mann, schwankt in seiner Einstellung hin und her. Wenn er durch Berlin spaziert, begrüßen ihn die Bürger wie einen der ihren, aber starke Berater haben es schwer bei ihm: er hört nicht auf sie, höchstens auf den Ratschlag seiner Frau, der schönen, jungen Königin Luise.

Mit Frauen kann Stein nicht umgehen. Um so besser kann es Hardenberg, auf den die Königin Luise – bisweilen wenigstens – hört. Das hängt mit seinem eleganten, auch ein wenig arroganten Auftreten zusammen. Stein und Hardenberg sind wie Nicolai und Schlegel: ein Mann kernfester Regelmäßigkeit, ein bißchen bürokratisch, der eine, ein homme à femmes der andere (um nicht zu sagen: ein Frauenheld, zumindest in seiner Jugend). Zwei Ehen zerbrechen, eine dritte verläuft unglücklich, zudem plagen Hardenberg stets hohe Schulden, und wenn er später, als er das preußische Kanzleramt übernimmt, auf jegliche Bezüge verzichtet, wird es für die preußische Staatskasse zu einem schlechten Geschäft, denn vereinbart wird die Übernahme aller persönlichen Aufwendungen, und Hardenberg führt, seiner beständigen Geldknappheit zum Trotz, einen aufwendigen Lebensstil. Geld hat, so General Boyen – neben Stein, Hardenberg und Scharnhorst einer der großen Reformer Preußens –, für Hardenberg immer nur dann einen Wert, wenn es ihm fehlt. Und es fehlt ihm immer.

Eine solche, auch im Persönlichen problematische, unausgeglichene, schillernde Persönlichkeit wird für Preußen zu einem Glücksfall. Obwohl es Krieg gibt und 1806 die vernichtende Niederlage von Jena und Auerstedt, versteht es Hardenberg geschickt, den Staat genauso durch alle Fährnisse hindurchzulavieren, wie er es ein Leben lang versteht, sich selbst durch seine ähnlich verwirrten persönlichen Verhältnisse hindurchzuschlängeln. Preußen bleibt, auch nach dem Friedensschluß von Tilsit, ein selbständiger Staat, wenn auch völlig abhängig von Frankreich, der Besatzungsmacht. Im Zusammenspiel mit dem wackeren Stein entwickelt Hardenberg die – völlig »unpreußische« – Klugheit einer Schlange, und die ist für Preußen durchaus vonnöten.

Unmöglich, hier nachzuzeichnen, was sich zwischen Preußen und Frankreich, Napoleon und Friedrich Wilhelm, Stein und Hardenberg alles zuträgt: mal ist der eine Minister von Napoleons Gnaden, mal der andere. Im jeweiligen Exil – Hardenberg in Riga, Stein im heimischen Nassau – verfassen beide ihre grundlegenden Denkschriften, denn bei aller Zerrüttung der Verhältnisse sehen sie die Zeit gekommen, einen Neuanfang zu wagen. Beide entwerfen sie, in Preußens größter Not, die Utopie eines besseren Preußens, eines besser verwalteten, besser organisierten, freiheitlicher geführten Gemeinschaftswesens, eines Idealstaates. Wenn es überhaupt eine Chance gibt für eine Reform, dann wahrscheinlich in eben solcher Zeit des Niedergangs.

Dies das bewundernswert Zielstrebige an beiden. So verschieden sie sind, sie ergänzen einander vorzüglich in ihrem gemeinsamen Verlangen, Preußen vorbildlich zu machen für den Rest der Welt, ein Beispiel zu setzen, gegen das ein Napoleon mit aller Waffengewalt nicht ankommt. So arbeiten sie, mißtrauisch, aber konsequent, Hand in Hand.

Nach dem Tilsiter Friedensschluß befindet sich auf Bestreben Napoleons eben wieder Stein im Amt, da führt er sogleich, wenn auch etwas überstürzt, die ersten Reformen durch. Das »Edikt, den erleichterten Besitz und den freien Gebrauch des Grundeigentums, sowie die persönlichen Verhältnisse der Landbewohner betreffend«, besiegelt die schon 1804 durchgeführte Bauernbefreiung. Alle Erbuntertänigkeit fällt fort. Ein Jahr später, 1808, wird eine neue Städteordnung von nachhaltiger Wirkung auf den ganzen Kontinent verkündet, die Staatsspitze umorganisiert, die ersehnten und notwendigen Fachministerien eingeführt.

Wenig später gerät Stein durch einen abgefangenen Brief ins Zwielicht, in dem er für einen bewaffneten Kampf gegen Napoleon eintritt. Das ist zu diesem Zeitpunkt voreilig und unbesonnen: Friedrich Wilhelm muß ihn, nach langem Zögern, entlassen – Stein geht, von Napoleon geächtet, zunächst nach Österreich in die Emigration, später nach Rußland, wo er Berater des Zaren Alexander I. wird.
Die Rolle, die Hardenberg dabei spielt, ist – das muß man zugeben – höchst undurchsichtig. Er hat, in Ränken und Intrigen nicht unerfahren, zweifellos den Sturz Steins insgeheim mitbetrieben. Ganz gewiß wird eine seiner persönlichen Triebfedern aber eben jener Staatsgedanke gewesen sein, dem er sich verpflichtet fühlt, sowie die gemeinsamen Reformbestrebungen, die durch Steins zwar verständliche und vaterländisch lobenswerte Untergrundtätigkeit erheblich gefährdet worden sind. Wieder schlägt die Stunde Hardenbergs, der, übrigens mit Hilfe der Königin Luise, 1810 zum ersten preußischen Staatskanzler berufen wird. Nach dem frühen Tod der Königin, noch im gleichen Jahr, wird er sogar offizieller Vertreter Friedrich Wilhelms, ein »diktatorischer Premierminister« mit Vollmachten, wie sie nach dem Großen Kurfürsten nie ein Preuße neben dem König besessen hat. In Zukunft wird er es sein, der die Geschicke des Staates lenkt.
Da ist es bezeichnend, daß Hardenberg, der Sieger, sich heimlich mit Stein, dem Unterlegenen und Verfemten, im Riesengebirge trifft – eine Zusammenkunft, die für Preußen von ungeheurer Bedeutung werden soll. Sosehr die beiden sich entfremdet haben, in einem sind sie sich einig, nämlich darin, daß über alle persönlichen und politischen Meinungsverschiedenheiten hinweg die Reformen weitergehen müssen. Hardenberg, im Gegensatz zum konservativen Stein ein Mann des aufgeklärten Absolutismus und Liberalismus, vollendet das begonnene Werk, wenn auch nicht so, wie Stein (der zum bösen Kritiker Hardenbergs wird) es gerne sähe. 1810 führt er die Gewerbefreiheit ein, 1812 setzt er die Judenemanzipation, 1811 bis 1816 gegen den erheblichen Widerstand des Landadels eine neue Agrarordnung durch, nachdem die Leibeigenschaft in Deutschland schon von Napoleon aufgehoben worden ist.

Obwohl er eine ganze Anzahl von Kompromissen eingehen muß – so läßt sich die von ihm angestrebte völlige Gleichberechtigung aller Staatsbürger noch nicht durchsetzen –, gelingt Hardenberg in zäher Arbeit ein gewaltiges Werk innerer Reformen. Da er nun auch gelernt hat, im äußeren mit Vorsicht zu operieren, kann er es sogar mit Billigung Napoleons tun, der nicht ahnt, daß Hardenberg, gewitzter als zuvor Stein, wenn auch mit dessen Hilfe, bei Alexander nach dem demütigenden Friedensvertrag von 1812 Fäden nach Rußland knüpft und mit seiner Geheimdiplomatie den Sturz des Korsen vorbereiten hilft.

Der Freiheitskrieg wird zur großen Zäsur. Es ist nicht zuletzt Hardenberg zu verdanken, daß es ein Preußen, das befreit werden kann, überhaupt noch gibt. Und noch einmal kann er sein ganzes Können (und seine ganze Schlangenklugheit) für Preußen in die Waagschale werfen: 1814/15 auf dem Wiener Kongreß, an dem er, zusammen mit Wilhelm von Humboldt, als offizieller Vertreter des Staates teilnimmt. Dort findet sich im Gefolge des Zaren auch der grollende Stein ein, aber es ist Hardenberg, der, inzwischen mit allen Wassern gewaschen, sich auf dem Parkett und im Hinterhalt nicht weniger elegant zu benehmen und seine Schlingen zu legen versteht als die jüngeren Diplomaten und Staatsmänner, die den Kongreß bestimmen (und ihn, wie wir es heute ausdrücken würden: »überfahren«), so der vier Jahre jüngere Talleyrand, der sogar 23 Jahre jüngere Metternich und der 19 Jahre jüngere Lord Castlereagh. Der »Elder Statesman«, ein gewiefter Taktiker, macht auf dem Wiener Kongreß Preußen endgültig zur Großmacht – Hardenberg erreicht einen großen Gebietszuwachs: Preußen wird von nun an von der Memel bis nach Trier reichen und rund 10 1/2 Millionen Einwohner haben.

Man hat das später vielfach als typisch preußischen Imperialismus bezeichnet. Und dabei übersehen, daß Hardenberg sich bis zuletzt gegen die Zuweisung der Gebiete weit im Westen zur Wehr gesetzt, sie sogar als »eine wahre Schädigung« bezeichnet hat. Es waren vielmehr Österreich und Großbritannien, also Metternich und Castlereagh, die ein starkes Preußen als Gegengewicht zum gefürchteten Frankreich am Rhein

sehen wollten. Preußen als Großmacht schien damals eine Angelegenheit Europas und die Sache eines ersehnten friedlichen Gleichgewichts der Kräfte – von nackter Eroberung kann da kaum die Rede sein.
Während Stein vergeblich für einen deutschen Einheitsstaat eintritt und sich dann verbittert auf seine Besitzungen in Birnbaum (Posen) zurückzieht, die er gegen seinen Landsitz in Nassau eingetauscht hat, befindet sich Hardenberg auf der Höhe seiner Macht und seines Ansehens. Er wird in den Fürstenstand erhoben und bekommt das märkische Gut Quilitz geschenkt, das zu seinen Ehren in Neu-Hardenberg umgetauft wird. Schinkel restauriert die dazugehörige Dorfkirche; Goethe schickt zur festlichen Einweihung am 13. Oktober 1817 ein etwas sibyllinisches, aber wohl gerade darum passendes Gedicht (»gezwungen und schwer verständlich«, wie Fontane moniert):

Wer die Körner wollte zählen,
Die dem Stundenglas entrinnen,
Würde Zeit und Ziel verfehlen,
Solchem Strome nachzusinnen.

Auch vergehn uns die Gedanken,
Wenn wir in Dein Leben schauen,
Freien Geist in Erdesschranken,
Festes Handeln und Vertrauen.

So entrinnen jeder Stunde
Fügsam glückliche Geschäfte.
Segen Dir von Mund zu Munde!
Neuen Mut und frische Kräfte.

Bei dieser festlichen Einweihung geschieht es übrigens, daß man Hardenberg, den alten Fuchs, düpiert. Seinem Schwiegersohn, Fürst Pückler, einem der bedeutendsten Landschafts- und Gartenkünstler seiner Zeit, gefällt der altertümliche Schloßgarten des neuen Besitzes nicht. Aber

Schwiegervater Hardenberg lehnt, darin konservativ, jegliche Umgestaltung nach modernen (das heißt englischen, naturähnlicheren) Gesichtspunkten ab. Während des festlichen Diners jedoch, das mehrere Stunden dauert – Hardenberg war, unter anderem, ein leidenschaftlicher Schlemmer –, gelingt es Pückler mit einigen Freunden und einem Heer von Arbeitskräften in Windeseile, eine Allee abzuholzen, einen Bruch als Parkwiese herzurichten, einen Kanal umzuleiten und lauschige Haine zu pflanzen, kurzum, den Park völlig neu herzurichten. Dem frisch gebackenen Fürsten bleibt nach genossenem Mahl nichts übrig, als inmitten all der Ehrengäste gute Miene zum keinesfalls bösgemeinten Spiel zu machen. Er ist nicht oft in seinem Leben derart überlistet worden.
Überlistet, überwältigt hat ihn nach dem Freiheitskrieg freilich eine gewisse Tragik der Geschichte: in Zeiten »nationaler Not« ist ein neues Preußen entstanden, zweifellos ein besseres, gerechteres Staatswesen. In Zeiten nationalen Triumphes wird es aus und vorbei sein mit den Reformen. Was sich von ihnen erhält – eine ganze Menge –, hat es schwer, sich gegen jene restaurativen Kräfte durchzusetzen, die im Gefolge des Wiener Kongresses und der Notwendigkeit, in Zukunft Großmachtpolitik zu betreiben, alles Liberale zu verdrängen drohen. Auch Hardenberg kann nicht verhindern, daß er sich in die Demagogenverfolgung verstrickt, einen Rückfall in schlimmste und unaufgeklärte absolutistische Zeiten. Da er stets seine abschließende Verwaltungsreform (die er auch durchführt) wie Scheuklappen vor Augen hat, übersieht er andere Probleme und macht mitunter unverantwortliche Zugeständnisse – zweifellos geht das Vorgehen gegen Männer wie Schleiermacher und Arndt, gehen auch die berüchtigten »Karlsbader Beschlüsse« mit auf sein Konto. Seine Mitstreiter Humboldt und Boyen treten empört zurück. Der alte Mann, bald so gut wie stocktaub, wird zwischen den Mühlsteinen der Zeit zerrieben.
In Berlin geht es jetzt eher umgekehrt zu als in napoleonischen Tagen. Hat früher der König Hardenberg tyrannisiert, so tyrannisiert Hardenberg jetzt den unglücklichen, braven König. Gegen Hardenbergs übermächtige Erscheinung läßt sich nichts mehr unternehmen. Zwei

Jahrzehnte fungiert er als Staatskanzler, im Guten wie im Bösen immer bestrebt, das Beste zu leisten, das keineswegs immer das Beste ist oder, bedenkt man die Ungunst der Zeiten, auch nur sein kann.

Ein Mann übrigens von großer Bildung und auch musisch interessiert, Förderer Schinkels und Lennés, Mitbegründer der Berliner und der Bonner Universität und des Rheinischen Landesmuseums, Reformator des Staatsarchivwesens, lange Zeit auch persönlich Vorsitzender der Kommission für Schlösser und Gärten in Berlin, benutzt Hardenberg seine diplomatischen Reisen zur ständigen Weiterbildung. In Italien, wo er an einer Konferenz in Verona teilnimmt, besucht der über 72jährige Mailands Kirchen, Theater, Museen und steigt sogar auf den Dom. Eine Stunde lang sieht er von hoch oben trotz schneidender Kälte in die lombardische Ebene hinab, eine Anstrengung, die ihn wenige Tage später, am Abend des 26. November 1822, in Genua dahinrafft. Noch am Morgen des gleichen Tages hat er sich vom preußischen Konsul ausführlich Bericht erstatten lassen.

Seine Leiche wird erst ein Jahr später nach Preußen übergeführt. Als der Trauerzug auf dem Wege nach Neu-Hardenberg Berlin passiert, schließen sich ihm nur wenige Wagen an. Die Großkopfeten und neuen Ratgeber sind froh, den unbequemen Alten mit seinen immer noch latent vorhandenen Reformgedanken los zu sein. Nur im Volk regt sich nachträglich Unmut. »Viele Leute ärgerten sich über die geringe Beeiferung«, notiert Varnhagen von Ense in seinem Tagebuch, »und es zeigte sich noch viel warmer Anteil im Publikum für das Gedächtnis des guten Staatskanzlers.« Der Berliner ist immer eine treue Seele gewesen, treuer zumeist als seine Obrigkeit.

Das gewiß nicht einfache Charakterbild Hardenbergs hat am gerechtesten Fontane umrissen. Selbst Hardenbergs Schwächen, schreibt Fontane, haben seiner Aufgabe, der Rettung Preußens in unwegsamen Zeiten, Vorschub geleistet. »Seine Fehler liegen klar zutage, und man braucht, wie einer seiner Biographen sich ausdrückt, ›kein moralischer Herschel zu sein, um diese Fehler mühelos zu entdecken‹. Aber diese Mischung von Edlem und minder Edlem, von Schlauheit und Offenheit, von Nach-

Neu-Hardenberg. Ansicht des Schlosses nach dem Umbau durch K. F. Schinkel (zwischen 1815 und 1823). Stich von C. Frommel nach einer Zeichnung von Carl Blechen (um 1830)

giebigkeit und Festigkeit war genau das, was die Situation erheischte. Eigensinn und Prinzipienreiterei hätten uns verdorben. Sein Leben, Vorbild oder nicht, hat uns gerettet.«

Hardenbergs Devise (auch eine preußische): »Warten, ohne das Ziel aus den Augen zu verlieren, dazu gehört mehr Mut, als einer Batterie entgegenzureiten.«

Stein hat seinen Mitstreiter, Freund und Gegner um rund 8 1/2 Jahre überlebt.

Neu-Hardenberg heißt heute »Marxwalde«.

6 E.T.A. Hoffmann oder Der große Verdruß

Im September 1814 trifft ein Mann in Hardenbergs Berlin ein, dem man ansieht, daß es ihm nicht gutgeht. Er kommt aus Leipzig, das eben von den Franzosen befreit, aber zugleich schlimm zerstört worden ist. Im Gepäck führt er das Manuskript seines ersten Romans, den kein Verleger drucken will, obwohl sein Autor sich immerhin bereits einen Namen gemacht hat. Der Roman hat den Titel »Die Elixiere des Teufels«. Der Mann im abgewetzten Mantel und mit den geflickten Stiefeln ist E.T.A. Hoffmann, damals eben 38 Jahre alt.

Berlin bedeutet für ihn so etwas wie einen letzten Rettungsanker. Sein bester Freund noch aus zurückliegenden Schultagen im ostpreußischen Königsberg, Theodor Gottlieb von Hippel, ein Vetter Hardenbergs, besitzt großen Einfluß in der preußischen Hauptstadt. Hippel, Mitarbeiter am Reformwerk des Staatskanzlers, übrigens auch der Verfasser des berühmten, von Friedrich Wilhelm III. unterschriebenen Aufrufs »An mein Volk« vom 17. März 1813, hat im Gegensatz zu Hoffmann Karriere gemacht und es bis zum Staatsrat gebracht. Jetzt kann und muß er etwas für den Jugendfreund tun, dessen merkwürdigen und seltsam verschlungenen Lebensweg er verfolgt und mit großer Anteilnahme beobachtet hat. Die Verbindung zwischen den beiden ist nie abgerissen. Das Ideal der Freundschaft, das man so sehr pflegt, bedeutet in romantischen Tagen weit mehr als nur Schwärmerei. Es bewährt sich auch und vor allem im Alltag.

Hoffmann, obwohl in literarischen und musikalischen Kreisen längst kein Unbekannter mehr, hat solche Hilfe bitter nötig. Der düstere, schwer zugängliche, dann wieder fast zu rasch entflammbare Mann mit der kühnen Hakennase und den melancholischen Augen (die manche Zeitgenossen als »stechend« empfinden) hat große Vorzüge und große Fehler, wobei Vorzug und Fehler so gut wie austauschbar sind. Eine Fülle von Begabungen und Talenten scheint ihm in die Wiege gelegt, und alle übt er aus oder möchte sie ausüben, wobei er sich dann oft beinahe zwangsläufig selbst im Wege steht.

Außerdem hat Ernst Theodor Amadeus Hoffmann viel Pech gehabt. 1776 in Königsberg geboren (übrigens als Ernst Theodor Wilhelm –

das Amadeus fügte er sich später aus Mozart-Begeisterung anstelle von Wilhelm selbst hinzu), Sproß einer alten Juristenfamilie mit polnischen und ungarischen Vorfahren, ist er gleichfalls Jurist geworden, was ihm, merkwürdig genug, bedenkt man seine viele anderen Begabungen, sehr liegt. Er muß kein schlechter Jurist gewesen sein – mit 28 Jahren schon wird er Regierungsrat in Warschau. Aber dann treibt es ihn zur Bühne und Literatur; er wirkt an wechselnden Orten, in Bamberg, Würzburg, Dresden, Leipzig und anderswo als Zeichner, Karikaturist, Komponist, Dirigent, Kapellmeister, Gesangslehrer, sogar zeitweilig, wenn es den Theatern schlecht geht, an denen er engagiert ist (und es geht fast allen schlecht), als Kulissenmaler und »Direktionsgehilfe«, nicht zuletzt aber als Verfasser schwarzromantischer Erzählungen, die ihm schon früh den Beinamen »Gespenster-Hoffmann« einbringen. Ein Vielseitiger, Allzuvielseitiger, den die Inspirationen heimsuchen und verfolgen, also eher belasten als befreien.

Nicht verschweigen darf man, daß er auch auf exzessive Weise dem Alkohol verfallen ist. Seine geistigen Ekstasen steigert er durch seine beiden Lieblingsgetränke, den heißen Punsch und den kalten Champagner, bis hin zu gefährlichen Halluzinationen, die in einer beständigen Angst vor einem Doppelgänger seiner selbst münden. Tagebucheintragungen wie: »Alle Nerven excitiert von dem gewürzten Wein – Anwandlungen von Todesahnungen – Doppelt-Gänger« sind keine Seltenheit. Da die Theater, in denen er wirkt, entweder pleite gehen oder wegen der kriegerischen Zeiten geschlossen werden, die Honorare für seine schriftstellerischen Arbeiten und Bücher nur spärlich tröpfeln, hat ihm Freund Hippel geraten, in den Juristenberuf zurückzukehren. Berlin braucht eine Menge von Verwaltungsfachleuten, seit der Krieg gegen Napoleon gewonnen ist und es anscheinend die Bürokratie war, die ihn gewonnen hat. Auf jeden Fall profitiert sie am meisten davon: Preußen wird zu einem verwalteten, beinahe zum total-verwalteten Staat.

»So ist mir doch das ganze Justizfach nicht so zuwider«, hat Hoffmann noch von Leipzig aus an Hippel geschrieben, »daß ich mich nicht im Bureau des Ministers selbst so ziemlich wohl und zurecht finden sollte! –

Was habe ich überhaupt in meiner Lage zu wählen, und muß ich Dir nicht zeitlebens dankbar sein, wenn Du mich endlich in sichern Port bringst?«
Berlin läßt sich überraschend gut an. Um so mehr als Hippel auch einem anderen alten Freund, Julius Eduard Hitzig, der eben seine Buchhandlung und seinen Verlag in Berlin hat auflösen müssen, einen sichern Port im anscheinend unersättlichen Beamtenapparat besorgen kann. Hoffmann als Expedient im Justizministerium (also verantwortlich für die Abfertigung und den Versand von Aktenstücken), Hitzig in der Magistratur und später als Gerichtsrat am Kammergericht: der Dienst läßt viel Freizeit, und schon am Tag nach Hoffmanns Ankunft beginnt das frohe Leben mit einem Diner, dessen Teilnehmerliste sich liest wie das Register des Berliner Kulturlebens in der damaligen Zeit. Anwesend sind neben Hoffmann und Hitzig Ludwig Tieck, de la Motte-Fouqué, Adelbert von Chamisso, der Maler Philipp Veit, Friedrich Schlegels Stiefsohn, und andere. »Die ersten beiden Tage, als ich in B. angekommen«, so Hoffmann, »lebte ich in einem Freudentaumel.«
Das tut er auch weiterhin, obwohl sich am Ende doch einige Schwierigkeiten ergeben. So erhält Hoffmann bis Mitte 1816, also fast ein Jahr lang, für seine Tätigkeit nicht einen Pfennig; dann erst kann Hippel über den allmächtigen Hardenberg dafür sorgen, daß er die Bezüge eines Gerichtsrats bekommt, sogar – ein bißchen gemogelt – mit Ansprüchen auf frühere Zeiten in Warschau. Ansonsten ist jeden Abend etwas los: der Baron de la Motte-Fouqué bewirtet Freunde und Bekannte auf seinem Schloß Nennenhausen bei Berlin mit erlesenen Genüssen aus Küche und Weinkeller. Private Konzerte finden statt, Soireen, Musikabende, man verkehrt im Salon der Frau Varnhagen oder im Café Manderlee. Fürst Pückler-Muskau (das ist der Schwiegersohn Hardenbergs, der in einer einzigen Nacht den Park des Staatskanzlers gründlich nach seinem Geschmack umgemodelt hat) sorgt für Aufsehen. Er, ein Erz-Snob, macht sich den staunenden Berlinern dadurch bekannt, daß er mit einer von Hirschen gezogenen Kutsche am Café Kranzler Unter den Linden vorfährt: Berlin erlebt überhaupt seine erste mondäne Periode

E.T.A. Hoffmann. Stich von Johannes Passini nach Wilhelm Hensel

(seine zweite dann in den zwanziger Jahren des zwanzigsten Jahrhunderts). »Was Eleganz der Einrichtung und Feinheit und Fülle der Speisen betrifft«, schreibt Hoffmann in einem Brief, »wetteifern wir mit den Parisern und viele gibt es, die, echte Schmecker, die Restauration bei Jager Unter den Linden noch der bei Verry in P. vorziehen.«

Zudem gewinnt Hoffmann einen neuen Freund in Ludwig Devrient, dem Schauspieler. Die beiden sind bald unzertrennlich, Abend für Abend zechen sie im Weinkeller »Lutter & Wegner« am Gendarmenmarkt, wo sie entweder tief ins Gespräch versunken sind oder aber lärmend hofhalten. Bewunderer werden empfangen, der sehr junge Heinrich Heine, der sich von den »Elixieren« fasziniert zeigt, die jetzt doch erscheinen können. Auch Grabbe ist häufig dabei, stets angetrunken, und sogar der solide Freiherr von Eichendorff, Jurist wie Hoffmann, Hitzig und Hippel, läßt sich hin und wieder in die Kneipenniederung herab – eine lebendige Zeit, die für Hoffmann keineswegs nur Nichtstun bedeutet.

Devrient (er spricht sich übrigens nicht französisch aus, sondern eher holländisch, also De Wrihnt) steigert nach anfänglichem Erschrecken die Schaffenswut Hoffmanns noch einmal. Das Erschrecken betrifft die beiden gemeinsame Furcht vor einem Doppelgänger – und E.T.A. Hoffmann und Devrient ähneln einander tatsächlich. Sowohl dem Aussehen als auch der genialischen Veranlagung nach könnten sie Brüder, Zwillingsbrüder, sein. Devrient, sarkastisch, trinkfreudig und ähnlich wie sein neuer Blutsbruder überbegabt, spielt sowohl den König Lear als auch den Falstaff, und nach der Vorstellung wird bei Lutter & Wegner weitergemacht. Die Freunde gelten bald als stadtbekannte Originale. Hoffmann gelingt in dieser Zeit eine ganze Menge.

Der dritte Band seiner »Phantasiestücke in Callots Manier« verbreitet seinen literarischen Ruhm, für seine erfolgreiche Novelle »Das Fräulein von Scuderi«, ganz gewiß eines seiner besten Werke, erhält er von den Gebrüdern Wilmans in Frankfurt am Main neben dem Honorar zu seiner Freude zusätzlich eine Kiste mit fünfzig Flaschen Rüdesheimer Hinterhaus des berühmten Jahrgangs 1811. Er vollendet sogar seine Oper »Undine«, die unter großem Zuspruch von Kritik und Publikum im Au-

gust 1816 ihre Uraufführung erlebt, mit der 15jährigen Johanna Eunicke, Hoffmanns Schülerin (und Geliebter), in der Titelrolle und in der Ausstattung Schinkels. Das Pech läßt Hoffmann freilich auch in Berlin nicht ganz im Stich. Bei der 24. Aufführung seiner romantischen Oper geht das Königliche Schauspielhaus in Flammen auf, eine Katastrophe, die sich nur mit Mühe eindämmen läßt. Als das Feuer das Magazingebäude erreicht, explodieren an die 5000 Flachsperücken, die dort gestapelt sind – wie Raketen fliegen sie brennend durch die Luft, am höchsten angeblich jene des populären Schauspielers Karl Wilhelm Ferdinand Unzelmann. Hoffmann zeichnet das Ereignis und läßt Unzelmanns Perücke mit ihrem funkenstiebenden Zopf von einem »couragösen Gardejäger von der Taubenstraße mit einem wohlgezielten Büchsenschuß« abschießen.
Soll man manchen Kulturhistorikern trauen, so hat dieses Unglück bewirkt, daß sich Hoffmanns »Undine«, ihren Qualitäten zum Trotz, auf den Spielplänen unserer Opernhäuser nicht gegenüber der späteren »Undine« von Lortzing durchsetzen konnte: Hoffmanns Werk ist angeblich aus Aberglauben wenig oder gar nicht nachgespielt worden. Und in den (maßvollen) Wohlstand, den Hoffmann nun genießt, mischen sich Anzeichen einer geheimnisvollen Krankheit. Der Dichter-Jurist und Bohemien, Nachtsäufer und umschwärmte Literat wohnt Taubenstraße Ecke Gendarmenmarkt, ganz wie er es in seinem letzten Werk, »Des Vetters Eckfenster«, beschrieben (oder umschrieben) hat. »Es ist nötig zu sagen, daß mein Vetter ziemlich hoch in kleinen niedrigen Zimmern wohnt. Dabei liegt aber meines Vetters Logis in dem schönsten Teile der Hauptstadt, nämlich auf dem großen Markte, der von Prachtgebäuden umschlossen ist, und in dessen Mitte das kolossal und genial gedachte Theatergebäude prangt. Es ist ein Eckhaus, was mein Vetter bewohnt, und aus dem Fenster eines kleinen Kabinetts übersieht er mit einem Blick das ganze Panorama des grandiosen Platzes.«
In diesem Logis lebt E.T.A. Hoffmann mit seiner stillen und duldsamen Frau Mischa. Stadtbekannt sind seine lange Pfeife, der türkische Hausrock und die mit weißem Saffian gefütterten Pantoffeln sowie, neben sei-

nem Herrn behaglich schnurrend, der Kater Murr, Titelfigur des zweiten Romans, den Hoffmann in Berlin schreibt und verlegt. »Die Lebensansichten des Katers Murr« stellen übrigens die erste literarische Collage in deutscher Sprache dar. Was erst fast hundert Jahre später – ebenfalls in Berlin – zu einer Kunstmethode werden soll, das Aneinanderstückeln verschiedener Fragmente zu einem hintersinnigen Ganzen, führt Hoffmann – im Grunde der erste Dadaist der Berliner Kulturgeschichte – in die Kunst ein.

Das entstammt freilich, wie vieles im damaligen – und auch wohl noch im heutigen – Berlin, ursprünglich einer Schnaps- oder Punschlaune. Schon 1815 faßt Hoffmann die Idee eines »Romans des Freiherrn von Vieren«, den vier Autoren gemeinsam schreiben sollen – Fouqué, Chamisso, sein Nachahmer Karl Wilhelm Contessa und er. Aber während bei den anderen Schnapslaunen bald abklingen und vergessen sind, wächst sich zumindest diese bei E.T.A. Hoffmann zu einem Geniestreich aus. »Die Lebensansichten des Katers Murr« werden verschränkt mit der »fragmentarischen Biographie des Kapellmeisters Johannes Kreisler in zufälligen Makulaturblättern«. Das bricht mitunter mitten im Wort ab, erscheint oft völlig ohne Zusammenhang, gerät nahe an das, was man später »Surrealismus« nennen wird. Zugleich aber gelingt es Hoffmann, die zwei Seelen in seiner Brust und auch das Doppelgesicht seiner äußeren Erscheinung und seiner Berufe oder Berufungen zum Ausdruck zu bringen: Murr ist der Pedant, der Bürokrat, der nüchterne Beamte, Kreisler der besessene Künstler, dem das Leben bisweilen höchst verquer gerät. Ein Janus-Porträt, erstaunlich ausgewogen und ohne schizophrene Züge: Hoffmann identifiziert sich mit beiden Teilen seiner Persönlichkeit.

Das kann er durchaus, denn er reüssiert nicht nur im Literarischen. Trotz der schon erwähnten Krankheit, die ihn im Frühjahr 1818 befällt und die sich vermutlich aus mehreren, seit langen Jahren verschleppten Leiden zusammensetzt, verstärkt noch durch den ausschweifenden Lebenswandel der ersten Berliner Jahre, ist er seit 1816 immerhin Rat am Kammergericht – und seine Tätigkeit dort hat vielen juristischen Histori-

kern, die sich mit ihr beschäftigt haben, Hochachtung eingeflößt. Die Krankheit, Störungen der Leberfunktion, rheumatische Schmerzen, wie Hoffmann sie seit seinen Hungerjahren plagen, und ein nicht eben gutartiges Geschwür in der Lendengegend, kann noch durch einen Erholungsaufenthalt in den schlesischen Bergen zumindest zeitweise gelindert werden. Aber da stellt — wieder einmal — die eine Begabung der anderen ein Bein. Man kann es auch so sehen: das politische Klima der Zeit ist im eben reformierten Preußen nahezu unerträglich geworden. Stein-Hardenbergs einstige Bemühungen um einen gerechteren Staat drohen zur Farce zu werden. Und mag man Hoffmann für überspannt halten, leichtlebig und genußsüchtig, eines ist und bleibt er doch in gut altpreußischer Manier: unbestechlich, durch nichts zu korrumpieren, als Dichter wie als Jurist unbedingt auf seiten der Gerechtigkeit.
Die innere und äußere politische Lage ist ungemein kompliziert. Nach den Napoleonischen Kriegen haben sich die Länder und Fürstentümer des ehemaligen Heiligen Römischen Reiches Deutscher Nation in Form eines lockeren »Deutschen Bundes« zusammengetan. Er wird repräsentiert von einem »Bundestag«, der in Frankfurt am Main tagt und an dem 35 Monarchien sowie vier Freie Städte beteiligt sind. Da ihm auch die Könige von Großbritannien (für Hannover), Dänemark (für Holstein und Lauenburg) sowie den Niederlanden (für Luxemburg und Limburg) angehören, wird dieser nicht zu dem — von vielen, auch liberalen Kräften — erhofften großen Instrument der deutschen Einigung. Im Gegenteil. Obwohl Preußen nur mit seinen West-Besitzungen dem Bund angehört, besitzt es im — theoretisch — wöchentlich tagenden Rat eine der 17 Stimmen. Und im Zusammenspiel mit dem Fuchs Metternich majorisieren die Großmächte Preußen und Österreich, im »friedlichen Dualismus« an der Spitze, den Bund. Wo immer sich etwas Nationales oder Kosmopolitisches regt, beides als gleich gefährlich erachtet: es wird unterdrückt, in den meisten Ländern mit lauter kleinen Gestapos.
Der Elan der Freiheitskriege ist allzu bald verrauscht. Besonders in der studentischen Jugend wächst die Unzufriedenheit mit dieser Entwicklung; Druck erzeugt Gegendruck. In Reformbewegungen, »Turnerbün-

den« und unzähligen geheimen Gesellschaften äußert sich Widerstandsgeist. Da gehen oft Chauvinismus und Partikularismus, Ideen der Französischen Revolution und nationale Ideale seltsame Ehen ein. Und je radikaler sich die enttäuschten Studenten formieren — 1819 wird der Bühnenschriftsteller Kotzebue ermordet —, um so fanatischer die Reaktion der Machthaber, die sich den Namen »Reaktion« wacker verdienen. Es gärt allüberall, auch in Preußen. Die Geheimgesellschaften werden mit geheimpolizeilichen Mitteln bekämpft. Eine unruhige Zeit, vielleicht ein bißchen vergleichbar der studentischen Unruhe und intellektuellen Auflehnung um 1968, wenn auch mit verheerenderen Folgen. In Europa wird der Keim gelegt zu jenen nationalstaatlichen Kriegen, die am Ende zu Weltkriegen führen sollen.

Hoffmann ist im Oktober 1819 zum Mitglied der preußischen »Immediat-Commission zur Ermittlung hochverräterischer Beziehungen« ernannt worden. Das hat seinen guten Grund, steht doch der Dichter und Jurist dem Treiben der »enthousiastischen Rigoristen, hyperpatriotischen Aszetiker«, wie er die selbsternannten neuen Patrioten nennt, voreingenommen ablehnend gegenüber. Hoffmann ist viel zu sehr Individualist, um sich mit den militanten Bünden oder der Gestalt des »Turnvaters Jahn« identifizieren zu können, der in der Hasenheide militärische Ertüchtigung mit den unzufriedenen jungen Leuten betreibt.

Was er jedoch als Mitglied der Kommission entdeckt, erregt sein Entsetzen. Da gibt es willkürliche Razzien und Verhaftungen, da herrscht so etwas wie Polizeiterror, auch staatliche Brief- und Pressezensur werden nur ungenügend oder gar nicht durch Gesetze gedeckt. Der haarsträubenden Illegalität gehen geradezu skandalöse Verhältnisse in den Gefängnissen konform: ein »ganzes Gewebe heilloser Willkür, frecher Nichtachtung aller Gesetze, persönliche Animosität«, wie er empört seinem Freund Hippel nach Bromberg schreibt, wo dieser als Regierungspräsident tätig ist. Es kann nicht ausbleiben, daß Hoffmann mit einem der Hauptverantwortlichen heftig aneinandergerät, dem Polizeidirektor von Kamptz, der bedingungslos ausführt, was der damalige Innenminister Hardenbergs, Freiherr von Schuckmann, will. Das geschieht zu-

E.T.A. Hoffmann: Selbstbildnis. Lithographie nach einer Zeichnung Hoffmanns mit dem Zusatz: »sehr ähnlich« (Bamberg, 1809)

nächst im Rahmen der Kommission, später aber auch – wie denn anders bei einem Mann wie E.T.A. Hoffmann – in zumindest beschränkter Öffentlichkeit. Er reicht zwar seinen Rücktritt als Untersuchungsrichter ein, aus Protest gegen die Umtriebe von Polizei und Geheimagenten, aber gleichzeitig verkündet er, ein bißchen leichtsinnig wie immer, er würde den Skandal auf seine Weise aufdecken.
Das geschieht dann auch. In der Novelle, an der er eben arbeitet – sie trägt den Titel »Meister Floh« –, gerät ihm die Figur des leicht schwachsinnigen Spitzels Knarrpanti zu einer bösen Karikatur von Kamptz'. Das Manuskript befindet sich schon bei seinem Verleger in Frankfurt am Main – eben jenem, der mitunter das Honorar mit einem erlesenen Tropfen zu ergänzen pflegt –, als Hoffmann zugetragen wird, es solle beschlagnahmt werden. Er macht den Fehler, Wilmans einen Brief zu schreiben, in dem er ihn bittet, vorsorglich einige Passagen aus dem Manuskript zu streichen, da ihm diese »gewisser Umstände halber großen Verdruß machen könnten«.
Der große Verdruß bleibt nicht aus. Kamptz läßt den Brief abfangen und erhebt Klage gegen Hoffmann wegen hochverräterischer Konspiration. Staatsminister Schuckmann alarmiert den Staatskanzler Hardenberg, der, nur noch ein Schatten seiner selbst, längst die Übersicht verloren hat über das, was in Preußen – und nicht nur Preußen – im Schwange ist. So gerät die Sache zur Staatsaktion: Friedrich Wilhelm III. befiehlt die Suspension Hoffmanns und ein Verhör. Das Protokoll soll dem König innerhalb von 24 Stunden vorgelegt werden.
Hoffmann selbst, schon todkrank, ist nicht mehr in der Lage, seine Wohnung zu verlassen. Hippel und Hitzig, die unermüdlichen Freunde, eilen zur Hilfe. Als geschickte Juristen kennen sie alle Kniffe und Klimmzüge, besitzen auch Verbindungen genug, um zumindest das größte Unheil abwenden zu können, Hoffmanns Verhaftung. Es kennzeichnet im übrigen den preußischen Rechtsstaat, daß man sich selbst gegen eine Art Verschwörung von oben immerhin erfolgreich zur Wehr setzen kann. Der »Meister Floh« darf sogar erscheinen (wenn auch mit den Streichungen, die Hoffmann vorgeschlagen hat). Das Ende des gegen ihn eingeleiteten

Disziplinarverfahrens wartet der Dichter, einigermaßen gefaßt, im Lehnstuhl ab.
Er wird es nicht mehr erleben. Die Krankheit hat sich verschlimmert. Sie wird von den Ärzten auf sehr merkwürdige Weise bekämpft, nämlich durch Verbrennungen, die sie ihm beifügen. »Riechen Sie den Bratenduft?« fragt er ironisch die Freunde, die ihn besuchen. Lähmungserscheinungen setzen ein, übrigens auch wieder jene Geldknappheit, die ihn sein Leben lang verfolgt hat. Der vorletzte Brief, den er diktiert, ist an einen Verleger gerichtet, der ihm einen Vorschuß auf eine Erzählung angeboten hat. »Die unerwartete Verlängerung meiner Krankheit«, schreibt er, »macht ihn mir jetzt wünschenswert.« Er stirbt 46jährig, am 25. Juni 1822 in seiner Wohnung am Gendarmenmarkt, ausgebrannt und zerstört von einer Lebensführung, die ihm sein Temperament, zu guten Teilen aber auch die unruhige Zeit aufgezwungen haben. Auf dem Friedhof an der Jerusalemer Kirche wird er am 28. Juni beigesetzt. Den Nachlaß muß seine Frau Mischa ablehnen – er besteht hauptsächlich aus Schulden.
Der kühle Eichendorff, der den Sturz der Romantik von den Höhen der Aufklärung in die Niederungen der Restauration sowohl vom Poetenstübchen als dem Amtszimmer aus verfolgt hat (sogar Friedrich Schlegel arbeitet mittlerweile für Metternich), zieht folgende Quintessenz: »So sehen wir jetzt die Romantik, nach ihrem geistigen Abfall, ihrem Flug von der erstrebten und zum Teil wirklich erschwungenen Höhe unaufhaltsam immer rascher und tiefer bis zum Gemeinen wieder hinabsenken ... Das treffendste Bild dieses Ausganges bietet Hoffmann dar. Glimpf und Schimpf, Verstand und Überschwenglichkeit, Grauen und schallendes Gelächter, Rührung und ironischer Hohn ringen und fressen hier, wie die bekannten beiden Löwen, einander in Verzweiflung wechselseitig auf ... Und dies eben war das Charakteristische bei Hoffmann, daß er ... anstatt das Dämonische in sich zu bekämpfen, es vielmehr recht mit Vorliebe und gleichsam aus einem wunderlich mißverstandenen Pflichtgefühl, auf alle Weise groß zog und hätschelte ...«
Das gilt allerdings weniger für Hoffmann, den ehrlichsten der Spätro-

mantiker. Das gilt vor allem für den Staat Preußen und das ganze damalige Europa: das Dämonische nicht bekämpft zu haben, sondern »aus einem wunderlich mißverstandenen Pflichtgefühl« heraus gehätschelt. Als 1848 sich eine Revolution abzeichnet und niedergeschlagen wird, im Sande verläuft, sind die Stein-Hardenbergschen Reformen gescheitert, wie E.T.A. Hoffmann an seinem Leben gescheitert ist.
Als Dichter lebt er weiter.

7 Bettina von Arnim oder Das Genie als Hofnarr

Es ist anscheinend alles schon einmal dagewesen. Als Bettina von Arnim 1852 – sie ist 67 Jahre alt – den zweiten Teil ihres »Königsbuchs« herausbringt, wird sie als Kommunistin beschimpft. Ein damals offensichtlich noch ungewohnter Ausdruck, obwohl doch das »Kommunistische Manifest« von Marx-Engels schon 1848 erschienen ist. Der jungdeutsche Schriftsteller und Publizist Karl Gutzkow zeigt sich jedenfalls in seiner Rezension des Buches höchst erstaunt »über dies sonderbare Neuwort Kommunismus«. Da er hinzufügt: »Ist die heißeste, glühendste Menschenliebe Kommunismus, dann steht zu erwarten, daß der Kommunismus viele Anhänger finden wird«, dürfte auch er, lebte er heute und wäre er zum Beispiel Lehramtsanwärter oder Lokomotivführer, einige Schwierigkeiten bekommen.
Bettina als Kommunistin? Man muß bezweifeln, daß sie so ganz genau gewußt hat, was das überhaupt ist, wenngleich sie zu den bestinformierten – und mutigsten – Frauen ihrer Zeit gehörte. Aber was heißt hier Frauen? Man kann die Männer ruhig mit einbeziehen. Bettina von Arnim war, unabhängig vom Geschlecht, einer der mutigsten Menschen ihrer Zeit. Und dieses Prädikat wird man ihr selbst noch zugestehen müssen, wenn man gewisse Abstriche macht, ihrer zweifellos privilegierten Herkunft und ihrer tiefgreifenden Verbindungen wegen. Andere hätten die Gefängnisstrafe, zu der ein preußisches Gericht sie verdonnerte, absitzen müssen. Sie nicht. Ihr Schwager Savigny (nach ihm ist ein Berliner Platz benannt) sorgte als Minister für Gesetzgebungsrevision, also Justizminister, dafür, daß es zum Schlimmsten nicht kam. Als politischer Gegner Bettinas tat er das gewiß aus familiären Rücksichten – trotzdem: Wer hat schon zu ihrer Zeit die Stimme so laut und, dies eine bewußte Wortwahl, so radikal gegen alles Niederträchtige, Falsche, Ungerechte erhoben wie Bettina? In Preußens dunkelster Zeit ist es die Stimme einer Frau, die nachhaltig das andere, das aufklärerische, das liberale Preußen vertritt. Sie ertönt aus einem Salon, der sich im Hause In den Zelten 5 befindet, einer damals berühmten Adresse. Es stand ungefähr dort, wo sich heute die Kongreßhalle erhebt, direkt an der Spree. Die Gutsherrin von Wiepersdorf, die nach dem frühen Tod ihres Mannes

Achim von Arnim ganz nach Berlin übergesiedelt ist mit ihren sieben Kindern, gehört zu den bekanntesten Persönlichkeiten im Berlin Friedrich Wilhelms IV. Ihn bombardiert sie mit Briefen, Eingaben und zum Schluß zwei ihm gewidmeten Büchern deutlich sozialkritischen Inhalts. Ihre unverblümte Sprache kann sie sich nur erlauben, weil sie, wie man so sagt, Gott und die Welt kennt. Sie gehört sowohl zum Umkreis Goethes als auch dem der Romantiker. Und sie war es, die dem jungen Studenten Karl Marx die Elendsviertel Berlins gezeigt hat, das sogenannte »Voigtland« vor dem Hamburger Tor, auch die Krebskrankenbaracken und die Cholerastuben.

Den Marxisten ist sie dann auch bis heute so etwas wie die Lieblings-Preußin geblieben. Zu Recht, denn es könnte gut sein, daß sie, die Unpolitische, die nie eine Zeitung las, Marx durch ihre soziale Hilfsbereitschaft, ihr praktisches Christentum beeindruckt und beeinflußt hat. Was »linke« Biographen dann allerdings gern übersehen, ist ihr lebenslanges Idol, Johann Wolfgang von Goethe, für den sie zusammen mit dem Bildhauer Steinhäuser (»Hero und Leander« in der Orangerie von Sanssouci) ein allegorisch überladenes Denkmal entworfen hat, das zum Glück nicht ausgeführt worden ist. Goethe, den »Reaktionär«, hat sie, die Romantikerin und Sozialkämpferin, geliebt, was wiederum allen »rechten« Biographen zu Hilfe kommt, wenn sie das Unbotmäßige an dieser aufrechten, etwas quirligen Frau erklären oder verteidigen sollen, ihre Bereitschaft, für alle Unterdrückten, Erniedrigten, Armen ins Feld zu ziehen. Dabei schreckt Bettina übrigens weder vor Taktlosigkeiten zurück noch vor gewitzter Diplomatie: eine Weile führt sie In den Zelten gleich zwei Salons. Im einen verkehren die Offiziellen, Adligen, Hofbeamten, im anderen die Freunde ihrer Kinder, fast alle Sozialrevolutionäre, Republikaner und sonstwie verdächtige Demokraten der Zeit und Berlins. Die Salons, stets von Frauen geführt, sind in Berlin schon seit der Aufklärung wichtige Foren der freien Meinungsbildung. Und die wird immer wichtiger.

Friedrich Wilhelm IV. hat ein schweres Erbe übernommen. 43 Jahre lang ist sein Vater, Friedrich Wilhelm III., im Amt gewesen, und selten

wurden in einen designierten Nachfolger größere Hoffnungen gesetzt als in ihn. Sohn einer höchst populären Mutter, der Königin Luise, die er mit 15 Jahren verloren hat, wird er von fast allen gesellschaftlichen Gruppierungen favorisiert. Von ihm erwarten die Liberalen den Anbruch einer neuen Zeit mit größeren Freiheiten, aber selbst die Konservativen das Ende eines Zustands, der nicht ohne Verschulden des alten Königs und, bis 1822, seines hilfslos gewordenen alten Staatskanzlers Hardenberg, mehr noch durch die Zustände Europas unter der Ägide Metternichs eher einer Despotie als einem Rechtsstaat ähnelt.
Der Kronprinz ist hoch begabt. Er wird der erste preußische König sein, der sich in freier Rede eindrucksvoll äußern kann. Im Gegensatz zu seinem Vater hat er jedoch weichliche Züge, bleibt ewig unentschlossen, ein Zauderer. Den Künsten und Wissenschaften zugeneigt, hat man ihn wohl auch bewußt uninformiert gehalten über die Zustände in seinem Land. Die als »Kamarilla« bekannte Gruppe, die sich nach Hardenberg des Staatswesens bemächtigt hat, führt weiter das Sagen, die ersehnten Reformen bleiben aus, besonders die von Friedrich Wilhelm ausdrücklich versprochene Verfassung. Bettina oder, wie sie sich lieber nennt, Bettine gehört zu den wenigen, die ihm die Wahrheit sagen — und denen es gelingt, die strenge Zensur der »Kamarilla« zu durchbrechen. So hält der König sein Versprechen, die aus Göttingen vertriebenen Gebrüder Grimm nach Berlin zu holen, er beendet den Kölner Kirchenstreit, der zu Massenauswanderungen geführt hat, und auch die sogenannten »Demagogenverfolgungen«; er tut sein Bestes und enttäuscht doch fast alle, die sich soviel von seiner Herrschaft versprochen haben. Immerhin ist er liberal genug, bisweilen auf Bettina zu hören, unwillig mitunter, halb geschmeichelt und halb entsetzt.
Wer ist diese selbstbewußte Frau, die sich im Berlin des Vor- und Nachmärz so erfreulich von allen Kriechern abhebt, die sich um Thron und Altar versammelt haben?
Eine Frankfurterin, am 4. April 1785 im »Haus zum goldenen Kopf« geboren, die Tochter eines italienischen Kaufmanns, der bis zu seinem Tod nur gebrochen Deutsch spricht, und seiner zweiten Frau, Maximili-

ane La Roche. Das »Haus zum goldenen Kopf« beherbergt so etwas wie eine Großfamilie: aus drei Ehen hat Vater Brentano insgesamt zwanzig Kinder, die sich gegenseitig versorgen und erziehen. Bettina kommt nach dem frühen Tod beider Eltern zu ihrer Großmutter, Sophie La Roche, einer Schriftstellerin – übrigens der ersten, die sich in Deutschland auf freier Honorarbasis durchsetzt – und Jugendfreundin Goethes. Bei Sophie La Roche in Offenbach verkehrt die geistige Welt, und bei ihr finden sich auch französische Flüchtlinge ein. Bettina wird damals schon von den Ideen der Französischen Revolution fasziniert. Ihr weiterer Lebensweg führt sie dann mitten hinein ins deutsche Geistesleben.

Durch ihren Schwager, den konservativ-katholischen Rechtsgelehrten Savigny, der ihre Schwester Gunda geheiratet hat, lernt sie die junge Stiftsdame und Dichterin Karoline von Günderode kennen, mit der sich ein geistiges Verhältnis von glühender Schwärmerei anspinnt, das leicht lesbische Züge trägt. Die Günderode, die sich später – wie so viele andere – schroff von Bettina abwendet, stirbt früh, sie erdolcht sich 1806 aus unglücklicher Liebe am Rhein; da ist sie 26, ist Bettina 21 Jahre alt. Bettina, der »Kobold«, wie die Berliner sie später nennen werden, besticht durch ihr unkonventionelles Benehmen. Sie stiebt durch die Bürger- und Dichterstuben der Spätklassik und Hochromantik wie ein Wirbelwind.

Goethe wirft sie sich – mit 22 Jahren – direkt an den Hals, nachdem sie in Frankfurt mit der Mutter Aja schon lange Jahre eng befreundet ist, fast wie ein Kind im Hause. Da man, den immer nur sehr vorsichtig abgefaßten Quellen zufolge, annehmen könnte, die Großen des 19. Jahrhunderts hätten die Liebe vorwiegend geistig ausgetragen (das Gegenteil war der Fall), ist schwer zu sagen, ob denn Bettina und Goethe mehr verbunden haben als nur Bande reiner Freundschaft. Die Art und Weise, in der die beiden, die blutjunge und bildschöne schwarzhaarige Frankfurterin und der alternde Dichterfürst, ihre Beziehungen aufnehmen und wieder abbrechen, sich näherkommen und wieder zerstreiten, legt zumindest eine andere Vermutung nahe. Jedenfalls heiratet Bettina Brentano den zurückhaltenden preußischen Junker-Dichter Achim von Arnim erst

1811, mit 26 Jahren, viel später als man damals Ehen einzugehen pflegt und nachdem sich herausgestellt hat, daß die Liebe zu Goethe unerfüllbar bleibt.

Achim von Arnim ist der beste Freund ihres älteren Bruders Clemens. Daß die beiden Dioskuren der Romantik in Heidelberg (mit Görres) die »Zeitung für Einsiedler« und dann die deutsche Volksliedsammlung »Des Knaben Wunderhorn« gemeinsam herausgegeben haben, steht in jeder Literaturgeschichte: jetzt werden sie also Schwäger, und auf der Hochzeitsreise besuchen die Arnims natürlich Weimar – und Goethe. Dort kommt es zu einem peinlichen Zwischenfall. Die vorlaute Bettina gerät mit Goethes Frau Christiane in einen heftigen Streit, der bis nahe heran an tätliche Auseinandersetzungen führt – der Herr Minister muß dem blonden preußischen Adligen und seiner romanisch-temperamentvollen Frau in aller Form sein Haus verbieten.

Bezeichnenderweise wird sich Goethe aber später Bettina wieder nähern. Er kann, als er seine Lebenserinnerungen abfaßt, auf die Briefe seiner Mutter nicht verzichten, die sich in Bettinas Besitz befinden. Sie dürfte darum die eigentliche Schöpferin des »Mutter-Aja«-Bildes sein, wie es der Nachwelt überliefert wird. Auch später, als sie im »Königsbuch« Friedrich Wilhelm bittere Dinge vorwirft, tut sie dies vorzugsweise durch den Mund der »Frau Rat«. Was von all den kessen (und kerndemokratischen) Äußerungen, die Goethes resoluter Mutter in den Mund gelegt wurden, nun tatsächlich von ihr – und was von Bettina – stammt, wird sich wohl nie mehr ganz genau festlegen lassen.

Das Ehepaar Arnim unterscheidet sich nicht nur im Äußeren sehr voneinander. Achim, der Preuße aus altem Geblüt, schlank, blond, blauäugig, ein Bild von einem Mann, liebt die Einsamkeit. Sein Hauptwohnsitz wird Gut Wiepersdorf in der Mark, das er von seiner Großmutter geschenkt bekommen hat, zusamt einem ganzen Ländchen, Bärwalde, drum herum. Dorthin zieht er sich zurück, aus dem jungen Dichter ist bald ein alternder Gutsbesitzer geworden, der außer zu guten Freunden – Brentano, Görres, den Grimms – kaum noch Kontakt zur Außenwelt unterhält. Das Gegenteil Bettina: pechrabenschwarz das mittelgeschei-

telte Haar »in großen, hängenden Locken um das kleine magere, bleiche Antlitz«, lesen wir in einer zeitgenössischen Quelle, »braune scharfe Augen, dazu eine kleine zierliche Gestalt, kleine Hände und Füße. Witzig, lebhaft und unterhaltend – nur sehr unruhig«. Zwar wird auch sie zeitweise zu einer kompletten Gutsfrau, kochend, bügelnd, Tiere pflegend und ein gastfreies Haus führend – ihr und ihrem einjährigen Söhnchen Freimund widmen die Brüder Grimm 1812 ihre »Kinder- und Hausmärchen« –, aber die ländliche Idylle dauert nicht lange.
Insgesamt werden sieben Kinder geboren, von Freimund, Siegmund, Friedemund, Kühnemund, Maximiliane, Armgard bis hin zu Gisela, 1827. Lieber jedoch als in Wiepersdorf hält sich Bettina in Berlin auf, wo sie in der Sommerwohnung bald festen Fuß faßt; und kaum werden die Kinder schulpflichtig, da zieht sie ganz in die anregende große Stadt, in der sie zum Ärger Rahel Varnhagens bald auch mit ihrem Salon vortrefflich reüssiert. Das dauernde Hin und Her zwischen Wiepersdorf und Berlin ist der Ehe freilich nicht gut bekommen. Die beiden Gatten verkehren fast nur noch brieflich miteinander: Arnim vollendet in Wiepersdorf seinen Roman »Die Kronenwächter«, auf den er große Hoffnungen setzt, aber »Weiden stecken, Mohrrüben pflanzen, Ochsen kaufen« ist nicht Bettinas Metier (sie schreibt es ihm deutlich genug). Statt dessen hält sie hof in Berlin, umgibt sich mit den Brüdern Grimm und Wilhelm von Humboldt, mit Tieck, Jacobi, Schleiermacher, Niebuhr, Ranke, Rauch, Schadow, Cornelius, Uhland, Kerner und dem alten August Wilhelm von Schlegel – eine »schreckliche Maskerade«, wie Achim von Arnim es sieht. Sie keift zurück (anders kann man es nicht nennen), daß sie ihn ja »nur aus Ehrfurcht« geheiratet habe, was man bei ihrem launischen Temperament nicht allzu ernst nehmen darf: neben derartigen Äußerungen stehen immer wieder erstaunlich zarte gegenseitige Liebeserklärungen, die wie für die Literaturgeschichte geschrieben scheinen, was sie vermutlich auch sind. Obwohl schon lange kränkelnd, stirbt Achim für alle überraschend fünf Tage vor seinem fünfzigsten Geburtstag auf Wiepersdorf, am 21. Januar 1831, im gleichen Jahr wie Gneisenau, Hegel und Stein. Bettina ist 45, ihr jüngstes Kind eben vier Jahre alt.

Die immer noch mädchenhafte Frau trägt den Verlust mit Fassung und Würde. Wiepersdorf wird, wenigstens bis zum Heranwachsen des ältesten Sohnes, verpachtet, Berlin endgültig zur Zentrale ihres Wirkens. Erst jetzt wächst aus ihr jene Persönlichkeit, die nicht nur ihre Zeitgenossen in Erstaunen versetzt.

Selbstbewußt ist sie immer gewesen. Anders als Karoline und Dorothea Schlegel, die mehr oder minder als »Musen« im Schatten ihrer begabteren Männer gestanden haben und stehen, hat Bettina sich niemals als eine geringere geistige und schriftstellerische Potenz empfunden. Gelernt hat sie zwar so gut wie nichts (aber das ist in romantischen Zeiten schick und modern), mit der Feder kann sie jedoch umgehen. So entstehen jetzt ihre großen Brief-Romane, die sie aus ihrem Briefwechsel mit Goethe, der Günderode, Clemens Brentano destilliert. Von den halb dokumentarischen, halb belletristischen Büchern wird besonders »Goethes Briefwechsel mit einem Kinde« 1835 zu einer Art von Bestseller. Das Buch widmet sie ihrem neuen Freund, dem Fürsten Pückler (dem, der mit einer Hirsch-Karosse vor dem Kranzler vorfährt). 17 Jahre verwendet sie auf die Herausgabe der Werke Achim von Arnims in 22 Bänden, wobei Wilhelm Grimm ihr hilft. Und schon kurz vor dem Tode ihres Mannes hat sie, als im Hochsommer in Berlin die Cholera ausbricht und alle Wohlhabenden die Stadt fluchtartig verlassen, ausgeharrt und für Kleider, Arznei und ärztliche Hilfe gesorgt. Sie selbst wird als Krankenpflegerin im »Voigtland« tätig, eben jenem Berliner Armenviertel, das sie Karl Marx zeigt und das sie ihrem König zwölf Jahre später so vehement unter die Nase reibt.

1840 hat Friedrich Wilhelm IV. den Thron bestiegen. 1843 erscheint Bettinas Buch mit dem seltsamen Titel, der zugleich als Widmung fungiert: »Dies Buch gehört dem König.« — Das ist ironisch gemeint, wenn auch nur zur Hälfte: ein schlauer Schachzug. Wie könnte die Zensur wagen, ein Buch zu verbieten, das so offenkundig dem höchsten Landesherrn in den Schoß gelegt wird? Dieser hat, auf Anraten Alexander von Humboldts, die Widmung sogar angenommen: verlegen lächelnd hält er es nach dem Erscheinen in der Hand, eine listige Kritik an ihm, an Preußen

und den Zuständen im Staate, eine vehemente soziale Anklage, die überdies noch (angeblich) »Frau Rat«, Goethes schon 1808 verstorbene Mutter, in kernfestem Deutsch zum Ausdruck bringt.
Wie man Bettina einschätzt, zeigt eine Rezension des Königsbuches, die im November des gleichen Jahres im »Wandsbeker Intelligenzblatt« gedruckt wird. »Frau von Arnim«, liest man, »repräsentiert für die höheren Kreise in Berlin die Opposition, das Genie ist an die Stelle des Hofnarren getreten, darf inmitten der Weisheit, der der militärischen, juristischen und theologischen Mandarine den ewig freien Geist vertreten und die Wahrheit so laut sagen, daß Allerhöchste sie hören. Wunderbare Stadt, deren Kulturspitzen hier Savigny, Schelling, Rachow, dort das Kind, Bruno Bauer und Nante.« Das »Kind« ist eine Anspielung auf Bettinas Goethe-Briefwechsel, Bruno Bauer ein Links-Hegelianer, dem wegen seiner atheistischen Evangelienkritik 1842 die Venia legendi entzogen wurde, und Nante eben jener Eckensteher, eine Kunstfigur Glaßbrenners, die sich in Berlin großer Popularität erfreut, weil sie, wenn auch verschlüsselt, deftig räsonierend Zeitkritik übt.
»Die poetische Wahrheit«, so weiter das »Wandsbeker Intelligenzblatt«, »die dramaturgische Kraft der Schilderung ist unübertrefflich, selbst der Frankfurter Dialekt der Frau Rat vermehrt den eigentümlichen Liebreiz des Ganzen. In dieser Form erscheinen Anspielungen so unabsichtlich, so ohne persönliche Schärfe, daß alles gesagt werden kann. Wir begreifen, daß wer dieses Buch liest, fast Hoffnungen schöpft, daß es nicht umsonst an seine Adresse gelange!«
An die gleiche Adresse richtet sich 1852 der zweite Band des Königsbuches, die »Gespräche mit Dämonen«, in denen sich Bettina als Dämon dem schlafenden König nähert und ihm einzuflüstern versucht, ein wahrer Volkskönig zu werden. Für den Anhang hat Bettina übrigens Material durch Anzeigen in den Zeitungen gesucht; er befaßt sich dokumentarisch mit den Zuständen des Proletariats im »Voigtland«. Tatsächlich: wenn es im Berlin der »Kamarilla« eine Opposition gibt, die sich offen zu Wort meldet, so heißt sie Bettina von Arnim.
Eine frühe Bürgerrechtlerin. Sie setzt sich für die polnischen Patrioten ein

Bettina von Arnim im Alter.
Nach einem Pastell von Karl Johann Arnold

und dafür, daß der Freiheitskämpfer Mieroslawski nicht ausgeliefert wird. Sie schreibt an den König, um Gottfried Kinkel, der wegen Beteiligung an der 48er Revolution zum Tode verurteilt ist, vor der Hinrichtung zu retten. Mieroslawski wird entlassen (und führt alsbald weitere Aufstände an, in Posen und Baden), Kinkel von Carl Schurz befreit und kann nach Amerika fliehen. An der Revolution 1848 nimmt sie – im Grunde unpolitisch – nicht teil, aber sie beschreibt die Geschehnisse enthusiastisch, auch die Tatsache, daß man den König zwingt, vor den 187 toten Barrikadenkämpfern den Kopf zu neigen. Bettina stellt »das Bürgerrecht höher als den Adel«, wie sie als »Dämon« Friedrich Wilhelm IV. gesteht, und fügt hinzu: »Die Gründe also, warum ich den Proletarier am höchsten stelle, ist, weil er der Gemeinheit enthoben ist, als Wucherer dem Weltverhältnis etwas abzugewinnen, da er alles gibt und nicht mehr wieder dafür verzehrt, als er eben bedarf, um neue Kräfte zum Gewinn anderer sammeln zu können.«
Es dürften diese Sätze sein, die ihr die Bezeichnung »Kommunistin« einbringen, um so mehr als sie sich auch für die ganz besonders unterdrückten schlesischen Weber einsetzt, fünfzig Jahre vor Gerhart Hauptmann und einer anderen großen Berlinerin mit Herz für die Entrechteten und Armen, Käthe Kollwitz. Ein solches Engagement ist natürlich vielen ein Dorn im Auge. Schon Goethe hat, als er 1832 den 19jährigen Bettina-Sohn Siegmund, ihren zweiten, empfing, dem Jungen einige Verse ins Stammbuch geschrieben, die ganz gewiß ironisch auf die Mutter gemünzt waren:

»Ein jeder kehre vor seiner Tür,
Und rein ist jedes Stadtquartier,
Ein jeder übe seine Lektion,
So wird es gut im Rate stohn.«

Eckermann zufolge sind diese etwas geknittelten Strophen übrigens die letzten Zeilen, die Goethe handschriftlich niedergelegt hat; er ist eine Woche später gestorben. In Berlin dreht man Bettina dann auch bald ei-

nen Strick – oder versucht ihn zu drehen. Sie hat ihre kritischen Bücher, in denen sie für eine Teilnahme des Volkes an der Gesetzgebung eintritt, gegen die Todesstrafe und gegen alle Kriege (»ein überlaufender Brunnen«, wie es Jacob Grimm formuliert), im Selbstverlag (»Arnim-Verlag«) herausgegeben. Die Geschäftsführung lag in den Händen eines Buchhändlers namens Jenatz, der eines Tages mit der ganzen Kasse durchbrennt, ins ferne Amerika, und einen Haufen unbezahlter Rechnungen zurückläßt. Daneben hat er auch die Gewerbesteuer nicht ordnungsgemäß abgeführt, die der Magistrat nun von Bettina verlangt. Diese antwortet derart schroff, daß man ihr flugs eine Beleidigungsklage anhängt; und nun scheint den Reaktionären die Zeit gekommen für einen Generalangriff auf das heimliche Oberhaupt der Opposition. Bettina ist immer noch Frankfurter Bürgerin, und sie weigert sich, um das Berliner Bürgerrecht einzukommen. Ihr stünde, findet sie – wennschon, dennschon –, aufgrund ihrer Verdienste das Ehrenbürgerrecht zu.
Da gibt es sogar Beifall. »Wir sind überzeugt, daß diese edle Frau die gerechtesten Ansprüche darauf hat«, heißt es in den »Berliner Pfennigblättern«, »denn sie hat nicht nur viel Vortreffliches über die Ursache der Armut und des Verbrechens geschrieben und darin mit warmem Herzen für das Volk gesprochen, sondern auch Taten der reinsten Menschenliebe an Tausenden von Berliner Armen geübt; freilich hat sie davon kein Geräusch gemacht. Nicht nur hat sie 400 Familien in ihren Familienhäusern besucht und unterstützt, sondern in dem verflossenen Winter 1100 Schuhmachern Arbeit gegeben, welche sie dann an die armen Bewohner des Voigtlandes verschenkte. Sie hat ferner zweimal an den Geldfürsten Rothschild geschrieben und Unterstützungen für die armen Juden Berlins von ihm erbeten, so daß diesen 700 Taler zuteil wurden. – Und dennoch hat sie das Ehrenbürgerrecht noch nicht verdient?«
Sie erhält es nicht, im Gegenteil: ihr wird der Prozeß gemacht und sie in erster Instanz wegen »grober Beleidigung« zu drei Monaten Gefängnis verurteilt (übrigens die höchste Gefängnisstrafe, die in Preußen über »Personen von Adel« verhängt werden kann). In der zweiten Instanz ermäßigt sich die Strafe zwar auf zwei Monate, aber nur durch fluchtar-

tige Abreise aus Berlin kann Bettina ihre Arretierung verhindern. Savigny sorgt dann dafür, daß die Sache in erneuter Verhandlung doch noch niedergeschlagen wird. Er hat Mühe, seine ebenso flugs nach Berlin zurückgekehrte Schwägerin davon zu überzeugen, daß sie die Prozeßakten auf keinen Fall als nunmehr dritte Fortsetzung ihres »Königsbuches« veröffentlichen kann. Bettina kuscht in diesem Fall, aber sonst nie. Die Frankfurterin aus italienisch-französischem Geblüt wird zum Gewissen Preußens und seiner Hauptstadt.

Noch als alte Dame kämpft sie unverdrossen weiter, viel bewundert, aber auch viel angefeindet und verspottet. Kritik erfährt sie auch von der eigenen Familie. »Es ist ein Jammer, daß du glaubst, die Politik sei Dein Feld«, schreibt ihr Maximiliane, die älteste Tochter, die berlinisch-zärtlich nur »Maxe« genannt wird. »Du machst allen Deinen Kindern Kummer damit. Und Dein Ruhm wird keineswegs vergrößert . . . Du lachst und sagst, ich sei dumm und verstände nichts. – Ich bin aber nur die einzige, die den Mut hat, Dir das immer wieder ins Gesicht zu sagen.«

Die Kritikerin als Autorität, der man ungern Kritik entgegenbringt – das geht sogar dem König so, der ihr übrigens erst 1845 zum erstenmal persönlich begegnet. Auf alle ihre vielen Eingaben und Briefe antwortet er höflich und korrekt (ohne ihnen immer zu entsprechen). Aber er weicht ihr aus, wenn erneute Begegnungen drohen. Eine Unbequeme mit Bekennermut und Opfersinn.

Tatkräftig bleibt sie bis 1858. Da erleidet sie einen Schlaganfall, der sich weder in Teplitz noch in Berlin völlig auskurieren läßt. Bettina verlischt langsam. Am 19. Januar 1859 stirbt sie 73jährig in ihrem Haus In den Zelten 5, die Familie um sich versammelt, den Blick auf eine Büste Goethes gerichtet und ein Bild Achim von Arnims. In Wiepersdorf wird sie an der Seite ihres Mannes bestattet.

Ein Jahr zuvor, 1858, ist auch Friedrich Wilhelm IV., ihr Freund und Widersacher, ernstlich erkrankt, an einer Gesichtsrose, die offenbar zu einer leichten geistigen Störung geführt hat. Er muß den Thron seinem Bruder überlassen, einem weitaus konservativeren Mann, der dem gemeinsamen Vater gleicht: engstirnig, rechtschaffen, antiliberal, weit entfernt davon, preußischen Geist im Sinne Nicolais oder gar Bettinas zu vertreten. Als Wilhelm I. wird er deutscher Kaiser werden. Mit Preußens Gloria beginnt Preußens Untergang.

8 Karl Friedrich Schinkel oder Der Reichtum der Armut

Es ist auffallend: kaum beschreiben ihn seine Zeitgenossen oder deren unmittelbare Nachfahren, schon heißt es, beinahe entschuldigend, er sei »kein schöner Mann« gewesen, auch kein häßlicher, aber bedauernswerterweise eben auch kein schöner. So lesen wir es bei Franz Kugler, dem Kunsthistoriker, sogar noch bei Theodor Fontane, fast zwanzig Jahre nach Schinkels Tod; und das ist ungewöhnlich, denn den Maßstab körperlicher Schönheit pflegten Preußen an Preußen, wenn überhaupt, dann wohl als letzten anzulegen. Von einem Schinkel jedoch, so scheint es, wollten und mußten sie, neben anderen Tugenden, auch unbedingt äußere Schönheit erwarten. Für seinen alles überragenden Stellenwert in der engeren preußischen Kulturgeschichte ist durchaus kennzeichnend, daß man den eher mittelgroßen, schlanken, früh ergrauten Mann mit bräunlichem Teint, der großen Wert auf korrekte und saubere, aber keinesfalls auffallende Kleidung legte, viel lieber hochgewachsen und stattlich gesehen hätte, ein bißchen extravagant, aufragend wie ein Denkmal von seiner Hand. Das alles war Schinkel nicht, äußerlich eher der Typ des soliden Baubeamten, und so werden bei Fontane, aber auch vielen anderen Kulturhistorikern des 19. Jahrhunderts, der »ernst-milde Ausdruck seines unregelmäßig geformten Gesichts« sowie »sein schöner, elastischer Gang« herangezogen, als gelte es einen Makel auszugleichen.

Das mag damit zusammenhängen, daß man im Preußen nach den Befreiungskriegen auf niemanden stolzer gewesen ist als auf ihn, der der Welt bewies, daß dieses Preußen nicht nur die Schwerter klirren lassen konnte, sondern ebenso den Künsten zugetan war, der Baukunst im besonderen. Er gab der Hauptstadt Berlin ein zeitgemäßes, eigenes, vorbildliches Gesicht, einen Charakter, trotz leerer oder so gut wie leerer königlicher Kassen. Er prägte einen (damals) modernen Stil und verband diesen mit einem der ärmsten, wenn auch äußerlich erfolgreichsten Staaten Europas. Er vollendete, auf seinem Gebiet, den Freiheitskampf im Frieden, worauf also die Preußen nicht weniger Wert gelegt haben müssen als auf ihre militärischen Siege. Denn neben ihren Heerführern haben sie keinem Zeitgenossen so viele Lorbeerkränze gewunden wie ihrem Lieblingsbaumeister. Ein merkwürdiges Phänomen: da wird jemand

Deutschlands vielleicht bis heute bedeutendster, auf jeden Fall bei weitem vielseitigster Architekt und Städteplaner, aber das weniger aus eigenem Ehrgeiz, als weil sich ein Staat, ein Volk, ein Land an ihn hängen, zeitweilig mit Zentnergewichten. Aus einer unergründlichen Affinität heraus wird Schinkel dazu gezwungen, das äußere, würdevolle, klassizistische Bild Preußens bis herunter zu Türknauf, Bilderrahmen und Ordensschnalle fast ganz allein zu entwickeln und zu bestimmen: ein bedeutender Mann aus sich heraus, ein Genie jedoch von Gnaden des Staates, dem er diente.

Daß er diese ebenso umfassende wie ihn verzehrende Tätigkeit nicht immer gern auf sich genommen hat, geht aus manchen Notizen und Eingaben hervor. An der Wiege gesungen wurde sie dem Pastorensohn aus Neuruppin gewiß nicht. Schinkel stammt aus keiner altangesehenen preußischen Adelsfamilie; er kommt von unten. Der Vater stirbt, als er sechs Jahre alt ist, 1787. Die Todesursache ist die gleiche wie später bei dem berühmten Sohn: Überarbeitung, Überanstrengung. Ein verheerendes Feuer zerstört die Kreisstadt, und der Superintendent schont seine Kräfte dabei ebensowenig, wie sein Sohn die seinen ein Leben lang schonen wird. Die Mutter zieht ins »Predigerwitwenhaus« in Neuruppin und, als der Gymnasiast 14 ist, in das gleiche Institut in Berlin, wo er, wie so viele später einflußreiche Landsleute, die Schule zum Grauen Kloster besucht.

Der junge Schinkel ist kein guter Schüler, dafür ein sehr begabter Zeichner. Ihn interessieren die Künste; so frequentiert er, damals keineswegs eine Selbstverständlichkeit, die ungemein spärlichen Kunstausstellungen. Auf einer solchen sieht er die Entwürfe, die Friedrich Gilly für ein Nationaldenkmal Friedrichs des Großen gemacht hat, und lernt den nur neun Jahre Älteren persönlich kennen — eine Freundschaft auf Anhieb und mit Folgen. Sein neuer Freund ist der Sohn des damaligen Berliner Oberbaurats David Gilly, der, selbst ein angesehener Architekt, ein eigenes Entwurfsbüro unterhält; Schinkel geht alsbald von der Schule ab und tritt in die Werkstatt der beiden Gillys ein. Bei ihnen erfährt er eine gründliche Lehre, und ihr Werk wird er einmal vollenden. Oder besser: er wird es vollenden müssen.

Ob sein Lebensweg anders verlaufen wäre, wenn nicht Friedrich Gilly, der genial Begabte, so früh gestorben wäre, erst 28jährig, eine große Hoffnung der zeitgenössischen Baukunst? Schinkel ist eben zwei Jahre bei ihm und mit ihm tätig. Derartige Spekulationen sind müßig, aber sie werden zwangsläufig immer wieder angestellt. William Turner, Schinkels englischer Zeitgenosse, hat bekannt, daß er es vermutlich nie zu so großem Ruhm gebracht hätte, wäre nicht sein – nach eigenem Eingeständnis – weitaus begabterer Freund Thomas Girtin gestorben, noch ehe er sein eigentliches Werk auch nur beginnen konnte. Ähnlich geht es Schinkel. Wie Turner bei Girtin setzt Schinkel ganz bewußt, in beinahe schwärmerischer Verehrung, bei seinem allzu früh verstorbenen Freund Friedrich Gilly an, als müsse er mit seiner Person den Verlust eines Größeren, Bedeutenderen ersetzen. Eine Lebensaufgabe fällt ihm, Chance und schweres Schicksal, gleichsam aus zweiter Hand zu; er nimmt sie freiwillig auf sich, aus Begabung, nicht zuletzt aus Freundschaft.

Freilich: schlechtere Zeiten hätte er sich für einen derartigen Vorsatz kaum aussuchen können. Zwar lassen sich ein paar kleinere Arbeiten Gillys noch zu Ende führen, keine bedeutenden Werke, dann aber zwingen Geld- und Kriegsnot den preußischen Staat, jegliche Bautätigkeit einzustellen, und das über zehn Jahre lang.

Schinkel ergreift die Gelegenheit und fährt zunächst, obwohl völlig mittellos, in jenes Land, das Maler und Baumeister damals mit der Seele suchen, nach Italien. Begleitet von seinem Freund Steinmeyer, ebenfalls einem angehenden Architekten, durchwandert er, nachdem die beiden die deutschen Kunststätten – Dresden, Augsburg, Nürnberg, Wien – in Augenschein genommen haben, den gesamten Stiefel von Norden bis Sizilien weit im Süden, ein romantisches Abenteuer. Man hungert sich durch, lebt »von Semmeln und Weintrauben«, treibt sich in Roms Künstlerkolonie herum, erwischt fiebrige Krankheiten, hat Glück und Pech mit Land und Leuten.

Seltsamerweise scheinen Schinkel die Bauten, die er auf dieser Reise sieht, nur wenig zu interessieren. Er zeichnet viel mit der Rohrfeder und malt Tafelbilder, fast ausnahmslos romantische Landschaften. Er konzentriert

Karl Friedrich Schinkel, Ölbild von Karl Friedrich Ludwig Schmied.
Nationalgalerie Berlin-West

sich ganz auf die Malerei, für die er, im übrigen, nicht weniger begabt ist als für die Architektur.
Das kommt ihm entgegen, als er nach beinahe zweijähriger Abwesenheit zurückkehrt nach Berlin, Ende Januar 1805, einem wiederum äußerst ungünstigen Zeitpunkt. Ins gleiche Jahr fallen Preußens entscheidende Niederlagen gegen Napoleon, an eine Bautätigkeit ist nun gleich gar nicht mehr zu denken; der König hat andere Sorgen. Zehn weitere Jahre bleibt Schinkel als Maler tätig, verdient er sich sein Brot in der Hauptsache durch sogenannte Panoramen, Schaubilder perspektivischer Art, die — bühnenmäßig ausgebreitet und künstlich-kunstvoll beleuchtet — damals in ganz Europa ungeheuer beliebt sind. So entstehen dann weitläufige Bilder jener Gegenden, die Schinkel kennt, vom Vesuv, vom römischen Kapitol, vom Mailänder Dom, dem venezianischen Markusplatz, aber auch Städten und Landschaften, die er nie gesehen hat und nie sehen wird, von Konstantinopel zum Beispiel oder dem überfluteten Nil, zu schweigen von den historischen Ereignissen, dem Brand von Moskau und der Völkerschlacht bei Leipzig.
Auch für die Bühne wird er tätig. Bis 1832 entwirft Schinkel nicht weniger als 42 Szenarien, darunter die vielgerühmte Ausstattung zur »Zauberflöte« sowie diejenige zu E.T.A. Hoffmanns »Undine«, während deren Laufzeit das Königliche Schauspielhaus bis auf die Grundmauern abbrennt. Schinkels Vielseitigkeit wird von der Not verursacht, in der sich Preußen befindet. Aber auch zurück zur Architektur führt der Weg über die Malerei. In seinen Bildern tauchen bisweilen phantastische Bauten auf, deren exakt ausgeführte Details den Fachmann verraten, etwa im »Dom am Meer« (der 1931 im Glaspalast verbrennt, wie überhaupt von Schinkels malerischem Werk nur ein geringer Bruchteil erhalten bleibt) oder im »Dom am Strom«, heute in der Bayerischen Staatsgemäldesammlung in München.
Schon 1810 wird dann auch der junge Architekt, der noch kein Gebäude ausgeführt, noch nicht einmal eines entworfen hat, in die Oberbaudeputation berufen. Und, ist es das Andenken an den unvergessenen jungen Gilly oder setzt man so großes Vertrauen in den sachlichen, nüchternen

(und, dabei gesagt, reichlich humorlosen) 34jährigen Mann: er ist es auch, der nach Friedensschluß sogleich den ersten Bauauftrag erhält, den Preußen – endlich – wieder vergeben kann. Schinkel baut die Neue Wache, ein verhältnismäßig kleines Bauwerk, das sich jedoch gegen die monumentalere Architektur Unter den Linden nicht nur behaupten kann, sondern diese zugleich ergänzt und, in gewisser Weise, übertrumpft.

Fortan, fast mit einem Schlag, gilt er als bedeutendster Baumeister seiner Zeit, wird er mit Ämtern und Ehren überhäuft, baut er in Preußen so gut wie alles Repräsentative, wird er als Gutachter herangezogen, wo immer man Gutachter braucht (zu den romantischen Plänen etwa, den Kölner Dom zu vollenden oder die Marienburg in Ostpreußen), steigt er von Stufe zu Stufe, bis er 1830 Oberlandesbaudirektor wird – ein pompöser Titel, der seine wahre Macht noch nicht einmal genügend umreißt. Schinkel vertritt das musische Element im siegreichen Preußen. Sein Geschmack wird stilbildend. Was ihn betrifft, so unterwirft sich der Staat, unterwirft sich sogar der ständig grollende Friedrich Wilhelm III. bedingungslos dem zum ästhetischen Vorbild erkorenen Baumeister. Sein Ruhm reicht bald weit über Preußen hinaus.

Dabei ist sein Geschmack nicht einmal eindeutig. Gewiß, er gilt als Klassizist, er fühlt sich dem ionischen Stil verwandt, weil dieser Einfachheit und Würde verkörpert, aber er wäre kein echter Romantiker, hinge er nicht auch ein wenig an der herrlich vertrackten, durch eine Art früher Nostalgie (und, auch das, »nationaler Selbstbesinnung«) wieder neu in den Blick gerückten Gotik. Schinkel, und das macht ihn zum ersten modernen Baumeister der Geschichte, ist kein Purist. Bis ins Alter wird er oft für das gleiche Gebäude zwei Entwürfe einreichen, einen klassizistischen und, als Alternative, einen neogotischen.

So baut er das neue Schauspielhaus am Gendarmenmarkt, das E.T.A. Hoffmann so bewundert und das tatsächlich die Berliner Prachtstraße Unter den Linden städtebaulich abrundet, für Wilhelm von Humboldt das Schloß Tegel (ein Umbau, der fast zum Neubau gerät), und für Hardenberg restauriert er die Dorfkirche Neu-Hardenbergs. Er setzt das Denkmal für die Befreiungskriege auf den Kreuzberg (diesmal wirklich

»gotisch«) und baut die Friedrichswerdersche Kirche. Die gewaltige Kuppel über der Nikolaikirche bestimmt bis heute die Silhouette Potsdams, aber auch das Schloß Charlottenhof im Park von Sanscouci stammt von ihm und das 1945 zerstörte Schloß Kamenz in Schlesien. Der äußerst sparsame, fast geizige König Friedrich Wilhelm III. stöhnt über solche Bauwut und warnt: »Man muß ihm einen Zaum anlegen.« Dann nimmt ihn der als Architekt ebenfalls nicht unbegabte, an den Künsten gleichfalls interessierte Kronprinz beiseite: »Kopf oben Schinkel, wir wollen einst zusammen bauen!« — aber dazu soll es nicht mehr kommen.

Es genügt auch so: das Alte Museum entsteht und schließt den Lustgarten ab, das Schloß Glienicke, die Stralauer Kirche, und wenn auch seine Schüler bald die Bauausführung unternehmen (unter ihnen Persius und Stüler), so entwirft er doch bis ins geringste Detail nicht nur die Kirchen und Gebäude (auch Bürger- und Verwaltungshäuser darunter), sondern sogar Klinken und Türschlösser, Öfen und Leisten, Friese und Gesimse. Preußen, scheint es, will alles von Schinkel haben und von keinem anderen, seine Möbel und seine Grabstätten, seine Gläser und seine Bilderrahmen, Blumenvasen, Denkmäler, Schmuckstücke. Der vielbeschäftigte Mann wird zum ersten Designer der Kunstgeschichte. Von ihm stammt dann auch das schlichte, schöne Ehrenzeichen des preußischen Staates, das Eiserne Kreuz, einer der würdigsten Orden, die es gab, bis ihn die Nazis mit einem Hakenkreuz versahen und diskreditierten.

Die ungeheure Arbeitsleistung im Architektonischen und Ornamentalen muß man dabei vor dem Hintergrund von Amtspflichten sehen, die Schinkel, im Grunde ein Mann der Phantasie, Tag für Tag getreulich erfüllt, von bürokratischem Papierkrieg und ständiger Beobachtung aller baulichen Aktivitäten im Land, die ihm obliegt. Er pflegt als erster im Amtsbüro zu sein und als letzter zu gehen, die eigentliche, die künstlerische Arbeit muß er vor Dienstbeginn tun, das heißt lange vor Sonnenaufgang, als extremer Frühaufsteher. Von seiner Familie, Frau Susanne (einer Stettiner Kaufmannstochter) und den vier Kindern Marie, Susanne, Karl und Elisabeth, ist dann auch selten die Rede. Dabei war Schinkel ganz offensichtlich ein guter Ehemann und Familienvater: viele auf

Schinkels Bauakademie an der Spree (1831)

Reisen geschriebene Briefe und Liebesbriefe künden davon. Aber die Preußen sähen Schinkel nicht nur gern in verklärender Schönheit (die er nicht besaß), sondern auch abgelöst von allem irdischen Krimskrams, wie er gewöhnliche Sterbliche beschäftigt. Dieser tägliche Kram ist es jedoch gerade, mit dem man Schinkel überfordert. In einem Gesuch um Entlastung schreibt er: »Meiner Ansicht nach halte ich es für pflichtwidrig, mehr scheinen zu wollen, als ich bin ... Mit Bekümmernis fühle ich, daß ich ... innerlich zerissen werde durch Arbeiten, zu denen ich die Zeit meiner eigentlichen Bestimmung entziehen muß.« Aber da stößt er beim König auf taube Ohren.

Andererseits: es wird dem Rastlosen immer schwerer, Arbeiten zu delegieren. Im Grunde beherrscht nur er allein die von ihm selbst geschaffene Klaviatur. Nur er überblickt die städtebaulichen Verhältnisse in Berlin, der Mark, bis hin in die rheinischen Provinzen. Nur ihm gelingt es, mit den geringsten Mitteln die größtmögliche Wirkung (und, eventuell, den höchsten Kunstgehalt) zu erzielen. Nur er behält bei jeder Einzelaufgabe das Ganze im Sinn, bezieht Stadtbild und Straßenführung, technische Möglichkeiten und Erfordernisse in die Planung ein, kümmert sich um jene Details, in denen bekanntlich der Teufel steckt. Er begründet die Denkmalpflege in Preußen und schafft gleich selbst einen Großteil der zu pflegenden Gebäude und Denkmäler sowie ein neues Amt, das selbstverständlich ihm noch zusätzlich aufgehalst wird. Mag man seine architektonischen Leistungen vielfach kritisiert haben (»epigonal« urteilen Lübke-Haack in ihrem Handbuch der Kunst des 19. Jahrhunderts, »blutleere Antike« nennt sie – ausgerechnet! – Wilhelm II., der, wie wir von Rathenau wissen, »Stile gegen Schinkel« finden wollte). Im Städtebaulichen bleibt er unübertroffen. Da erreicht ihn nicht einmal Wren, der nach dem großen Brand Londons nahezu alle Londoner Kirchen neu baut, aber darüber versäumt, der Stadt als Ganzes urbanes Gepräge zu geben. Schinkels Hand ruht dreißig Jahre hindurch auf Berlin, und das bestimmt die Stadtlandschaft noch lange, in manchem bis auf den heutigen Tag. Nur Klenze in München hat neben ihm Gleichwertiges geschaffen.

Die besten seiner Entwürfe bleiben — Schicksal fast aller großen Architekten — überdies ungebaut: die geplante Kathedrale der Freiheitskriege und das Mausoleum für die Königin Luise vor allem, aber auch der Palast für König Otto von Griechenland auf der Akropolis von Athen und das »feenhafte« Schloß Orianda auf der Krim hoch über dem Meer, für dessen sorgfältig ausgeführten Entwurf ihn der Zar mit einer Dose aus Perlmutt abspeist.
Der Architekt Schinkel hat viel gebaut, der Künstler wenig. Schinkels hochfliegendste Pläne können unter seinen Arbeitsumständen nicht reifen. Deputationssitzungen, Denkmalsentwürfe für Scharnhorst und andere preußische Reformatoren, ständige Restaurierungswünsche des Adels, die Ausgestaltung etlicher Räume im Berliner Stadtschloß, Wünsche nach Gutachten, Skizzen für die Möbeltischler, Stukkateure und die Porzellanmanufaktur, für Wappen, Türme, Landhäuser, Spiegel, Dekors aller Art, fressen seine Zeit. Er entwickelt eine Art von wütender Schnelligkeit in der Arbeit, aber da er trotzdem sorgfältig und beinahe pedantisch vorgeht, erspart ihm das nichts, im Gegenteil.
Der Reichtum, den er in größter Armut zu entfalten versteht und von dem nicht nur Preußen profitiert, beruht fast ausschließlich auf seiner eigenen Tätigkeit. Mag sein Geschmack — Antike mit ein bißchen Gotik — dem vorherrschenden Zeitstil entsprechen: er ist es, der ihn vertritt und macht, nach dem man sich richtet. In seinen Mappen finden sich dann auch erst nach seinem Tode unzählige Entwürfe von dem, was er eigentlich anstrebte, aber »er diente einem sparsamen König in geldarmer Zeit«. In unserer augenblicklichen Situation, einer eher umgekehrten mit viel zuviel Geld, wäre ein Schinkel undenkbar, was man den von uns geschaffenen Städtelandschaften dann auch ansieht.
»Architektur ist Ordnung« — das war seine erste Devise. »Die Gesamtheit unsres modernen Lebens« im Städtebau sichtbar werden lassen, seine zweite. Beide hat er, buchstäblich bis aufs I-Tüpfelchen, erfüllt: streng, sparsam, würdevoll, immer ein bißchen »auf dem Kothurn«, wie Fontane mißbilligend feststellt — ein Künstler und sein Zeitalter, über das er dann doch hinauswächst.

Dies vor allem mit zwei Gebäuden, von denen er allerdings nur das eine ausführen kann. Schinkel ist der erste Architekt, der nach Londoner und Pariser Vorbild in Mitteleuropa ein allgemeines Kaufhaus errichten will; die Pläne lagen vollendet vor — es wäre das erste Kaufhaus nach modernen Gesichtspunkten gewesen, wie sie bis heute Gültigkeit behalten haben. Das gilt auch für seinen anderen Entwurf, den er sogar gegen den erheblichen Widerstand der Ministerialbürokratie und vieler hämischer Kollegen durchsetzt und beharrlich ausführt, die Bauakademie, die seine Zeitgenossen und deren wilhelminische Nachfahren so sehr entsetzt hat, den »roten Kasten«. Ihn, einen kubischen Block, setzt er ganz einfach, ohne Klassizismus oder Gotik, aus unverputzten Backsteinen ans Spreeufer, damit die gesamte funktionelle Architektur bis hin zu Mies van der Rohe vorwegnehmend. Die Ruine hat man in Ost-Berlin, statt sie als eines der wichtigsten Baudenkmäler beginnender Moderne zu restaurieren, leider 1962 abgerissen.
Auch die Bauakademie, sein fortschrittlichstes Werk, könnte auf englischem Vorbild beruhen. Das Reisen ist seit seiner Italien-Durchwanderung in Vorkriegstagen Schinkels Hauptvergnügen geblieben, die einzige Erholung, die er sich bisweilen gönnt. Meist handelt es sich — Köln, Marienburg, die Schlösser und Landsitze in der Mark — um Dienstreisen, die mit erneuter Arbeit verbunden sind. Aber auch Italien besucht er noch einmal, 1824, für Monate, und bereist — mit einem Abstecher nach Paris — zwei Jahre später sogar England und Schottland bis hinauf nach Staffa. In Liverpool, der schwarzverqualmten Fabrik- und Hafenstadt, steht er zunächst fassungslos vor den riesigen Lagerhäusern und Industriegebäuden, die »ohne jede Architektur« erbaut scheinen. Seine Skizzen verraten Erregung: diese Welt angehender totaler Industrialisierung ist ihm, dem Griechenlandträumer, fremd, aber sie fasziniert ihn sichtlich; er ahnt wohl, welche Aufgaben der Baukunst in Zukunft bevorstehen. Frucht dieser überraschenden Entdeckung könnte eben jene den Bauschülern zugedachte Akademie sein — ihr Vorbild reicht weit hinein ins 20. Jahrhundert. An sie, und nicht den Eklektizismus der wilhelminischen Zeit, werden Gropius und sein Bauhaus einmal anknüpfen.

Hellsichtiger als er hat noch kein Architekt vor ihm die Zeichen der Zeit erkannt und sich nach ihnen gerichtet.

»Die Art, wie Schinkel zu reisen pflegte«, berichtet Fontane, »gewährte ihm ... eine große geistige Erholung, aber eine körperliche kaum. Denn er, dessen Wesen überhaupt derart auf das Geistige gerichtet war, daß er sich mit allen physischen Bedürfnissen so kurz und mäßig wie nur immer möglich abfand, hatte gerade dann am allerwenigsten ein Ohr für die Forderungen des Körpers, wenn sein Geist (wie immer auf Reisen geschah) doppelte und dreifache Nahrung empfing. So kam es, daß seine ursprünglich robuste Natur vor der Zeit zu wanken begann.«

1840 kehrt er von einer Badekur nach Berlin zurück, da bricht er zusammen und fällt in eine tiefe Ohnmacht. Er lebt noch länger als ein Jahr, ohne aus ihr wieder zu erwachen. Nur einmal soll er den Bildhauer Thorvaldsen erkannt haben, der ihn am Krankenbett aufsucht; die beiden kennen und schätzen sich aus Rom. Am 9. Oktober 1841 ist Schinkel gestorben, der Herr und der Sklave einer Epoche, die ihm ein gewichtiges Stück irdischer Schönheit verdankt, wie es nicht jedem Staat zufällt, ein Stück Griechenland, Abendland.

9 Alexander von Humboldt oder Die preußische Lebensreise

Er gehört zu den im Ausland bekanntesten und – neben Goethe und Luther – meistzitierten Deutschen. An die 900 Pflanzen, Tiere, Berge, Flüsse, Gletscher tragen seinen Namen: Humboldt River, Humboldtstrom, Humboldtgebirge, Humboldt Range, Humboldtkette, Humboldt-Bucht, das beginnt schon mit dem allen Touristen vertrauten »Humboldt-Ausblick« auf Teneriffa; seine Denkmäler besonders in Südamerika sind kaum zu zählen. Wo immer er sich aufgehalten haben mag, es kündet eine Plakette davon, wenn nicht gleich das ganze Haus, wie die »Casa des Baron de Humboldt« im mexikanischen Taxco, bis heute nach ihm benannt geblieben ist. Das Gedächtnis an den wahrscheinlich – trotz Einstein und Planck – größten Naturforscher der Menschengeschichte haben andere Völker treuer bewahrt als sein eigenes.

Den Deutschen ist er eher ein reiner Bildungsbegriff, und kommt die Rede auf ihn, wird er in neunundneunzig von hundert Fällen, zumindest im Detail, mit seinem Bruder Wilhelm verwechselt, dem Sprachforscher und Begründer der Berliner Universität Unter den Linden. Beide sitzen dann ja auch, als Denkmal, vor diesem Gebäude, ein Dioskuren-Paar, wie es von der Nachklassik, parallel zu den Gebrüdern Grimm, heraufstilisiert worden ist. Dabei waren beide grundverschiedene Naturen und trotz gemeinsam verbrachter Jugend und Erziehung einander zwar freundschaftlich verbunden, aber doch nicht übermäßig seelenverwandt. Das Urteil Wilhelms über seinen um zwei Jahre jüngeren Bruder Alexander schwankt erheblich. »Ich halte ihn unbedingt und ohne jede Ausnahme für den größten Kopf, der mir je aufgestoßen ist«, heißt es einmal in einem Brief an seine Frau Caroline, ein andermal jedoch, und das fast zur gleichen Zeit: »Etwas eigentlich Großes hab' ich, genau genommen, nicht in ihm gefunden.«

Mit einem solch harten Urteil steht Wilhelm, der gescheiterte Staatsmann und Literat, aber dennoch überaus erfolgreiche und nachhaltige Bildungspolitiker, freilich vereinzelt da. Schon über den 27jährigen Bergrat Alexander von Humboldt schreibt Goethe, damals 48 Jahre alt, er habe in ihm »eine ganz besondere Epoche« in Bewegung gesetzt und: »Ich darf ihn wohl in seiner Art einzig nennen, denn ich habe niemanden gekannt, der mit einer so bestimmt gerichteten Tätigkeit eine solche Vielseitigkeit des Geistes verbände, es ist incalculabel, was er noch für die Wissenschaft tun kann.«

»Incalculabel«, was das betrifft, ist der Weg Alexander von Humboldts allerdings nicht gewesen, ganz im Gegenteil. Es dürfte kaum jemals einen exakter und genauer vorkalkulierten Lebenslauf gegeben haben. Seine ihm eigene Begabung hat Humboldt schon in sehr früher Jugend erkannt und alles, seine ganze Persönlichkeit, auf sie abgestellt. Dem Nachfahren will es scheinen, als ob das Preußische in Alexander eine seltene und reine Inkarnation erfahren habe, die mit den bekannten preußischen Tugenden viel zu tun hat, wenn auch gar nichts mit Schlachtenlärm und Militärmusik. Seine größte Tugend: Disziplin, vorbildlich vorgelebt als unbedingte Selbstdisziplin (und keineswegs als Disziplinierung anderer). Er hat von vornherein beschlossen, keine Ehe zu schließen, um sich von seiner wissenschaftlichen Aufgabe nicht abhalten zu lassen (und er hat nie geheiratet). Er hat ebenso früh beschlossen, die Welt als Ganzes darzustellen und aus diesem Grund eine weite Reise zu unternehmen (die er dann unternommen hat). Er wollte unter keinen Umständen ein öffentliches Amt wahrnehmen (der bedeutendste aller Naturforscher hat dann auch nie an einer Universität gelehrt) — er wollte unabhängig sein, was ihm eine Erbschaft ermöglichte, die er dann nahezu komplett für sein Lebenswerk verwendet hat, die Reise und die nachfolgende Buchpublikation in 36 Bänden. Diese 36 Bände, von ihm voll finanziert samt Illustrationen und Karten von mehr als fünfzig Malern, Zeichnern, Kupferstechern, sind dann auch niemals wieder aufgelegt worden, jedenfalls nicht in Deutschland. Ein Erz-Preuße war der erste — und zugleich letzte — Universalgelehrte auf dem Gebiet der Naturwissenschaften. Er darf als Begründer der Geographie angesehen werden, die es, strenggenommen, vor ihm noch nicht gab, und als richtungweisender Anreger der Meeres-, Klima- und Landschaftskunde. Auch Geologie, Botanik, Chemie und Physik verdanken ihm viel. Er hat Grundlagen gelegt, indem er ein phänomenales Einzelwissen zusammentrug, so gut wie alles, was man zu seiner Zeit über Welt und Erde wissen konnte. Aber ehe sich die Naturwissenschaften in lauter Spezialgebiete (und Einzeltüftler) zerspalteten, umschlang er sie noch einmal in ihrer Totalität mit einem geistig-moralischen Band, kein Fachgelehrter, sondern ein kosmischer Denker — das Wort dürfte nicht zu hoch gegriffen sein. Goethes in Bewegung versetzte »ganz besondere Epoche« war keine leicht dahingesagte Phrase. Mit Humboldt endete eine Epoche und begann eine neue, in der wir immer noch leben.

Alexander von Humboldt, am 14. September 1769 auf Gut Tegel bei Berlin — eigentlich schon einem Schlößchen — geboren, stammte aus pommerschem Adel. Keinem sehr alten: der Titel war erst 31 Jahre vor seiner Geburt dem Großvater, einem Hauptmann in Kolberg, verliehen worden. Die Mutter, eine geborene Colomb, ist Hugenottin — ihre Familie, ursprünglich in Südfrankreich beheimatet, kam über Kopenhagen nach Brandenburg, wo sie überdurchschnittlich reüssiert hat. Das beträchtliche Vermögen der Humboldts hat sie in die Ehe gebracht, unter anderem das Gut Ringenwalde in der Neumark (das sie verpachtet hält), das Gut Falkenberg bei Malchow (das ihr Sohn aus erster Ehe bekommt) und eben Gut oder Schloß Tegel. Ihr Mann stirbt früh, als Wilhelm 12, Alexander erst 10 Jahre alt ist. Fortan baut sie alles auf die Erziehung und Ausbildung der beiden hochbegabten Söhne, die von Hauslehrern — man nennt sie »Hofmeister« — erzogen werden, unter ihnen Johann Heinrich Campe, der berühmte Pädagoge und frühe Demokrat, der später in Hamburg seinen Verlag gründet, in dem er Defoe, Heine, auch das erste Buch Alexanders, die »Mineralogischen Beobachtungen über einige Basalte am Rhein«, verlegt; sowie vor allem Gottlob Johann Christian Kunth, der 19 Jahre im Hause Humboldt verbringt und der nach dem frühen Tod des Vaters das Vermögen der Familie verwaltet. Nicht zu vergessen zwei weitere Männer, die wiederum Kunth hinzuzieht, Christian Wilhelm Dohm und Johann Jakob Engel. Dohm ist Staatsarchivar und Geheimrat im Auswärtigen Amt, Verfasser der Schrift »Über die bürgerliche Verbesserung der Juden«. Engel, Gymnasialprofessor und später Direktor des Joachimsthalschen Gymnasiums, zeitweilig auch Theaterleiter und Erzieher Friedrich Wilhelms III., hat

Alexander von Humboldt, Ölbild von Friedrich Georg Weitsch (1806).
Nationalgalerie Berlin-Ost

das damals populäre Buch »Der Philosoph für die Welt« geschrieben. Beide sind sie außerordentlich liberale Geister und gehören zu Berlins maßgeblichen Aufklärern, Gefährten Mendelssohns und Nicolais (der in seinem Nachruf auf Engel 1803 dessen »klare Schreibart« lobt und nur die »Bequemlichkeit« des Verstorbenen bemängelt, die Ursache gewesen sei, daß er »nicht soviel geleistet habe, wie er nach seinen Talenten hätte leisten können«).
Es sind Kunth, Dohm und Engel, die das Brüderpaar in die Berliner Salons der Aufklärung einführen, in die »Dienstagsgesellschaft« und bei Henriette Herz, in die sich sowohl Wilhelm als auch Alexander auf Anhieb heftig verknallen. In einem »schrecklich langen Brief« beklagt sich Alexander bei der nur fünf Jahre älteren Frau über Tegel, das er »Schloß Langweil« nennt, und findet, »man unterhalte sich besser in Gesellschaft jüdischer Frauen als auf dem Schloß der Ahnen«.
Das ist übrigens typisch für Alexander. Wenn seine Zeitgenossen etwas an ihm bemängeln, so handelt es sich erstens um seine übergroße Eitelkeit und zweitens sein noch viel größeres Lästermaul. Seine Spottlust wird ihm bis ins hohe Alter erhalten bleiben und mitunter zu schaffen machen, wenn er etwa den giftigsten Vertreter der Hofkamarilla um Friedrich Wilhelm IV., den Kabinettsrat Niebuhr, nur »die schielende Wanze« nennt oder sich selbst einen »Hofdemokraten« (was, gemessen am Zeitgeist, etwa dem »Salonbolschewisten« heute oder in den zwanziger Jahren entspricht).
Kritik- und Angriffslust sind zweifellos in den Berliner Salons der Aufklärung erworben. Sie sind vielleicht auch eine Abwehrreaktion des ständig kränkelnden jungen Mannes, der sich gegen seinen gesünderen älteren Bruder häufig zurückgesetzt fühlt und der – merkwürdigerweise – jene eiserne Gesundheit, die ihn bis zum 90. Lebensjahr auszeichnen wird, erst an einem der ungesundesten Punkte der Welt gewinnt: im feuchten Tropenklima des amerikanischen Kontinents.
Humboldt, im gleichen Jahr geboren wie Napoleon, ist ganz und gar geprägt vom Berlin, vom Preußen seiner Zeit. Scharfer hugenottischer Intellekt stößt auf einen allgemeinen bürgerlichen Liberalismus, der zwar

grundsätzlich nicht an der Monarchie rüttelt, ihr aber ein absolutes bürgerlich-individuelles Freiheitsstreben entgegensetzt.
Das Studium der »Kameralistik«, dem sich Alexander als Vorbereitung für den Staatsdienst in Frankfurt an der Oder, Berlin und Göttingen widmet, befaßt sich hauptsächlich mit dem Bergbau, für den er sein Leben lang sach- und fachverständig bleibt. Der Bergbau ist die Grundlage der Industrialisierung, die sich abzuzeichnen beginnt, eine Art von Pflichtstudium also für spätere Wirtschaftsverwaltungskräfte. Humboldt bringt es in einer Blitzkarriere früh zum Bergassessor und Bergmeister, unter anderem an der Bergakademie in Freiberg und, 1793, als Oberbergmeister im Fränkischen. Als er nach fünf preußischen Dienstjahren ausscheidet, ist er schon ein Jahr lang Oberbergrat, womit er die höchste Amtsstufe unterhalb des Ministers erreicht hat.
Am 19. November 1796 stirbt die Mutter, und der 26jährige erbt ein beträchtliches Vermögen. Als Kunth ihm die Erbschaft überbringt — er befindet sich eben in Dresden —, notiert er in seinem Tagebuch: »Mein bares, sicheres und zinsbares Vermögen beträgt am 16. Juni 1797 85.375 Thlr. 4 Gr., davon jährlich gewisse Zinsen 3476 Thlr.« Nach heutigen Begriffen wäre der junge Gelehrte Millionär. Er nimmt sofort seinen Abschied und teilt sich die enorme Summe so ein, daß sie nach Menschenermessen für seinen Lebensplan ausreicht.
Humboldts Lebensplan: eine universale Forschungsreise und anschließend die Darstellung der naturwissenschaftlich darstellbaren Welt in umfassender Weise und eigener Verantwortung.
Da läßt sich nun einwenden und ist tatsächlich vielfach eingewendet worden, daß er also ein großer Herr war, der ohne ererbtes Vermögen kaum eine Chance gehabt hätte, zu jenem Alexander von Humboldt zu werden, wie ihn die Welt kennt und wir ihn kennen. Das mag durchaus stimmen, wie es denn nur zu häufig stimmt, wenn man die Welt im allgemeinen und das, was die Menschen aus ihr machen, im besonderen als absolut ungerecht bezeichnet. Zugleich aber sollte man doch bemerken, wie denn dieser noch so junge Mann sein Vermögen einsetzt, nämlich mit äußerster Disziplin, keineswegs nur für sich selbst, sondern für eine

Aufgabe, der er sich ebenfalls unterwirft, buchstäblich mit Haut und Haaren verschreibt, vom Geld zu schweigen. In Wirklichkeit opfert Humboldt seine Erbschaft – auf dem Altar seiner Eitelkeit, sagen die einen, auf dem Altar des Geistes und der Wissenschaften, die anderen.
Sein ferneres Leben konzentriert sich jedenfalls vollkommen auf die sorgsame Vorbereitung der großen Forschungsreise. Stationen sind Jena, Dresden, Wien, Salzburg, Paris, Marseille, Madrid, ganz Spanien, nicht zuletzt vielfache Gespräche mit Goethe, von dessen Naturphilosophie und Morphologie Humboldt ausgeht und die er – nach Goethes eigenem Bekenntnis – recht eigentlich vollendet hat. Zweieinhalb Jahre gehen hin mit dem Studium der spanischen Sprache, die er bald so gut beherrscht wie die französische und die deutsche, nämlich perfekt, mit der Sammlung sämtlichen verfügbaren Fachwissens bei den Gelehrten Europas und der Suche nach einem geeigneten Gefährten, den er endlich in dem französischen Botaniker Aimé Goujaud Bonpland findet, einem treuen, ihm lebenslang eng verbundenen Freund und ebenbürtigen Wissenschaftler. Die abenteuerliche Reise selbst dauert insgesamt fünf Jahre. »Humboldt war dreißig ...«, schreibt Adolf Meyer-Abich, »und ein damals nur in Fachkreisen bekannter Naturforscher, als die große Reise, der Traum seines ganzen bisherigen Lebens, begann. Als ein in der ganzen Welt diesseits und jenseits des Atlantik berühmter und hochgeehrter Mann kehrte er ... nach Europa zurück.« 35 500 Thaler sind inzwischen verbraucht, den Rest des Vermögens verschlingt die Aufarbeitung der Reise, die Humboldt zwanzig weitere Jahre Arbeit kostet, zumeist in Paris durchgeführt. Erst danach zieht er, nun finanziell keineswegs mehr unabhängig, wieder nach Berlin, wo er den Rest seines langen Lebens verbringt: eine preußische Reise, durchgeplant, opfervoll, einem universellen Zweck dienlich (nicht zuletzt der »Erziehung des Menschengeschlechts« in aufklärerischem Sinn), eine kosmopolitische Sache, ganz und gar keine nationale oder, am Ende, nationalistische. Mit Humboldt weht der Geist Preußens, des besseren Preußens, endgültig weit über die sandigen Grenzen Brandenburgs hinaus. Preußentum wird bei Alexander von Humboldt zu einem Synonym für Weltbürgertum.

Von heute aus wird der Ruhm einer einzigen Reise, die nicht einmal um die ganze Welt führte — ein Plan, auch Asien anschließend zu durchforschen, mußte aufgegeben werden —, kaum jedem ganz verständlich sein. Heute setzt man sich in den Jet und ist in Null Komma nichts in Rio. Die Anden und der Chimborazo, die Llanos und die Regenwälder nehmen sich von hoch oben aus wie all die Landschaften, die wir so snobistisch überfliegen. Humboldt, der das Forschungsreisen bei Georg Forster erprobt hatte, einem der ersten Forschungsreisenden überhaupt, der mit Cook — übrigens in Alexanders Geburtsjahr — in der Antarktis und der Südsee gewesen war, stand da vor anderen und größeren Schwierigkeiten. Das Reisen ausschließlich zu Forschungszwecken mußte ohnehin als ungewöhnlich erscheinen. Bis zu Humboldt dienten Expeditionen vorwiegend politischen, wirtschaftlichen, imperialistischen Zwecken. Und sie wurden ausschließlich per Schiff unternommen, wobei gelegentlich ein Botaniker, Zoologe oder Völkerkundler mit an Bord sein durfte. Wissenschaftliche Erkenntnisse fielen nebenbei ab; sie waren keineswegs die Hauptsache.

Humboldt ist der erste, der nur aus wissenschaftlichen Gründen reist. Alles Gepäck, was er mit sich schleppt — und neben geologischem Material sammelt er, zum Beispiel, nicht weniger als 60 000 bis dahin noch kaum oder gar nicht bestimmte Pflanzen —, dient der gründlicheren Erkenntnis von Natur und Ländern. Zudem führt die Reise nur zu Anfang übers Meer, später über Land, kreuz und quer durch einen Kontinent. Die Erfahrungen, die Humboldt macht, sind zuvor noch nie gemacht, ein solches Unternehmen noch nicht einmal versucht worden. So entdeckt er die Abnahme der magnetischen Feldstärke vom Pol zum Äquator, was seine Folgen für die späteren Naturwissenschaften haben soll. Bei allen Abenteuern auf den reißenden Flüssen, die sie mit Einbäumen befahren, den Besteigungen der Berge, des Chimborazo etwa bis 500 Meter unter dem Gipfel, in Caracas und auf Kuba, in Bogotá und Quito (wo er acht Monate lang den vulkanischen Teil der Anden erforscht), in Peru und im Hochland von Mexiko, in kargen Urwaldlägern, vom Fieber heimgesucht, und in den goldstrotzenden Palästen der spanischen Gou-

verneure, sind Humboldt und Bonpland rastlos tätig. Sie registrieren Höhenlage, Strahlenbrechung, elektrische Erscheinungen, Meteoritenschwärme, messen exakt die Abnahme der Erdschwere, des Luftdrucks, der Luftfeuchtigkeit, Luftwärme und Siedetemperatur des Wassers, untersuchen die Gegebenheiten der Schneegrenze und die Höhenverteilung der wildwachsenden Pflanzengeschlechter, die Verbreitungsgebiete der Tiere und der angebauten Pflanzen. Sie skizzieren Flora und Fauna, aber auch archäologische Relikte, beschäftigen sich mit der Sprache der Indianer und ihren alten Wanderwegen, ermitteln zum erstenmal genaue Bevölkerungszahlen, studieren Rassen, Rassenmischungen und vermessen das Land kartographisch. Humboldt schickt peruanischen Guano — Vogelmist — nach Europa, um seinen Wert als Dünger untersuchen zu lassen, und erkennt als erster den Vorteil, den ein Kanal durch den Isthmus von Panama bieten würde — er kann als Anreger des Panamakanals gelten. Mehr als das: er nimmt die beiden Amerika als Symbol für die Welt und den Kosmos, was später, in Paris und auf einer Reise zum Ätna auf Sizilien, den jungen Simon Bolivar begeistern und ihn dazu bewegen wird, die Unabhängigkeit seiner Heimat von Spanien und Portugal anzustreben. Wie die Wissenschaften bei Humboldt eng miteinander verknüpft sind, bleibt sein Wirken nicht auf die Naturwissenschaften und die Naturphilosophie beschränkt. Der politischen Befreiung durch Bolivar geht die geistige Befreiung durch Humboldt voraus.
Am Ende seiner Reise empfängt ihn US-Präsident Jefferson, bei dem er drei Wochen auf dessen Landsitz Monticello zu Gast bleibt. Sie unterhalten sich über die technische Nutzung jener wissenschaftlichen Erkenntnisse der Humboldtschen Reise, über den Panamakanal und die Zukunft Amerikas, die der Gelehrte, den die meisten, und gewiß zu Recht, für einen vorsichtigen Republikaner halten, in drei großen Republiken sieht, einer angelsächsischen mit den USA und Kanada, einer spanischen von Mexiko bis Chile und einer portugiesisch sprechenden, nämlich Brasilien. Von Philadelphia schifft er sich mit Bonpland wieder nach Europa ein und erreicht am 3. August 1804 Bordeaux, wenige Monate bevor sich sein Altersgenosse Napoleon zum Kaiser krönen läßt: die bedeutsamste For-

schungsreise eines einzelnen bis auf den heutigen Tag, sowohl was Länge, Vorbereitung, Dauer als auch Vielfalt der wissenschaftlichen Gebiete und Themen betrifft.

Als Humboldt seine 36 Bände darüber in zwanzigjähriger Arbeit, die er fast ausschließlich in Paris vornimmt, vollendet, ist Napoleon längst gestürzt. Es kennzeichnet den Einfluß und die Bedeutung Humboldts, daß der Kaiser der Franzosen Bonpland, seinem Landsmann, gegenüber »von eisiger Kälte« ist, wie Humboldt in einem Brief schreibt, und ihm selbst gegenüber sogar »voll Haß«. Der Grund: Eifersucht, noch dazu keineswegs unberechtigter. Als Bonpland und Humboldt triumphal in Paris einziehen, lenken sie von den Krönungsfeierlichkeiten mehr ab, als Bonaparte lieb sein kann.

Triumphal ist auch der Einzug in Berlin, 1800, wo Humboldt zum außerordentlichen Mitglied der Akademie der Wissenschaften ernannt wird, zum Königlichen Kammerherrn und Berater mit einem Gehalt von 2500 Thalern. Das Gehalt kann Humboldt inzwischen brauchen. Er dient es ab, indem er – sowohl für Friedrich Wilhelm III. als auch dessen Nachfolger, Friedrich Wilhelm IV. – während seines Pariser Aufenthalts nicht weniger als acht offizielle diplomatische Missionen durchführt. Aber er lehnt es immer noch ab, zum Beispiel preußischer Kultusminister zu werden oder auch nur Direktor der Berliner Gemäldegalerie, was ihm mehrfach, auf Betreiben seines Bruders, angetragen wird. Das ausgesetzte Gehalt ist es, das ihn dann doch nach Berlin zurückbringt, unter leisem Zwang seines Monarchen. 1823 kehrt er endgültig heim, zunächst nach Tegel, wo sein Bruder residiert – der erste Besuch setzt »ganz Berlin in Bewegung«.

Das ist auch der Fall, als er in der Singakademie 1827/28 seine sechzehn Vorträge hält, die fast alle wegen des Massenandrangs von mehr als 14 000 Zuhörern wiederholt werden müssen. »Nie habe ich«, so Bunsen, der sie besuchte, »einen Menschen eineinhalb Stunden so viele interessante und neue Ansichten und Tatsachen vortragen hören.« Sie bilden die Grundlage seines Hauptwerks, des »Kosmos«, eines »Weltgemäldes«, das so etwas wie eine kosmische Ordnung zu setzen versucht. Es soll

Alexander von Humboldt in seiner Bibliothek.
Farblithographie nach einem Aquarell von Eduard Hildebrandt (1856).
Kunstbibliothek, Berlin-West

»nicht bloß dem Einzelnen nachspüren«, wie es in der Vorrede heißt, sondern, »der Tendenz endloser Zersplitterung des Erkannten und Gesammelten widerstrebend, ... danach trachten, der Gefahr der empirischen Fülle zu entgehen«. Humboldt bezieht sogar die »Kräfte des Gemüths« in sein Weltbild ein, weil für ihn das Sinnliche ans Übersinnliche gekettet bleibt – und umgekehrt.

So wird er zur weltweit anerkannten, kaum je bestrittenen Autorität seiner Zeit. Als man seinem Freund und Mitforscher, dem französischen Physiker Gay-Lussac, einen neuen Kandidaten für die Pariser Akademie der Wissenschaften vorschlägt, antwortet dieser verschmitzt, darüber werde, wie bekannt, letztlich in Berlin entschieden. Das Ansehen Humboldts ist so groß, daß es sogar politisch genutzt werden kann. Als sich nach der Berliner März-Revolte 1848, die sich nie ganz zur Revolution auswuchs, der König immerhin gezwungen sieht, mit einer schwarz-rot-goldenen Schärpe durch seine Hauptstadt zu reiten und vor den gefallenen Barrikadenkämpfern den Kopf zu neigen, fordert das vor dem Schloß versammelte Volk statt einer Ansprache des Ministers Schwerin-Putzar lautstark eine Rede Humboldts. Der »Hofdemokrat« ist zur Stelle, aber eine Rede hält er nicht. Er tritt vor und verneigt sich schweigend vor den Anwesenden, dem König und dem Volk. Mit dieser einfachen Geste endet – bezeichnenderweise – der Versuch einer preußischen Revolution. Bei der Beisetzung der Opfer läßt sich der Hof ebenfalls von dem allseits respektierten Humboldt vertreten, der in diesem Fall zweifellos eine Art von Alibi-Funktion ausübt.

Ein Sündenfall? Alexander ist Kammerherr, wird vom König bezahlt. Er steht dem Volk ebenso nahe, das ihn bewundert und verehrt. Aber da er gleichzeitig jedwedem Nationalismus völlig verständnislos gegenübersteht – er hat in der Napoleonischen Zeit friedlich und unbelästigt in Paris gearbeitet und denkt in ganz anderen, internationalen Kategorien –, darf er, kein Revolutionär, eher ein beharrlicher, liberaler Weltverbesserer, wohl seine Autorität so einsetzen, wie er es versteht: versöhnlich, ausgleichend, Blutvergießen vermeidend; wer ihm nicht wohlwill, könnte einwenden: ein wenig in den Wolken schwebend. So läßt

er sich vom König als Aushängeschild für neugewonnene Liberalität ausnutzen. Aber am Ende ist er doch da, eine Garantie dafür, daß es so international zugeht wie in damaligen Zeiten nur irgend möglich, der beste Garant für innere Freiheit. Warum also soll er nicht, nach seinem Standpunkt, Volk und Monarchie miteinander aussöhnen?
Der Sechzigjährige reist noch einmal, auf Einladung des Zaren Nikolaus, durch das asiatische Rußland, Ural, Altai, Kaspisches Meer. Aber auch da dient der Hochberühmte eher als Repräsentationsfigur. Die wissenschaftliche Arbeit leisten Jüngere. Immerhin gelingt es ihm, die Einrichtung von meteorologischen und magnetischen Beobachtungsstationen im russischen Reich anzuregen. Er wird, mehr und mehr, zum Mäzen des Nachwuchses, der in ihm ein Vorbild findet. Das vom jungen Gauß in Göttingen erfundene erdmagnetische Meßgerät schlägt er der Royal Academy in London vor und regt dadurch ein Beobachtungsnetz auch im britischen Empire an, das bald fast die gesamte Erde überzieht. Als Begleiter des Königs, »Prunkstück der Hohenzollern«, verleiht er Staatsbesuchen in Italien, London, Kopenhagen geistigen Glanz. Und als in den vierziger Jahren den Juden ein Teil ihrer staatsbürgerlichen Gleichberechtigung wieder entzogen werden soll, wendet er sich mutig dagegen. Auch daß nach britischem Vorbild ein preußisches Gesetz erlassen wird, demzufolge jeder Negersklave, der preußischen Boden betritt, als freier Mann betrachtet werden soll, ist sein Werk.
Um ihn persönlich wird es freilich immer einsamer. Wie Goethe ein »Glückskind der Natur«, ausgezeichnet durch wirtschaftliche Unabhängigkeit, Gesundheit und ein langes Leben, zahlt er am Ende mit der bitteren Tatsache, daß er — ohnehin kinderlos und ohne direkte Familienbindung — alle alten Freunde und Weggenossen überlebt. Der Bruder stirbt schon 1835, 67jährig, auf Schloß Tegel, drei Jahre nach dem großen Freund und Vorbild Goethe, der Alexanders »Ideen zu einer Geographie der Pflanzen« persönlich die ursprünglich fehlende Tafel dazugezeichnet hat. Bonpland, nach der großen Reise zeitweilig Intendant der kaiserlichen Gärten in Malmaison und enger Vertrauter der Kaiserin Josephine, zieht sich nach deren frühem Tod und vorheriger Scheidung

vom Kaiser Napoleon in die La-Plata-Wälder zurück, wo er beim Studium des Matestrauchs von einem der vielen südamerikanischen Diktatoren verhaftet und zehn lange Jahre hindurch gefangengehalten wird, in Paraguay – erst Humboldts Intervention über Bolivar gibt ihm die Freiheit wieder. Er stirbt 1858 arm, vergessen, als Farmer und Arzt am Uruguay-Fluß. Humboldts Schwägerin Caroline, die ihm sehr zugetan ist, seine persönlichen Freunde von Buch und Arago, der Mathematiker Gauß, der Schriftsteller Karl August Varnhagen von Ense, mit dem er dreißig Jahre hindurch einen regen Briefwechsel gepflegt hat, alle sterben sie vor ihm. Einen leichten Schlaganfall kann er 1857 noch überwinden, aber im Oktober 1858 befällt ihn eine schwere Grippe, die ihn ins Bett zwingt. Am 6. Mai 1859 stirbt auch er, neunzig Jahre alt. Seine Nichte, Gabriele von Bülow, drückt ihm die Augen zu, »die so tief forschend in die Geheimnisse der Natur geblickt«.
Die Berliner begraben ihn wie einen Souverän. Der Leichenzug zieht von seinem Sterbehaus, Oranienburger Straße 67, über Friedrichstraße und Unter den Linden zum Dom – eine »unglaubliche Menschenmenge« nimmt daran teil, wie sein junger Schüler Brugsch, später als Brugsch-Pascha ein berühmter Ägyptologe, berichtet. An der Seite des Bruders wird er in Tegel beigesetzt, unter der von Berthel Thorvaldsen entworfenen Säule.
Seine Denkmäler stehen aber, wie gesagt, nicht im ehemaligen Preußen, sondern in Amerika. Und sein Andenken wird weniger von unserem Gedächtnis bewahrt und unseren Bibliotheken als – nicht unpassend für einen preußisch-brandenburgischen Weltbürger – von fremden Landkarten.

10 Adolph von Menzel oder Preußens kleine Größe

Eine Anekdote, wenn auch wohl eine wahre (sie ist mehrfach von Zeugen überliefert) und eine bezeichnende dazu. Ausgerechnet derjenige unter den deutschen Kaisern, der als der weitaus liberalste galt und gilt, Friedrich III., ist ihr negativer Held. Er, der Antipode Bismarcks, der leider nur 99 Tage im Amt sein konnte, ehe er starb, war damals freilich noch »Kronprinz Fritz«, ein hochaufgeschossener, starker Mann und ungewöhnlich populär nicht nur in Berliner Hofkreisen. Ein Liebling des Volkes, besonders des weiblichen Teils desselben.

Bei einem Bankett im Berliner Schloß will er, wohl nicht mehr ganz nüchtern, mit seiner Körperkraft prahlen. So nimmt er den Sessel, auf dem Adolph von Menzel sitzt, die »kleine Exzellenz«, und stemmt ihn samt Inhalt in die Höhe. Ein geschmackloser Vorgang, um so mehr als der Kraftprotz den Weg des geringsten Widerstandes einschlägt. Menzel ist ganze 1 Meter 40 groß – oder vielmehr klein. Eine zwergenhafte Erscheinung. »Kaiserliche Hoheit«, ruft er empört, »das verbitte ich mir!«

Der Lebensweg des leicht verwachsenen, winzigen Mannes scheint trotzdem auf merkwürdige Weise dem Werdegang Preußens verbunden. Geboren 1815, im gleichen Jahr wie Bismarck, verläuft Menzels Aufstieg dem Aufstieg Preußens zum mächtigsten Staat in Deutschland parallel. In seinem Geburtsjahr wird Napoleon endgültig geschlagen, bei Waterloo. Von da an bleibt Preußen 99 Jahre lang die geachtetste und gefürchtetste Macht in Mitteleuropa mit einem erheblichen Expansionsstreben, die Gründungsmacht des deutschen Kaiserreichs. Als Menzel stirbt, 1905, steht es auf dem Höhepunkt seines Selbstbewußtseins – da dokumentiert Wilhelm II., der Sohn des Hochstemmers, seinen imperialistischen Ehrgeiz durch die Landung in Tanger (eine verhängnisvolle Kurzschlußhandlung, denn Preußen hat in Marokko keine direkten Interessen zu vertreten) und ein vielbeachtetes Treffen mit Zar Nikolaus: neue Fronten werden abgesteckt. Deutschlands und Preußens Glanz strahlt beinahe überhell. Preußen sieht sich damals, nicht ganz zu Unrecht, als einen strahlenden Jüngling, eine Art von Herkules. Daß physische Kraft allein – Turnvater Jahn etwa – zum Idealbild des Staates würde, wie später im Dritten Reich, kann man jedoch nicht sagen. Im Gegenteil. Keinen Künstler, nicht einmal Schinkel, hat dieser Kraftprotzenstaat so sehr gefördert wie Menzel, den körperlich Behinderten. Mit 38 Jahren wird er, damals eine Seltenheit, schon in die Akademie der Künste berufen und drei Jahre später Königlich Preußischer Professor. Mit siebzig ist er gar Kanzler der Friedensklasse des Ordens Pour le mérite, Dr. h. c. sowie Ehrenbürger Berlins und Breslaus. 1898 erhält er die höchste staatliche Auszeichnung, den Schwarzen Adler-Orden, und wird gleichzeitig in den (erblichen) Adelsstand erhoben. Kaiser, Könige, Fürsten erscheinen in seinem Atelier und lassen sich von dem griesgrämigen kleinen Mann mit der bissigen Zunge nicht immer zuvorkommend behandeln. Als er beim Hofball Paletot und Zylinder ablegt, aber die Garderobenhaken nicht erreichen kann, springt die gutgelaunte Majestät persönlich ein: »Lassen Sie mich, Menzel, ich bin größer!« Die kleine Exzellenz daraufhin: »Irrtum, Majestät, nicht größer – länger!«

Der Mann, der sich bei einer Kaiserlichen Hoheit eine Geschmacklosigkeit energisch verbitten darf und sogar dem Kaiser selbst erklären kann, er sei zwar höher gewachsen, aber deshalb nicht notwendigerweise größer, ist ungemein selbstbewußt. Menzel weiß, was er kann, und er weiß, was er will.

Das ist eine historische Tatsache, auch wenn sie, aus heutiger Sicht, gern angezweifelt wird. »Sein Leben«, schreibt zum Beispiel der Kieler Kunsthistoriker Jens Christian Jensen, »stand unter einem Stern, der sich uns heute eher als Unstern demaskiert hat. Dieser Stern zwang ihn, das von sich aus und aus persönlicher Bestimmung auf sich zu nehmen, was die preußisch-deutsche Ideologie von ihren Untertanen forderte: pflichtbewußten Fleiß, Ordnung, zähes Überwinden aller Widerstände, Willenskraft. Und in dem Maße, in dem Menzel sich bedingungslos seine Begabung unterwarf, sie damit einordnete in die politischen und gesellschaftlichen Bedingungen seines Staates, erschien er seinen Zeitgenossen als Verkörperung aller Tugend-Ideale.«

Schön und gut. Man kann das aber auch andersherum sehen: Ausgerechnet einem Verwachsenen gelang es, sich die Hochachtung einer Gesellschaft zu erringen, die vom Ideal »Gesunder Körper – gesunder Geist« ausging. Eine individuelle Leistung, die für beide Seiten spricht. Im übrigen hatte Menzel zumindest ebenso viele Feinde wie Bewunderer, und längst nicht alle sahen in ihm geradezu eine Verkörperung ihrer Ideale. Fontanes Tochter Mete bringt das in einem Brief an ihre Eltern treffend zum Ausdruck: »Der kleine Menzel ist mir unbegreiflich; alle diese Leute bilden doch zu sehr ein Papstgefühl aus und behandeln Alles wie Kaff; sie halten nur ihre Kunst für das Wahre, und nur sich für den wahren Künstler«, und sie fügt hinzu: »keiner hat etwas von Papa's klugem und feinem Takt, der auch Anderes und Andere gelten läßt.«

Er muß sich schon durchbeißen, Menzel, und als er sich durchgebissen hat, wird er starr und stur. Aber das geht vielen – um nicht zu sagen: den meisten – anderen Künstlern genauso. Wenn allerdings besonders die (angeblichen) Avantgardisten seiner Zeit in ihm immer wieder ein retardierendes, rückwärtsgewandtes Element gesehen haben, so befanden sie sich da zweifellos im Irrtum. Menzel war einer der ersten deutschen Freilichtmaler und zugleich einer der wenigen, die es wagten, impressionistische (also: »französische«) Tendenzen anklingen zu lassen. Er war gewiß nicht nur einer der größten, sondern auch einer der fortschrittlichen Maler seiner Zeit. Daß er gleichsam zwei Leben führte und zwei Werke hinterließ, steht auf einem anderen Blatt. Es hängt mit dem Durchsetzungswillen des nur in körperlicher Beziehung kleinen Mannes zusammen und mit den Verhältnissen, die nicht so waren, wie man es denn heute gern hätte. Wenn Menzel, hauptsächlich in seinem grafischen Werk und durch die Illustration von Kuglers populärer »Geschichte Friedrichs des Großen«, zum erz-preußischen Haus- und Hofillustrator geworden ist, so war das wohl weniger als Tarnung oder Alibi gedacht, sondern ein Akt der Überzeugung und der Dankbarkeit, ganz in dem Sinne, in dem auch der kluge, feine, taktvolle Fontane patriotische Gedichte und Lieder geschrieben hat, über die wir heute die Köpfe schütteln mögen. Mit Kopfschütteln kann man historischen Phänomenen jedoch kaum auf die Spur kommen. Eher schon wäre bei Menzel Kritik in anderer Hinsicht angebracht: Er war zweifellos, im Gegensatz etwa zu

Adolph von Menzel. Foto des Hoffotografen K. Brasch

Chodowiecki, ungleich größer als Maler oder Zeichner freier Skizzen. Sein – im übrigen gewaltig umfangreiches – Illustrationswerk zur preußischen Geschichte zeigt nur in Ansätzen Genie. Immerhin, von ihm stammt das (keineswegs verteidigend gemeinte) Wort: »Genie ist Fleiß.« Ein sehr preußisches Wort, gewiß, aber eines mit hohem Wahrheitsgehalt.

Der Maler wurde als Adolph Friedrich Erdmann Menzel am 8. Dezember 1815 dort geboren, wo, einer früher geläufigen ironischen Redewendung zufolge, ein Berliner geboren sein mußte: in Breslau. Sein Vater wirkt dort als Vorsteher einer Mädchenschule. Adolph ist das älteste von drei Geschwistern. Seine acht Jahre jüngere Schwester Emilie Charlotte und sein elf Jahre jüngerer Bruder Richard Carl sind normal gewachsen, wie übrigens auch die Eltern. Als der Vater merkt, daß der älteste Sohn in der Provinz keine Chance hat, sich in Zukunft seinen Lebensunterhalt zu verdienen, gibt er den Beruf auf, gründet eine Steindruckerei und zieht dann mit der Familie in eine Stadt, in der dies, seiner Meinung nach, eher möglich sein wird, nach Berlin. Mag Preußen alles andere geworden sein als ein liberaler Staat: seine Hauptstadt hat immer als freigeistig, chancenreich und »alles möglich machend« gegolten, zu Nicolais und E. T. A. Hoffmanns, zu Bettinas und zu Menzels Zeiten und selbst noch in den finstersten Tagen des Dritten Reiches. Es haben nirgendwo mehr Verfolgte und Juden heimlich im Untergrund gelebt als in Berlin.

Der Vater gründet 1830 in der preußischen Hauptstadt wiederum eine lithographische Anstalt. Er ist selbst zeichnerisch begabt und interessiert und hat bemerkt, daß auch seinem Sohn neben dem Mißwuchs ein beachtliches Talent in die Wiege gelegt worden ist. So lernt Adolph in der väterlichen Werkstatt das lithographische Handwerk und träumt davon, eines Tages eine künstlerische Ausbildung an der Akademie zu erhalten. Der Traum endet abrupt. Am Neujahrstag 1832 stirbt der Vater überraschend und läßt die Seinen so gut wie unversorgt zurück. Adolph ist eben siebzehn, die Mutter 38, Schwester und Bruder sind neun und knapp sechs Jahre alt. Eine beinahe aussichtslose Situation: noch immer

fremd in der großen Stadt, ohne festen Freundes- oder Verwandtenkreis, dazu eine Werkstatt am Bein, in der auch Adolph erst ein Anfänger ist, ein Lehrling, sehen sich die vier Menschen, wie Menzel bekannt hat, schon im Armenhaus. Sein Leben wird durch dieses Ereignis in eine »Zeit der Resignation« verwandelt, wie er später in seinem für die Akademie abgefaßten Lebenslauf schreibt und ergänzt: »nach meinem Dafürhalten für immer.«

Von Resignation kann allerdings, rein äußerlich, fürs erste kaum die Rede sein. Der kleine Menzel, den man nicht nur insgeheim belächelt, entwickelt plötzlich Riesenkräfte. Er führt das Geschäft des Vaters weiter und bringt es sogar zur Blüte. Er entwirft und druckt Noten und Seifen-Etiketts, Reklamen und musikalische Vignetten. Der Siebzehnjährige wird zum Ernährer seiner Familie, und mehr als das: zum respektierten Oberhaupt, das mit Rat und Tat da ist, wenn es gebraucht wird. Schon der Zwanzigjährige wird so zum »alten Menzel«, der in einem Brief 1847 seine Schwester mit »Mein geliebtes, einziges Kind!« anredet. Was er — gleichsam nebenher — erreicht und was ihn unsterblich macht, wie es so schön heißt, erreicht er als Autodidakt, der schon von Anfang an eine zahlreiche Familie zu unterhalten hat. Die »Gipsklasse« der Akademie, die er sporadisch besucht, muß er bald aufgeben. Das Ölmalen bringt ihm ein befreundeter Tapetenfabrikant, Carl Arnold, bei. Das Zeichnen lehrt er sich selbst. Sein Ruhm setzt ein, als ihm der Kunstverleger Sachse 1833, also ein gutes Jahr nach dem Tode des Vaters, den Auftrag erteilt für sechs Federzeichnungen auf Stein zu Goethes Gedicht »Künstlers Erdenwallen«.

Ausgerechnet! »Künstlers Erdenwallen« bringt so ziemlich das Gegenteil dessen zum Ausdruck, was Menzel — dazu unter seinen derzeitigen Lebensumständen — unter einem Künstler und dessen Beruf oder Berufung versteht. Dem Kritiker Pietsch gegenüber hat er dann auch später bekannt, wie »angewidert« er von dem Text des großen Weimaraners gewesen sei. Die außergewöhnlich kritisch-realistisch ausgeführten (und darum zudem sehr mutigen) Blätter werden trotzdem ein Erfolg, ähnlich wie die Kreidelithos zu den »Denkwürdigkeiten aus der Preußisch-

Brandenburgischen Geschichte« und die Illustrationen zu einem Kinderbuch, »Der kleine Gesellschafter für freundliche Knaben und Mädchen«, die folgen.

Genie ist Fleiß? Selbst ein so vornehmer Kunsthistoriker wie Paul Ortwin Rave hat Menzel, den »treusorgenden Familienvorstand«, doch auch »eine Art Strebernatur« genannt. Tatsächlich: als er die ungemein ehrenvolle Aufgabe erhält, die »Geschichte Friedrichs des Großen« von Franz Kugler zu illustrieren, damals so etwas wie ein preußisches Volksbuch, steigt er mit Feuereifer in die Materie, durchwühlt alle Archive bis in die geringste Einzelheit, strebt eine »größtmögliche Authenticität« an. Die Arbeit hält ihn fast vier Jahre in Atem, von 1839 bis 1842. Anschließend kostet es nahezu sieben Jahre, ehe er das sogenannte Armeewerk fertigstellt, 436 Lithos über »Die Armee Friedrichs des Großen in ihrer Uniformierung«, und nochmals sieben widmet er den »Werken Friedrichs des Großen«, zweihundert Vignetten, die nur bis zu zwölf Zentimeter hoch sind und die Texte fachgerecht und mit bewundernswerter Detailgenauigkeit eher kommentieren als illustrieren. Menzel kennt im Zeughaus jedes noch so verschlissene Uniform- und Erinnerungsstück (er konnte sogar den Wortlaut der königlichen Texte exakter zitieren als die Editoren). Man verdankt seinem zeichnerischen Fleiß jene genauen Kenntnisse der friderizianischen Epoche, die sich bis hin in die Fridericus-Rex-Filme Otto Gebührs niedergeschlagen haben.

Andererseits kann man bedauern, wieviel Arbeitskraft ein Mann auf historische Forschungen und militärhistorische Alben verwendet, der – eigentlich – Besseres zu tun hätte. Aber: warum sollte man eine Sache, die man anpackt, nicht konsequent anpacken und zu Ende führen? Blieb denn Menzel in seinem Familienkerker etwas anderes übrig, als dort Erfolg zu suchen, wo er greifbar war? Daß ihm Friedrich (»Friedrich über Alles!«) am Herzen lag, steht außer Frage und auch, daß die Popularität, die der kleine Maler bald besitzt, eben von diesen patriotischen Illustrationen herrührt. Er stellt seine kleine Figur mitten hinein in die preußische Geschichte, wo sie am preußischsten ist. Jetzt kann er sich in Zukunft erlauben, was andere, größer oder höher Gewachsene, nicht dürfen. Schon früh ist er eine unbezweifelbare, wenngleich gefürchtete Instanz, in Kunstkreisen, in den Bürgerstuben, sogar bei Hofe. Selbst ein robuster Mann wie Feldmarschall Wrangel fürchtet die spitze Zunge der »jiftigen kleenen Kröte«, wie er Menzel – hinter dessen Rücken – genannt hat.

Menzels großes Glück ist und bleibt seine kleine, aber intakte Familie. Auch als die Mutter stirbt, 1846, wird der gemeinsame Haushalt nicht aufgelöst, mit dem ständig kränkelnden Bruder und später, als auch dieser gestorben ist, mit der Schwester, die er an den Musikdirektor Hermann Kriegar vermählt hat, und deren beiden Kindern. Gewohnt haben die Menzels zunächst, bis 1871, im Innern der Stadt, in Häusern der Wilhelmstraße, Zimmerstraße, Schöneberger Straße, Ritterstraße, Marienstraße und Luisenstraße. Später, bei steigendem Wohlstand, zieht man weiter in den Westen, zunächst in die Potsdamer Straße 7 (Potsdamer 134 c wohnt Theodor Fontane) und endlich ins feudale Tiergartenviertel, Sigismundstraße 3.

Später ist Menzel dann auch ein bißchen gereist, aber immer nur kurz, bestenfalls vier Wochen nach Paris oder Italien. Richtig verlassen hat er Berlin jedoch so gut wie nie: Arbeit, Familie, ein paar Freunde – das war sein Leben. Die Freunde sind an den Fingern einer Hand aufzuzählen. Zu ihnen gehören der Potsdamer Stabsarzt Dr. Puhlmann und der Tapetenfabrikant Carl Arnold (der in seiner Jugend eine Weile im Atelier Davids in der französischen Hauptstadt gemalt hat – und der bald nach Kassel zieht) sowie ein paar Zechgenossen vom Stammtisch, an dem die kleine Exzellenz immerhin wacker mitzuhalten versteht.

Zu Arnolds Tochter Friderike, »Fritzchen« genannt, scheint er sogar so etwas wie Zuneigung gespürt zu haben. Jedenfalls geht das aus den Briefen hervor, die die beiden wechseln. Sonst ist sein Verhältnis zu Frauen, Mutter und Schwester ausgenommen, eher gestört. Als der Maler Paul Meyerheim in der Akademie ein Gespräch mit ihm über die Frauenschönheit beginnt, unterbricht er ihn brüsk: »Na, siehst du dir denn ein weibliches Krokodil mit anderen Augen an als ein männliches?«

Wahrscheinlich aus Furcht vor dem Spott der Mitmenschen und einer

Adolph von Menzel: Nachruhm. Ein Kunsthändler preist einem Fürsten und seinem Gefolge die Werke eines Künstlers an. Aus »Künstlers Erdenwallen«

eventuellen Vererbbarkeit seines Mißwuchses hält er sich von Frauen bewußt fern. In seinem Testament heißt es ausdrücklich: »Gleicherweise kann niemand auftauchen, irgendwelche Nachkommenschaft geltend zu machen. Nicht allein, daß ich ehelos geblieben, habe ich auch lebenslang mich jederlei Beziehung zum anderen Geschlecht (als solchem) entschlagen.«

Wir sprachen von einer Doppel-Existenz. Tatsächlich besteht zwischen dem friderizianischen Zeichner und dem reinen Maler Menzel ein großer Unterschied. Als 1848 die Revolution in Berlin ausbricht, befindet sich der 33jährige eben bei seinem Freund Arnold in Kassel. Er eilt zurück, da er, wie er bekannt hat, durchaus »plebejisch gesinnt« ist. Sein Bild von der Aufbahrung der Gefallenen auf dem Gendarmenmarkt (heute in der Hamburger Kunsthalle) bezeugt diese Haltung, auch – und weil – es in der linken unteren Ecke unvollendet geblieben ist. »Das Malwerk«, so Rave, »blieb ... unvollendet; mißmutig hat Menzel den weiteren Gang der Ereignisse angesehen, das Erlöschen des heiligen Feuers, das Endergebnis, das sich in seinen Augen lediglich ausnahm wie ›der Schwung von einer Schulbank auf eine andere‹.«

Also doch so etwas wie Resignation? Es gibt weitere wichtige Bilder, wichtiger als zum Beispiel das 1852 entstandene berühmte »Flötenkonzert von Sanscouci« in der West-Berliner Nationalgalerie: das schöne »Balkonzimmer« im frühen Impressionismus, noch vom Biedermeier durchsetzt, die sonnigen, weiträumigen Berliner Landschaften mit den Baustellen der Gründerzeit oder der Eisenbahn Berlin-Potsdam, endlich, 1875, das »Eisenwalzwerk in Königshütte« (heute in der Nationalgalerie Ost-Berlin), mit dem der Maler ebenfalls Neuland betritt. Zum erstenmal wird der arbeitende Mensch inmitten seiner Maschinen ins Zentrum einer künstlerischen Darstellung gerückt. Die künftige Macht des künftigen Jahrhunderts, die Industrie: Menzel mit seinem fast unheimlichen Spürsinn für Mächte und Übermächte hat sie als erster porträtiert. Er war nie ein Hofmaler, auch wenn ihn die »Krönung König Wilhelms in Königsberg« (heute in der Niedersächsischen Landesgalerie Hannover) wiederum ungeheure Mühe macht, unzählige Einzelskizzen erfor-

dert und, obwohl alles andere als ein monumentaler Schinken, fast fünf Jahre Arbeitszeit erfordert. Er bleibt im Grunde seines Herzens »Plebejer« – die Berliner, die den Kleinen, ein wenig spöttisch, wie es ihre Art ist, ins Herz geschlossen haben, merken das genau. Es gibt eine Fülle wahrer, halbwahrer und erfundener Anekdoten, die es beweisen.
Dabei geht Menzel seiner Popularität aus dem Wege und reagiert grantig, wenn ihn jemand, was häufig vorkommt, auf der Straße anspricht. (»Bin ich eine Pythonschlange? Sind wir hier im Zoo?«) Wo er geht und steht, hält er sein Skizzenbuch in der Hand, am liebsten in den proletarischen Vierteln Berlins oder am Stadtrand, dort, wo es kaum Menschen gibt (am Fehrbelliner Platz, zum Beispiel, der noch von Weiden umstanden ist, oder den Neubauvierteln von Schöneberg, das damals vor den Toren der Stadt Berlin liegt). Er zeichnet unablässig, gern mit dicken »Zimmermannsbleistiften« übrigens, aber exakt, realistisch genau und mit viel Blick für Persönliches – seine Skizzen, nicht weniger »berlinisch« als diejenigen, die später Heinrich Zille aufs Blatt wirft, sind ein beinahe noch ungehobener Schatz. Sie könnten und sollten in Berlin nicht weniger bekannt und beliebt sein als Zilles Alben: spröder, herber, mitunter auch bitterer, beschönigen sie nichts.
Zum »imperialistischen« Preußen gehört Menzel jedenfalls nicht. 1866 treibt es ihn, den Kriegsschauplatz in Böhmen zu besuchen. Er kehrt mit erschütternden Zeichnungen zurück, die allen »Graus und Stank und Jammer« enthalten, und mit der Überzeugung, daß man den Krieg »eigentlich überhaupt nicht malen« könne und solle.
In seinen späten Jahren malt der alte, zum Pazifisten gewordene Realist überhaupt vor allem eines: Licht. An einsamen Schauplätzen stellt er seine Staffelei in die freie Natur und fängt ein, was man als typisch Berliner Leuchten bezeichnen könnte: die Stadt hat selten einen solch reinen Augenmenschen besessen. Ein Preuße und pflichtbewußt bleibt er auch vor dem abstrakten Phänomen. »Vor dem Rahmen«, schreibt er schon 1847 an seine Geschwister, »bin ich in meinem Amt und in Gottes Hand, und darf weder rechts noch links fragen.« Die repräsentative Hofmalerei überläßt er Leuten wie Anton von Werner und Max Koner.

Menzel stirbt am 9. Februar 1905, 90 Jahre alt und hochgeehrt. Fast ein volles Jahrhundert preußischer Entwicklung kulminiert künstlerisch in seiner Person: er stellt Preußens kleine Größe dar, wahrscheinlich aber seine wichtigste und ausschlaggebende.
Die Gedächtnisausstellung, die ihm die dankbaren Zeitgenossen in der Nationalgalerie auf der Museumsinsel bereiten, umfaßt — sage und schreibe — 5699 Werke. Zum Entsetzen Kaiser Wilhelms II. und seiner strengen Akademiker befinden sich viele impressionistische darunter; der Chronist von Preußens Gloria enthüllt sich als ein liberaler Mann, ein fortschrittlicher Maler und unbestechlicher Beobachter. Wilhelm verläßt die Ausstellung vorzeitig, empört und gekränkt. Der letzte preußische König und deutsche Kaiser hat nie begriffen, was das wahre Preußen ausmacht.

11 Helmuth von Moltke oder Die Skrupel des Militärs

Mit seinen Landsleuten ist Fontane – bis heute der beliebteste preußische Schriftsteller – nie sehr glimpflich umgesprungen. »Die Märker«, findet er, »haben viele Tugenden, wenn auch nicht voll so viele, wie sie sich einbilden.« Er billigt ihnen enormes Pflichtgefühl zu, auch »verstehen sie, zu gehorchen«; aber zugleich sind sie »neidisch, schabernackisch und engherzig und haben in hervorragender Weise den ridikülen Zug, alles, was sie besitzen, für etwas ganz Ungeheures anzusehen«. Fontane, darin zweifellos eine Autorität, hält all dies, zu Recht, für eine »natürliche Folge früherer Ärmlichkeit, wo das Kleinste wertvoll galt«. Trotzdem: »tüchtige, aber eingeengte Leute«, lautet sein Verdikt.

Er hat sogar an den Großen zu mäkeln, deren Lebensbilder er so sorgsam nachzeichnet. An anderer Stelle zählt er eine ganze Reihe von ihnen auf, viele seiner Lieblingsfiguren darunter, und stellt fest, sie seien alle »angreifbar«, was sie wohl tatsächlich gewesen sein dürften: »Das protestantische Volk«, dies Fontanes eigene entschuldigende Erklärung, »verlangt keine Heiligen, eher das Gegenteil, es verlangt Menschen.«

Da nimmt es wunder, daß der gestrenge Chronist Preußens einen einzigen als Beinahe-Heiligen ausnimmt. »Gestalten wie Moltke«, lesen wir im Kapitel Gentzrode seiner »Wanderungen durch die Mark Brandenburg«, »bilden ganz und gar die Ausnahme.« Ein Militär, dazu umstritten und – aus einem Mißverständnis heraus – als »Kriegstreiber« verdächtigt, ein »Hofgeneral«, ein scheuer, stiller, etwas gehemmter Mann, ein Grübler, ein Intellektueller, ein Schwieriger, der sich, im Gegensatz zu fast allen anderen populären Erscheinungen seiner und früherer Tage – zu schweigen von den späteren –, nur ungern umjubeln läßt. Ein gründlich gebildeter, auch musisch interessierter Geist, zu dem eher Beethoven-Klänge passen als Marschmusik; im Grunde alles andere als das Urbild eines preußischen Offiziers. Eigentlich: ein Gelehrter. Er ist es also, dem die Zeitgenossen – und nicht nur Fontane – den meisten Respekt entgegenbringen. In seiner Erscheinung wird er zu einer Art von unangreifbarer Symbolfigur – obwohl er doch oft angegriffen wird. In Helmuth von Moltke scheint das Preußen des 19. Jahrhunderts, das er beinahe voll durchlebt hat, seine Symbolgestalt gefunden zu haben.

Nehmen wir die vielumstrittene Äußerung gleich vorweg. Sie fällt in einem Brief an den Zürcher Rechtsphilosophen und Völkerrechtler Bluntschli. »Der ewige Friede«, lesen wir, »ist ein Traum, und nicht einmal ein schöner, und der Krieg ein Glied in Gottes Weltordnung. In ihm entfalten sich die edelsten Tugenden des Menschen, Mut und Entsagung, Pflichttreue und Opferwilligkeit mit Einsetzung des Lebens. Ohne den Krieg würde die Welt im Materialismus versumpfen.« Das klingt nach Heraklit, dem ebenfalls oft unvollkommen Zitierten, nach: »Der Krieg ist der Vater aller Dinge ...« Heraklit fährt fort: »... die einen macht er zu Göttern, die anderen zu Menschen, die einen zu Sklaven, die anderen zu Freien«, was seinem Sinnspruch einiges an Apologetik nimmt; Krieg, meint Heraklit, ist die Ursache der meisten irdischen Dinge, auch der negativen.

Moltkes drei Sätze haben schon damals viel Aufsehen erregt, pro und contra. Die Nazis verwendeten sie, handgeschrieben mit schön verschränkter gotischer Schrift, in ihren Schulungsbriefen, und auf der anderen Seite ist Moltke seither allen Kriegsgegnern suspekt und gilt als einer jener Schreibtischtäter, die Völkermorde vorbereiten, durchorganisieren und vollenden, um sich anschließend die Hände in Unschuld zu waschen.

Freilich: auch diese Sentenz ist aus dem Zusammenhang gerissen und zudem auf eine bestimmte historische Situation gemünzt. Schon Moltke nannte die Reaktion der Presse darauf, oder eines Teils der Presse, ein »vielleicht absichtliche(s)« Mißverständnis, »als ob ich den Krieg wünsche, weil ich ihn für ein nicht zu vermeidendes Übel halte«. Es hat sich kein Feldherr sonst, und Moltke ist der erfolgreichste Feldherr Preußens überhaupt, derart intensiv mit dem Pazifismus auseinandergesetzt wie er, und den schönen oder vielmehr angeblich nicht schönen Traum vom ewigen Frieden hat er tatsächlich geträumt. Wobei er allerdings, von seinem Standpunkt aus, sich durchaus bewußt blieb, daß es sich um einen Traum handelte. Lorbeeren hat er nie angestrebt, sie dann freilich überreichlich erhalten, aus Gunst oder Ungunst der Zeiten.

Hier ein paar Aussprüche, die im Dritten Reich kaum je zur Schulung verwendet worden wären. Der junge Moltke 1841 in der »Augsburger Allgemeinen«, damals einem der führenden intellektuellen Blätter: »Wir bekennen uns offen zu der vielfach verspotteten Idee eines allgemeinen europäischen Friedens« und: »Ist nicht der ganze Gang der Weltgeschichte eine Annäherung an jenen Frieden?« Ganz modern klingt im Zeitalter der SALT-Gespräche: »Sollte Europa, sei es in Jahrzehnten oder in Jahrhunderten, nicht die gegenseitige Entwaffnung ... erleben?« Der alte Moltke, 36 Jahre später, in einer Rede vor dem Reichstag, dem er als konservativer Abgeordneter angehört: »Glücklich die Zeiten, wo die Staaten nicht mehr in der Lage sein werden, den größten Teil ihrer Einnahmen zu verwenden bloß auf die Sicherheit ihrer Existenz, wo die Regierungen nicht nur, sondern auch die Völker und Parteien sich überzeugt haben werden, daß selbst ein glücklicher Feldzug mehr kostet, als er einbringt, denn materielle Güter mit Menschenleben zu erkaufen, kann kein Gewinn sein.«

Eine philosophische Friedenssehnsucht gehört zu seiner, wie wir heute sagen würden, Ideologie, macht ihm ein Leben lang zu schaffen, äußert sich bisweilen in einem utopischen Optimismus, zuweilen pessimistisch verhalten, immer aber mehr oder weniger deutlich, besonders wenn man seine Worte, auch die schlimmen, zu Anfang zitierten, mit denen seiner Zeitgenossen vergleicht. Er schätzt, bezeichnenderweise, Ranke und nicht Treitschke, den er vierzehn Jahre lang als extrem rechten Reichstagsabgeordneten erlebt mit seinen imperialistischen, antisemitischen, den Krieg rückhaltlos verherrlichenden Tiraden, die wie eine Droge wirken: »In einem atemlosen Strom, doppelt schwer verständlich wegen der auf seine (angeborene) Taubheit zurückzuführenden schlechten Aussprache, ergossen sich seine Ideen, in jedoch wohlgeformten und höchst ausgefeilten Sätzen.« Treitschke hämmert den Deutschen ihre Vorurteile ein. Die Franzosen sind käuflich, die Engländer habgierig, die Amerikaner materiell eingestellt, die Juden subversiv; seine öffentlichen Vorlesungen, zu denen tout Berlin strömt wie in ein Ritual, haben verheerende Wirkung. In ihnen findet die deutsche Selbstüberschätzung ihren frühen Höhepunkt, eine Vorbereitung Hitlerschen Größenwahns. Denn neben dem

Anton von Werner: Studie Graf Moltke
zum Bild der Kaiserproklamation in Versailles (1882)

großen stoßen bald unzählige kleine Treitschkes ins gleiche Horn und vergiften die Atmosphäre. Die pseudo-patriotische Anti-Aufklärung mit ihrem offen ausgesprochenen Überlegenheitsanspruch (»Herrenrassentum«) legt schon damals, mitten in Preußens Gloria, die Grundlagen zu Preußens — und Deutschlands — Niedergang.

Nichts davon beim kühl-konservativen Moltke. Er ist, gegen seinen Willen, Soldat geworden. Nun wird die ethische Rechtfertigung des Krieges sein eigentliches Lebensproblem. Im Grunde ein pessimistischer Skeptiker, wie fast alle gründlich Gebildeten, die sich ihre Bildung selbst aneignen müssen, setzt er sich — wie sonst selten ein Feldherr, gleich welcher Nation — immer wieder auch mit den Fragen nach der Gerechtigkeit oder Notwendigkeit von Kriegen auseinander. Daß sie unvermeidbar sind, jedenfalls in seiner Zeit, hat er, der heimliche Pazifist, längst erkannt. So unterscheidet er, für uns heute etwas seltsam zu lesen, zwischen »eigentlichen« und »uneigentlichen« Kriegen. Nur »eigentliche« Kriege sind moralisch vertretbar, das heißt: keine Angriffskriege, keine politisch motivierten Kriege, es sei denn, sie dienten der deutschen Einigung.

Moltkes Erfahrungen beruhen noch auf der deutsch-europäischen Kleinstaaterei. Die Einigung Deutschlands hält er, wie die Mehrheit seiner Zeitgenossen — liberalen, freigeistigen, links- oder rechtskonservativen —, für ein vornehmes und gerechtes Ziel, für eine historische Notwendigkeit, die freilich mit — demnach »eigentlichen« — Kriegen verbunden sein wird, weil die Verhältnisse so sind, wie sie sind, und keiner sie von heute auf morgen ändern kann. Diesen Krieg oder diese Kriege gilt es, mit aller Besonnenheit vorzubereiten. Sie sollten knapp und ritterlich durchgeführt, dann aber sollte, so bald wie möglich, wieder Frieden geschlossen werden, nachdem der Feind auf die Knie gezwungen worden ist, wofür er einen ebenfalls mißverständlichen — und scheußlichen — Ausdruck findet: »Exterminationskrieg.« Das bedeutet allerdings nicht »Auslöschung« des Gegners, sondern, ganz im Gegenteil, das Erreichen aller militärischen und politischen Ziele zum Wohle eines kommenden — und dann möglichst ewigen — Friedens.

Komplizierte, wie uns heute scheint: nicht ungefährliche Gedankengänge. Daß der wohl bedeutendste Heerführer Preußens sie anstellt, zeigt seine Skrupel. Da gibt es keine Leichtfertigkeit im Umgang mit den Waffen, kein simples »Gott mit uns«. »So hoffen wir«, heißt es, als er 1870 in den Deutsch-Französischen Krieg zieht, »auf Gottes Beistand. Aber seine Wege sind nicht unsere Wege, und in der Weltentwicklung führt er auch durch verlorene Feldzüge zum Ziel.« Das beruht auf der Lektüre der Bibel, die Moltke immer wieder studiert, aber, im leisen Fatalismus, auch auf der Shakespeares, den er mit einem gewissen strategischen Sprachgefühl in Mußestunden gern ins Deutsche überträgt.

Er gerät dann in seiner Einstellung immer wieder mit Bismarck überquer, der die kleindeutsche Einigung sucht (Moltke träumt von der großen) und der eher Clausewitz nahesteht, dem anderen preußischen Militärdenker, für den der Krieg ein Instrument ist, das dem Staatsmann in die Hand gelegt wird zur Fortführung der Politik mit anderen, blutigeren Mitteln. Solche Gedankengänge sind Moltke fremd. Churchill hat gesagt, der Krieg sei eine viel zu ernste Sache, um sie den Militärs zu überlassen. Moltke denkt umgekehrt: der Krieg ist etwas Unvermeidbares, das, zugunsten des Friedens, so rasch wie möglich abgewickelt werden sollte, und zwar von Fachleuten, denn er ist eine zu ernste Sache, als daß Politiker in ihn hineinpfuschen sollten. So führt er, verantwortungs- und skrupelvoll, als Fachmann ein ungeliebtes Handwerk, das – wie bei den Turnierkämpfen des Mittelalters oder beim Schach – an feste und faire Regeln gebunden bleibt, die strikt eingehalten werden müssen.

Erklärbar ist diese keineswegs auf Ruhmsucht oder nationale Überschätzung basierende Haltung dem Krieg und dem Waffenhandwerk gegenüber – sie scheint typisch preußisch, gerade weil so wenig Begeisterung in ihr steckt – aus dem Herkommen Moltkes. Er wird in Parchim geboren, in Mecklenburg, am 26. Oktober 1800. Sein Vater stammt aus einem alten Adelsgeschlecht, das hauptsächlich in Mecklenburg, Holstein, aber auch Dänemark ansässig war. Seine Mutter ist bürgerlicher Herkunft, Lübeckerin, eine geborene Paschen, also von einer Art hansischem Geldadel – die Paschens gehören zum kaufmännischen Patriziertum.

Trotzdem befindet sich die Familie schon bei Moltkes Geburt in Schwierigkeiten, hauptsächlich wegen der wirtschaftlichen Untüchtigkeit des Vaters. Die beiden Söhne Helmuth und Fritz werden deshalb nach Kopenhagen ins Kadettenkorps geschickt. Helmuth ist eben elf Jahre alt. In Kopenhagen erhält er, nach eigener Schilderung, »keine Erziehung, sondern nur Prügel«. Bis ins hohe Alter fürchtet er, sein Charakter habe unter diesen Jugenderfahrungen gelitten, mehr noch unter der Aussichtslosigkeit seiner Situation. Er beißt sich mühselig durch, wird endlich zum Seconde-Leutnant befördert und steht vor dem Beginn einer trostlosen Kasernenhof-Karriere. Da glückt ihm, bei günstiger Gelegenheit, er dient schon fünf Jahre in der dänischen Armee, der Übergang in den preußischen Dienst. Man denkt noch nicht streng nationalstaatlich – so etwas ist durchaus üblich, wenn auch selten: Militärs sind zwar keine Landsknechte mehr, wohl aber Fachleute, deren man sich versichert, wie heute Ingenieure für den Berg- oder Fabrikbau in den Entwicklungsländern angeworben werden.
Das ist 1822, und schon ein Jahr später wird Moltke von Frankfurt an der Oder nach Berlin an die Kriegsschule kommandiert (Verwaltungsdirektor: Clausewitz), an der er drei Jahre bleibt. Hier holt er nach, was er in Dänemark versäumt hat, ein gründliches Studium. Besonders bei Carl Ritter, einem Freund Rankes, der nicht nur an der Universität Unter den Linden, sondern auch der Kriegsakademie liest, hört er Geschichte, Statistik und, was ihn besonders interessiert, Geographie.
Er wird schon bald nach seiner Rückkehr ins garnisonstädtische Frankfurt an der Oder nach Berlin zurückgerufen und zum Leiter des Topographischen Büros im Großen Generalstab ernannt. Ein gelehrter Offizier, wie wohl seine Vorgesetzten früh erkennen.
Zudem ein homme de lettres. Moltke ist immer noch Seconde-Leutnant und verfügt über keinerlei Nebeneinkommen. Er befindet sich in ständiger Geldnot, die er durch schriftstellerische Arbeiten – im übrigen erfolglos – zu mildern sucht. So veröffentlicht er in Berliner Zeitschriften die – keineswegs unbegabte – Novelle »Die beiden Freunde« sowie zwei weitere kleine Erzählungen. Und, Frucht seiner topographischen

Moltke in seinem Arbeitszimmer. Zeitgenössische Fotografie

Arbeit, zwei Schriften über Holland und Polen. Als auch diese nichts einbringen, übersetzt er Gibbons »History of the Decline and Fall of the Roman Empire« aus dem Englischen ins Deutsche, aber da macht der Verlag pleite, und es fällt für ihn wieder nur eine geringfügige Ausgleichszahlung ab.

Im übrigen ist er ein begabter Zeichner. Wenn er sich als Leiter der Kartenabteilung des Generalstabs um fremde Länder kümmern muß, dann kümmert er sich nicht nur um Kultur, Geschichte, Wirtschaft und Geographie, sondern auch um die Kunst. Die von ihm gezeichneten Meßtischblätter, aber auch viele frei entworfene landschaftliche und figürliche Skizzen verraten eine sensible Hand. Er kann organisieren. Darin ist ihm, stellt sich heraus, keiner über. Das ist sogar seine eigentliche Begabung: er tut nichts unüberlegt, und er tut alles, was er tut, gründlich. Wenn er Polen topographisch darstellen soll, versenkt er sich so intensiv ins Studium, daß eine komplette »Darstellung der inneren Verhältnisse Polens« herausspringt. Und wenn er schreibt, und er ist ein großer Briefschreiber, dann zeugt seine Sprache von glänzender innerer Disziplin. Für seine spätere Braut erfindet er sogar eine Methode, um das Papier besonders gut ausnutzen und möglichst viel unterbringen zu können auf möglichst sparsamem Raum. Er schreibt seine Zeilen in großen Abständen, dreht dann den Brief um neunzig Grad und schreibt noch einmal ebenso viele Zeilen, die sich mit den vorherigen im rechten Winkel überschneiden, so daß eine Art von Raster entsteht. Auf diese Weise faßt der Bogen doppelt soviel Schrift, trotzdem läßt sich alles bequem lesen.

Erst 1833 wird er befördert, dann jedoch rasch; bald ist er Hauptmann im Generalstab und nun der ständigen Geldnot enthoben. Es kennzeichnet den vielseitig Interessierten, daß er als erstes ein halbes Jahr Urlaub nimmt, um, als Geograph, nun auch einmal fremde Länder in Augenschein zu nehmen und einer weiteren Leidenschaft zu frönen: der Archäologie. Er reist durch Griechenland und die Türkei, gerät aber dort alsbald – das scheint sein Schicksal – in einen Krieg hinein. Als Hüsrew Pascha, der Reorganisator des türkischen Heeres und der türkischen Flotte, hört, daß in Konstantinopel ein preußischer Generalstabsoffizier

eingetroffen ist, bittet er diesen sofort, ihm und weiteren türkischen Generalen Unterricht in Taktik, Strategie, im »Kriegsspiel« zu erteilen. Da sowohl die Kurden als auch die Ägypter sich im Aufstand gegen das Osmanische Reich befinden, bleibt Moltke vier Jahre lang – mit Genehmigung des preußischen Königs – in der Türkei und sammelt dort als Berater und Stratege wider Willen reiche Erfahrung. Daß die Türken dann 1839 bei Nisib empfindlich geschlagen werden, ist nicht seine Schuld. Der türkische Kommandant, Hafis Pascha, folgt nicht dem Rat Moltkes, sondern zieht zu seinem Unglück den der Sterndeuter vor.
Zurückgekehrt nach Preußen macht der weitgereiste, in seinen Formen unnachahmlich korrekte, auch international vorzeigbare, weil Vertrauen erweckende Mann so etwas wie eine Hofkarriere. 1845 wird er dem Prinzen Heinrich von Preußen als Adjutant zugeteilt, und zwar in Rom, wo der alte Sonderling lebt. Auch nach dessen Tod, schon ein Jahr später, dient Moltke eher auf dem Parkett als im Generalstab. Er begleitet, eine heikle diplomatische Mission, als Adjutant den Sohn des Kronprinzen von Preußen, den jungen Friedrich, bei dessen Brautschau ins schottische Balmoral, auch nach West- und Ostpreußen, nach St. Petersburg und, immer wieder, auf Reisen nach England.
England liebt Moltke ganz besonders – wie sein junger Herr holt auch er sich die Frau dorther. Seine Schwester Auguste ist mit dem Engländer Henry Burt verheiratet, der schon aus erster Ehe drei Kinder mitgebracht hat, darunter die damals erst fünfzehnjährige Mary. Trotz eines Altersunterschieds von 25 Jahren und eines weiteren, noch erheblicheren Unterschieds in den Temperamenten, gewinnt er die Neigung seiner lebenslustigen und stürmischen Stiefnichte. Sie heiraten 1842. Seine Brautwerbebriefe gehören zu den schönsten in deutscher Sprache – die Ehe, sie bleibt kinderlos, wird sehr glücklich, nach der Methode, daß sich Gegensätze anziehen (eine andere lautet: »Gleich und gleich gesellt sich gern«). Die Ehe endet 1868 mit dem frühen Tod Marys, der Moltke tief trifft.
Sein Aufstieg ist jetzt unaufhaltsam. Kaum wird Wilhelm, der Bruder Friedrich Wilhelms IV., 1857 mit dessen Stellvertretung beauftragt, be-

ruft er ihn als Adjutanten seines Sohnes ab und macht ihn zum Chef des Großen Generalstabs. Dieser ist damals noch dem Kriegsministerium nachgeordnet und wird es bis 1888 bleiben, aber es ist Moltke, der sich bald das Recht zu freiem Vortrag beim König sichert und der den Generalstab zu jener Kraft im Kräftespiel der staatlichen Organe macht, die bis zum Zusammenbruch 1919, ja, noch darüber hinaus bis hinein in die Weimarer Republik, wirksam bleibt als Staat im Staate – da nicht jeder Generalstabschef so verantwortungsbewußt handelt wie Moltke, keineswegs immer zugunsten der weiteren politischen Entwicklung.
Moltkes Einfluß in Preußen und, später, Deutschland ist kaum zu überschätzen. Er überdenkt die militärischen Positionen neu und reorganisiert, was reorganisiert werden muß. Er schafft die Voraussetzungen zur Einigung der deutschen Staaten – unglücklicherweise durch Kriege, wenn auch »eigentliche«. Hält er sich im Deutsch-Dänischen Krieg 1864 noch zurück, so hat er die Pläne für den Krieg gegen Österreich 1866 bereits entworfen. Bei Königgrätz ist er der Sieger, und den Feldzug gegen Frankreich 1870/71, der zur endgültigen Einigung Deutschlands unter Vorherrschaft Preußens führen soll, hat er allein verantwortlich geleitet. Da er technische Neuerungen sofort einbezieht, überdies nur den Anfang eines Feldzugs für planbar hält, später improvisiert nach den jeweiligen taktischen Gegebenheiten, seinen Untergebenen dabei in Einzelheiten völlige Freiheit bei der Durchführung des Kampfauftrags lassend, wird er zum bleibenden Vorbild für die Führung moderner Massenheere. Das reicht bis in den Zweiten Weltkrieg hinein. Hitlers Generale, zum Beispiel, erreichen ihre verblüffenden Anfangserfolge mit den Taktiken Moltkes. Hitlers Versagen als »Gröfaz«, als »größter Feldherr aller Zeiten«, läßt sich umgekehrt an seinen horrenden Verstößen gegen Moltkes Theorien und Praktiken ablesen. Preußen war anders, als es nach den Erfahrungen mit den Braunen scheint. Es beruhte auf seiner Staatsräson, so angreifbar diese sein mochte, vor allem aber auf der Lauterkeit der Verantwortlichen, ihren grundsätzlichen und unabänderlichen sittlichen Prinzipien. Ihretwegen erscheint Moltke selbst dem skeptischen preußischen Patrioten Fontane so gut wie unangreifbar.

Der »große Schweiger« wird er bald genannt, denn er redet nicht viel bei den Hofgesellschaften, offiziellen Gelegenheiten, unter Fremden. Daß er in kleinem Kreis – nach dem Tode seiner Frau in den Familien der Geschwister und unter engen Freunden auf seinem Gut Creisau – sehr wohl, und das ausgezeichnet und sogar sehr viel, reden konnte (wie übrigens auch im Reichstag), bezeugen die Zeitgenossen. Als er aus dem französischen Feldzug heimkehrt, wird er nach der großen Siegesparade im Juni 1871, die er mit Bismarck (seinem Erzgegner) und Roon hoch zu Pferd anführt, gefragt, was er sich jetzt noch vom Leben erwarte. Seine Antwort: »Einen Baum wachsen zu sehen.«

Unter Wilhelm II. hat er nicht mehr gedient. Bald nach dem Tode Wilhelms I. und, noch im gleichen Jahr, Friedrichs III., dem er so lange als Adjutant zur Seite gestanden hat und dessen liberale England-Neigungen er teilte, bittet der 88jährige um seinen Abschied. Er sei, heißt es in seinem Gesuch, »anzuzeigen verpflichtet, daß ich bei meinem hohen Alter nicht mehr ein Pferd zu besteigen vermag«.

In Creisau schreibt er seine »Trostgedanken« nieder, eine letzte und irgendwie verzweifelte Abrechnung mit den Gegebenheiten, die ihn, den ständig Zweifelnden, den unmilitärischen Intellektuellen, zum größten und erfolgreichsten Militär Preußens gemacht haben. »Unmöglich«, liest man in ihnen, »kann das Erdenleben ein letzter Zweck sein. Wir haben ja nicht um dasselbe gebeten; es ward uns gegeben, auferlegt. Eine höhere Bestimmung müssen wir haben, als etwa den Kreislauf dieses traurigen Daseins immer wieder zu erneueren . . .«

Das erinnert auf merkwürdig widersprüchlich-preußische Weise an die letzten Worte des erfolglosen 34jährigen, dem auf Erden nicht zu helfen war. Moltke wußte sich und seinem Land zu helfen, stand aber am Ende, ganz offensichtlich, ebenso wie Kleist, mit leeren Händen da.

Er ist am 24. April 1891 in Berlin gestorben.

Sein Großneffe, Helmuth James Graf Moltke, starb 1945 in Plötzensee an Hitlers Galgen.

12 Helene Lange oder Das Prinzip Menschheit

Oft hat es den Anschein, als würden die Träume im Laufe der Geschichte immer bescheidener. Nicolai setzte sich die »Erziehung des Menschengeschlechts« zum Ziel. Ein volles Jahrhundert später kämpft Helene Lange, ebenfalls in Berlin, nur noch darum, daß dem einen Teil des Menschengeschlechts die gleiche Erziehung zuteil wird wie dem anderen. Es geht dabei um so ziemlich exakt die Hälfte der Menschheit, um Frauen und Mädchen; die utopische Zielsetzung scheint sich halbiert zu haben.

Das ist freilich eine Täuschung. Einige der größten Leistungen der Menschheitsgeschichte beruhen auf der Durchsetzung von Selbstverständlichkeiten. Oder besser: auf der Beseitigung offensichtlich ungerechter Regeln und Verfahrensweisen, die sich eingebürgert, in Staat und Kultur eingefressen und aus fehlgeleiteter Überlieferung verfestigt haben.

Einer der großen Irrtümer abendländischer Kulturgeschichte dürfte in der degradierenden Beschränkung der Frauen auf die drei berühmten K bestehen, auf Kirche, Küche, Kinder. Die Formulierung stammt wahrscheinlich in ihrer Mischung von Wahrheit und Schnoddrigkeit aus Berlin, und ganz bestimmt stammt sie von Männern. Es schwingt ein Hauch Herrenwitz darin mit, der sich augenzwinkernd auf das vierte erlaubte Betätigungsfeld der Frau bezieht, das leider nicht mit K beginnt, sondern mit B.

Dabei hat die Frau in Preußen immer eine bedeutendere Rolle – auch im öffentlichen oder halböffentlichen Leben – gespielt als anderswo. In den Salons ist ein Großteil dessen entstanden, was sich an spezifisch preußischer Kultur entwickelt hat, Aufklärung, Romantik, sogar an politischer Opposition (Beispiel: Bettina von Arnim). Um eine Frau ranken sich die meisten patriotischen Legenden: nicht König Friedrich Wilhelm III. gilt als Retter des Vaterlands, sondern seine Frau, die schöne und lebenslustige Königin Luise, die Napoleon so tapfer in Tilsit gegenübertrat. Weiblicher Charme als preußische Waffe – ob historische Tatsache oder nicht: die Preußen trauen einer Frau mehr zu, als es die Deutschen sonst eigentlich zu tun pflegen. Seit sich der Große Kurfürst seine Gemahlin aus Holland geholt hat (nebst Bauern und Müllern und Bau-

meistern), ist der weibliche Teil des Menschengeschlechts in Preußen zwar nicht durchgehend emanzipiert, wohl aber emanzipierter als selbst, zum Beispiel, in London.
In London wirkt Emmeline Pankhurst als Frauenrechtlerin oder Suffragette, wie es dort heißt. Sie ist zehn Jahre jünger als Helene Lange, 1858 in Manchester geboren, und sie muß in Großbritannien militant auftreten. Achtmal sitzt sie wegen Vergehens gegen die öffentliche Ordnung, Körperverletzung und Brandstiftung in den Gefängnissen ein – das Urbild der kratzenden, beißenden, marschierenden und Steine werfenden Amazone. Helene Lange, und auch dies typisch für Preußen, kann zwar ebenfalls ungemein frech und forsch auftreten, aber ihr schlägt doch aus selbstverständlicher Tradition sehr viel mehr Wohlwollen entgegen. Geboren im Revolutionsjahr 1848, stößt sie in Berlin auf liberale Kreise, die sich, aller Ungunst der politischen Rückentwicklung zum Trotz, in der Hauptstadt erhalten haben. Da ist das Ehepaar Karl und Henriette Schrader, das eine Art von Alt-Berliner Salon weiterführt. Da ist Louise Otto-Peters, die ebenfalls die Ideen von 1848 weiterverfolgt, da gibt es sogar schon Akademikerinnen wie Henriette Tiburtius und Dr. med. Franziska Tiburtius, die allerdings im Ausland studiert haben.
Wichtiger noch: da gibt es Unterstützung von oben. Das Kronprinzenpaar gilt, im Gegensatz zu Bismarck und zum ersten deutschen Kaiser, Wilhelm I., als ausgesprochen liberal. Besonders die Kronprinzessin Viktoria, die spätere Kaiserin Friedrich, eine Engländerin, unterstützt die Tätigkeit der Frauenbewegung und ermöglicht Helene Lange einen Aufenthalt in Großbritannien zum Studium der dortigen Mädchenbildung. Mit den Empfehlungsbriefen der Kronprinzessin öffnen sich ihr selbst Türen, die Ausländern in England sonst verschlossen bleiben.
Das rasche Ende der Ära Friedrichs III., der nach nur 99 Tagen der Regierung an Kehlkopfkrebs stirbt, ist auch das Ende der Hoffnungen nicht nur der Frauenrechtlerinnen.
»Erst als Gerücht«, schreibt Helene Lange in ihren 1921 erschienenen »Lebenserinnerungen«, »dann als lähmende Gewißheit kam die Kunde von der schweren Erkrankung des Kronprinzen. Die Folgen für das

Reich, aber auch für uns Frauen, konnte man sich nicht ohne Schrecken vergegenwärtigen. Vom Prinzen Wilhelm hatten wir gar nichts zu hoffen; seiner Frau fehlte bei gutem Willen doch die tiefe innerliche Beteiligung und das eindringende Verständnis der Kronprinzessin Viktoria; eine ganze Generation – unsere Generation würde aus der Entwicklung herausfallen. Damit war der Frauenbewegung zugleich mit dem Liberalismus der schwerste Schlag versetzt, der sie treffen konnte.«

Die Stellung der Frau in Preußen, die einmal einer genauen Untersuchung wert wäre, hatte, wie alles in der Welt, ihre Vor- und Nachteile. Da man in diesem seltsam widersprüchlichen Land in seiner ebenso widersprüchlichen Geschichte der Frau eine besondere, kulturhistorisch gar nicht einmal unwesentliche Rolle einzuräumen pflegte, jene der Helferin und Förderin, die auszubügeln hatte, was Männer an Wirrwarr und Ungerechtigkeit verursachten, konnte sie sich in Preußen durchaus ein festes Fundament gesellschaftlichen und sozialen Wirkens schaffen. Wiederum ist da die Königin Luise das beste Beispiel. Sie hat Legenden gesetzt und solche revidiert. Sicher ist es nicht ihr allein zu verdanken, daß Napoleon das besiegte Preußen als Staatsgefüge weiterhin duldete (eine für ihn verhängnisvolle Toleranz), aber ganz sicher gehörte sie zu den offiziellen Hochgestellten, die jemandem wie Kleist halfen, unterstützten, ihm das gaben, was er am nötigsten hatte: Resonanz. Das reicht herab bis zur Gutsfrau, die, wenn auch im Schatten ihres Mannes, daheim ein festes und anerkanntes Regiment führte, zu schweigen von den Salons, in denen nicht nur ästhetische Tees abgehalten wurden, sondern in denen auch Adel und Geist zusammentrafen, bürgerliche Mini-Schmelztiegel, die die in Preußen weit klaffenden Standesunterschiede zu überbrücken suchten und deren Bedeutung für Kultur- und Sozialgeschichte man kaum überschätzen kann.

Da war es dann um so schwerer, zu einer wirklichen Emanzipation zu gelangen. Auf der einen Seite hatten sich die Frauen ihren festen Platz im Gesellschaftsgefüge – quer durch fast alle Schichten hindurch – erobert, und es drängte sie kaum zu weiteren Eroberungen. Auf der anderen Seite gab es natürlich – die Herren der Schöpfung! – latenten und

Helene Lange. Foto aus dem Jahre 1893

offenen Widerstand gegen jeglichen Ausweitungsversuch. Helene Lange hat ihn trotzdem gewagt und gewonnen, auf preußisch-kämpferische Weise, selbst Gleichgestimmte warfen ihr bisweilen vor, »wieder einmal mit Genuß einen Oberlehrer verspeist zu haben«. Im Gegensatz zur Pankhurst jedoch geschah dies vor allem mit den Mitteln der Rede (und Schreibe), auf moderne parlamentarisch-demokratische Weise. Es bedurfte allerdings eines Krieges und, wie so oft in der deutschen Geschichte, eines Zusammenbruchs, um das Selbstverständliche zu erreichen.

Helene Lange stammte nicht aus Preußen, sondern aus dem großherzoglichen Oldenburg, einer ländlich-gemütlichen Residenzstadt mit höchst selbstbewußten Einwohnern, meist Handwerkern, Kaufleuten, Ackerbürgern, denen Begriffe wie Revolution oder Industrialisierung nichts als Fremdwörter bedeuteten. Die glückliche Jugendidylle endete allzu früh: beide Eltern – der Vater ein angesehener Kaufmann – sterben früh am Familienleiden, der Tuberkulose; Helene Lange wächst, entfernt von ihren beiden Brüdern, in einem schwäbischen Pfarrhaus auf. Dort geht es ganz anders zu als im heimatlichen Oldenburg. Ihr imponieren die Fülle der Gedanken und Ideen, die tagaus, tagein ins Haus getragen wird, die vielen Diskussionen um theologische, soziale, politische, geistige Themen. Aber sie entdeckt erstaunt, daß bei aller schwäbischen Liberalität es einem weiblichen Wesen versagt bleibt, an derartigen geistigen Höhenflügen teilzunehmen. Sie sind ein Vorrecht der Männer und sollen es, nach Männerart, auch bleiben. Mit anderen Worten: der hochbegabten Schülerin, die man zur weiteren Ausbildung nach Südwestdeutschland geschickt hat, wird eine verlockende Welt vorgeführt – und sogleich wieder entzogen.

Das erregt ihren Widerspruch und jenen Oppositionsgeist, für den sie sprichwörtlich werden und bis ins hohe Alter bleiben soll. Nach Berlin geht sie, um ihr Lehrerinnenexamen abzulegen, aber sie bleibt in der Reichshauptstadt, von einer fünfjährigen Unterbrechung im Ersten Weltkrieg abgesehen (da wird sie in Hamburg tätig), bis zu ihrem Tode, eine »hohe, stattliche Erscheinung mit anscheinend unerschöpflichen Kräften«, wie es Dorothee von Velsen ausdrückt. »Mit großer Lust holte sie nach,

was zu lernen ihr bisher verwehrt worden war, Philosophie und alte Sprachen, gab sich aber auch der Kunstbetrachtung hin; den Geist des deutschen Idealismus, dessen Luft sie unbewußt schon als Kind eingeatmet hatte, hielt sie in sich wach.«

Nicht nur ihn, auch ihren Widerspruchsgeist. Die Schule, an die sie gerät, ist nach damaligen Verhältnissen ungewöhnlich gut, eine Mädchenschule, die, weil es sich um eine private Gründung handelt, durchweg von weiblichen Lehrkräften geleitet wird. Auch das ist ungewöhnlich, weil die Mädchenbildung sowohl in Preußen als auch im übrigen Reich in der Hauptsache männlichen Pädagogen obliegt. Noch 1872 heißt es in der Denkschrift einer Versammlung deutscher Lehrer über eine »der Natur und Wesensart des Weibes« angepaßte Bildung, sie müsse sich in der Hauptsache die Aufgabe setzen, daß »der deutsche Mann nicht durch die geistige Kurzsichtigkeit und Engherzigkeit seiner Frau am häuslichen Herd gelangweilt und in seiner Aufgabe an höhere Interessen gelähmt werde«. Verfasser dieser Denkschrift waren eben jene Pädagogen, die das preußische Unterrichtsministerium als Gremium für Schulfragen hinzuzuziehen pflegte.

Helene Lange lernt diese (und andere) haarsträubende offizielle Äußerungen zu Fragen der Mädchenbildung erst kennen, als die Direktorin der Schule ihr, der Aktivsten im Lehrerinnen-Kollegium, die Leitung der Fortbildungskurse für eben ihre ungenügend ausgebildeten Kolleginnen überträgt. Als es dann 1887 darum geht, die allgemein herrschenden Tendenzen der reaktionären Schulpolitik anzuprangern, verfaßt sie selbst eine Denkschrift, die dem preußischen Kultusministerium sowie dem Abgeordnetenhaus vorgelegt wird, die berühmte »Gelbe Broschüre«, die sie schlagartig weit über die Grenzen der Stadt und des Landes bekannt macht und an die Spitze einer sich erst zaghaft formierenden Frauenbewegung katapultiert.

Da wagt es eine Frau, die Forderung aufzustellen, Mädchen müßten in erster Linie von Frauen erzogen werden. Und zwar »um ihrer selbst willen als Mensch und zum Menschen schlechtweg«, nicht als Spiegelbild und Resonanzboden des Mannes. Die Menschheit, erfahren die staunen-

den Oberpädagogen und Abgeordneten, bestehe aus der Polarität zweier Geschlechter, und sie könne nur wirksam werden, wenn »beide Geschlechter nach ihrem Wesen ungehemmt und frei die Möglichkeit zur vollen Entfaltung« bekämen.
Bei aller Wertschätzung, die Preußen seinen Frauen entgegenbringt, scheint dies doch eine Ungeheuerlichkeit. Sie findet ein ebenso ungeheures Echo in Resolutionen, Gegen-Resolutionen, Karikaturen, Partei- und Abgeordnetendebatten, Erklärungen pro und contra. Um so mehr als Helene Lange anderen, zusätzlichen Zündstoff bereithält. Sie beruft sich zwar auf Schiller, aber ihre pädagogischen Grundsätze klingen den Zeitgenossen trotzdem fast wie eine Lästerung: »Der Mensch vermag das Übersinnliche nur in sinnlicher Form zu denken. Ein aus reiner Geistigkeit gedachtes Dasein kann keine Wirkung auf uns üben. Ebensowenig Wirkung hat auf uns die reine Gottesidee, das kalte Absolute. Den stärksten Einfluß auf uns hat nicht der Gott der Philosophen, sondern der Gott, der auf Erden wandelt, der Mensch ist und doch mehr als Mensch.« Das greift auf Mendelssohn und Nicolai zurück, auf die Aufklärung: Helene Lange macht Berlin wiederum zur Hauptstadt eines Freiheitsstrebens, und diesmal sind es die Frauen, die für die Rechte der Frauen antreten.
1890 nimmt der Allgemeine Deutsche Lehrerinnenverein den Kampf gegen die bis dahin übliche Mädchenbildung auf, die – von Männern beherrscht – auf einem weit minderen Niveau gehalten wird als die Knabenbildung. Vorsitzende des Vereins wird bei seiner Gründung Helene Lange. Unermüdlich wird sie fast ein Menschenalter hindurch praktisch tätig, neue Pädagoginnen heranbildend und – gäbe es ein Äquivalent zum Attribut »mannhaft«, müßte man sagen: »frauhaft« – in Wort und harter Rede sich für die Frauenbildung einsetzend. Dabei redet sie mit Vorliebe, was sie, nicht zu Unrecht, als »Fraktur« bezeichnet – wehe dem Mann, der in öffentlicher oder schriftlicher Diskussion an ihren flinken Geist gerät, der überdies eine flinke (und verletzende) Zunge führt!
Als nächstes packt sie ein weiteres Problem an: das den Frauen in

Deutschland noch immer verschlossene Universitätsstudium. Frauen, die einen akademischen Grad erwerben wollen, müssen entweder in der Schweiz oder in den USA studieren. Ein Stipendium, das das Ehepaar Ferdinand und Louise Lenz für deutsche Studentinnen ausschreibt, wird von den deutschen Universitäten mit deutlichem Hohn abgelehnt. Die älteste derartige Organisation in Deutschland, der 1865 von Luise Otto-Peters und Auguste Schmidt gegründete Allgemeine Deutsche Frauen-Verein, übernimmt daraufhin das Stipendium als Träger und schafft Kurse für Mädchen und Frauen, die sich zur Reifeprüfung im Hinblick auf ein späteres Studium vorbereiten wollen. Neue Vorsitzende des Allgemeinen Deutschen Frauen-Vereins: Helene Lange.
Sie ist es auch, die das Geld für die Kurse auftreibt. Sie ist es, die Bundesgenossen sucht und findet, unter anderem beim Wissenschaftlichen Zentralverein und bei dessen Vorsitzendem Heinrich Rickert, einem Abgeordneten der 1861 gegründeten (liberalen) Fortschrittspartei, der im Parlament auch die Beschränkung der Junker-Privilegien fordert und gegen die antisemitischen Umtriebe etwa des Hofpredigers Stöcker eintritt. Die Geschichte dieser Fortschrittspartei, die sich in Opposition zu dem von Wilhelm I. eingeschlagenen militaristischen Kurs formiert, widerlegt übrigens ein weiteres preußisches oder anti-preußisches Vorurteil. Die Fortschrittspartei findet Zulauf und Unterstützung besonders dort, wo es nach herrschender Ansicht in Preußen besonders reaktionär-konservativ zugeht, nämlich in »Ostelbien«, im angeblichen Junkerland, vor allem in Ostpreußen. Zusammen mit einigen »Alt-Radikalen« aus 48er-Tagen sind es besonders Großagrarier und Beamte, die Bismarck und dem König-Kaiser das Leben schwer machen. Zwar erhoffen sich die Großgrundbesitzer vom Freihandel, den die Fortschrittspartei auf ihre Fahnen geschrieben hat, Vorteile persönlicher Art, aber im Grunde handeln sie gegen ihre eigenen Interessen, eine preußische Form des deutschen Idealismus.
Von ihm ist auch – wir zitierten schon Dorothee von Velsen, ihre spätere Nachfolgerin im Frauen-Verein – Helene Lange geprägt.
Neben ihrer pädagogischen Tätigkeit, ihren Fortbildungskursen, ihren

organisatorischen, rednerischen, schriftstellerischen Aufgaben gründet sie eine Monatsschrift, »Die Frau«, die sie bis zu ihrem Tode redigiert. Sie hat viel zur Durchsetzung der Ideen beigetragen, die damals so revolutionär wirkten und die heute längst Gemeingut geworden sind. »Die Frau« war die wahrscheinlich beste Frauenzeitschrift, die es in deutscher Sprache je gegeben hat.

Übrigens bestanden die ersten Schülerinnen der Fortbildungskurse 1896 ihre Abschlußprüfung mit bemerkenswert guten Resultaten. Hermine Edenhuizen, später eine der geschätztesten Ärztinnen Berlins und Helene Langes Lieblingsschülerin, holt sich sofort das Vorlesungsverzeichnis der Berliner Universität und triumphiert: »Das alles dürfen wir jetzt lernen!« Die Schülerinnen müssen sich zunächst jedoch noch in der Schweiz immatrikulieren (einige sogar im fernen Amerika), aber ein Anfang ist gesetzt. Die Erziehung des Menschengeschlechts wird auch auf jenen nicht unerheblichen Teil desselben ausgeweitet, dem Fortbildung, Berufswesen, Studium bislang versagt waren.

Die temperamentvolle Vorkämpferin für all dies setzt sich im übrigen genauso temperamentvoll gegen die »feministische Gedankenanarchie« unter den Frauenrechtlerinnen zur Wehr, die sie zum Teil sogar in den eigenen Reihen aufkeimen sieht. Das englische Suffragettentum lehnt Helene Lange kurzweg ab: Frauen sollten nicht mit männlichen Mitteln kämpfen.

Darin entspricht sie übrigens durchaus einem Emanzipationsideal, wie es in England, freilich erheblich später, Virginia Woolf umreißt, gewiß eine der bedeutendsten Schriftstellerinnen – und liberalsten Feministinnen – des 20. Jahrhunderts. Ihr Ziel ist vor allem anderen so etwas wie die innere Freiheit der Frau. Für den Mann, sagt sie in ihrem Essay »Ein Zimmer für sich allein« (1928), sei die Frau »eine Art Vergrößerungsspiegel«. Wenn die Frau anfangen würde, die Wahrheit zu sagen, wäre der Mann verloren »wie ein Süchtiger beim Entzug«. Erst seit dem Wirken der Suffragetten aber sei bei männlichen Autoren das »unaufhörliche Bedürfnis nach Selbstbestätigung« entstanden, das ihre Bücher für Frauen so langweilig mache: man wisse immer alles schon im voraus. »Es

Helene Lange. Foto um 1907

wäre tausendmal schade, wenn Frauen wie Männer schrieben oder wie Männer liebten oder wie Männer aussähen. Sollte die Erziehung nicht die Unterschiede verstärken? Denn in Wirklichkeit haben wir zuviel Ähnlichkeiten.« Es geht Virginia Woolf um die »außerordentlich komplexe Kraft der Feminität«, die geweckt und etabliert werden muß. Erst dann wird es eine wahre Gleichberechtigung der Geschlechter geben können und, eventuell, eine »Vereinigung der Gegensätze«. Nicht Mann statt Frau oder Frau statt Mann, sondern Frau und Mann = Mensch. Ohne derartige gegenseitige Emanzipation keine wie auch immer geartete neue Gesellschaft mit gerechten Möglichkeiten zur Entfaltung für alle.
Solche – von der modern-nostalgischen Frauenbewegung häufig mißachteten – Erkenntnisse entsprechen in ihrer ethischen Substanz durchaus der zur Berlinerin gewordenen Helene Lange, auch wenn diese sich notgedrungen leitartikelhafter ausdrückt als die Dichterin.
Virginia Woolfs erster Roman, »Orlando«, übrigens im gleichen Jahr veröffentlicht wie das »Eigene Zimmer«, ist einer Freundin gewidmet, Vita Sackville-West. Er setzt, so Hedwig Rohde in direkter Umschreibung, »die lesbische Komponente poetisch bildhaft um, ohne Tabuverletzung«. Obwohl Helene Lange sich scharf gegen alle Tabuverletzungen wendet, wie sie als »Neue Ethik« von Teilen der Frauenbewegung propagiert werden (sie erscheinen den Frauen um Helene Lange, Gertrud Bäumer oder Marianne Weber zumindest als solche), spielt doch die homoerotische Komponente auch in ihrem Leben eine entscheidende Rolle. Sie hat gerade ihre Zeitschrift gegründet, da lernt sie Gertrud Bäumer kennen, die damals schon an der Berliner Universität studiert oder besser: studieren darf. Die um ein Menschenalter Jüngere stellt sich dem Vorbild seit Jugendjahren – ein Vortrag Helene Langes in Magdeburg hat sie einst zum Weiterstudium veranlaßt – an die Seite, bedingungslos, wenn auch ohne Unterwürfigkeit: eine Liebende.
Die seit langem überlastete Helene Lange kann Liebe und Hilfe brauchen. Es hat sie nämlich eine rätselhafte Krankheit befallen, der die Ärzte nichts entgegenzusetzen haben. Quälende Kopfschmerzen setzen ein und haben eine Verminderung, zum Teil sogar ein völliges Aussetzen

Helene Lange

ihrer Sehkraft zur Folge. Bald ist es Helene Lange nicht mehr möglich, ein Buch oder eine Zeitung zu lesen; ihre Kurse muß sie aufgeben, und es zeugt für ihre Liberalität, daß sie einen Mann zum Nachfolger einsetzt. Im Kampf um die Mädchenbildung und in den Vereinen ist sie allerdings unersetzlich: alle Fäden laufen inzwischen bei ihr zusammen. Das wird so bleiben, weil Gertrud Bäumer da ist und bleibt – eine Lebensgemeinschaft. Zum Entsetzen biederer Bürger ziehen die beiden sogar zusammen in ein freistehendes Haus im damals noch ländlichen Vorort Halensee, wohin auch die Redaktion der »Frau« verlegt wird.
Erst Jahre später gelingt es der medizinischen Forschung, hinter die Geheimnisse des Hochdrucks im Augenhintergrund zu gelangen. Als Helene Lange es erfährt, läßt sie ihr Glaukom sofort operieren. Energisch und, wie üblich, keinen Widerspruch duldend, besteht sie auf einer Operation in der nächsten Minute, dem Chirurgen bleibt nicht einmal Zeit für eine örtliche Betäubung. Obwohl bei einem Auge eine dauerhafte Schädigung zurückbleibt, wird sie bis zuletzt sämtliche Korrekturen ihrer Zeitschrift selbst lesen und deren Redaktion niemals in andere Hände legen.
Ansonsten muß sie im Laufe der Krankheitsjahre vieles abgeben, und sie tut es mit Geschick und unter Wahrung ihrer Ideale. Zu den Eiferinnen hat sie wenig Vertrauen; das letzte Wort behält sie sich unter allen Umständen vor. Ihr kommt es auf die Bewährung ihrer Ideen im Alltag an. Die Eroberung der Frauenrechte muß in kleinen Schritten vor sich gehen, auf geistiger Ebene, aber ebensosehr auf dem Gebiet der kommunalen Politik. Als Gertrud Bäumer die Aufgabe übernimmt, in Hamburg eine soziale Bildungsstätte für Frauen einzurichten, folgt die bald Siebzigjährige der Lebensgefährtin und erlebt in der Hansestadt die schweren Jahre des Ersten Weltkriegs. 1919 rechnet sie es sich zur hohen Ehre an, die erste Sitzung der neuen Hamburger Bürgerschaft als Alterspräsidentin zu eröffnen. Da haben die deutschen Frauen zumindest theoretisch erhalten, wofür Helene Lange ein Leben lang gekämpft hat: die staatsbürgerliche Gleichberechtigung, die jetzt sogar von der Verfassung garantiert wird. Siege sind oft Niederlagen und Niederlagen Siege. Das gilt vor allem für die preußische und, ab 1870, deutsche Geschichte.

Unter diesen Umständen treibt es Helene Lange nach Berlin zurück. Sie berät weiterhin ihre Nachfolgerinnen in den Organisationen, redigiert unermüdlich ihre Zeitschrift, wird auch oft von den Frauen hinzugezogen, die inzwischen im deutschen Reichstag und in den Landtagen Sitz und Stimme haben. Mitunter begleitet sie Gertrud Bäumer, wenn diese die Reichsregierung beim Völkerbund in Genf vertritt, eine ehrwürdige Greisin, die auf vieles verzichtet hat, um eine Lebensaufgabe zu erfüllen, die man getrost als eine preußische bezeichnen darf, mit Mut nach außen und Disziplin nach innen.
Noch auf dem letzten Krankenlager, 1930 in der Klinik ihrer Schülerin Dr. med. Edenhuizen, stellt die 82jährige eine Frage, die sie gewohnterweise gleich selbst beantwortet: »Meinen Sie, es sei schwer zu sterben? Sterben ist leicht – leben, darauf kommt es an!«

13 Rosa Luxemburg oder Menschsein ist vor allem die Hauptsache

In England würde man den Preis gewiß Churchill geben. In Deutschland lägen zwei Kandidaten nahe – merkwürdig, welch einen guten Stil doch oft Strategen schreiben! Es geht um den (imaginären) Preis für die beste Prosa eines Nicht-Schriftstellers, und beide, Helmuth von Moltke und Rosa Luxemburg, haben ein Deutsch geschrieben, das sich mit dem der Größten unserer Sprache messen kann und das die Minderen bei weitem übertrifft an Schlagkraft, Glanz und Eleganz. Wenn Stil tatsächlich Charakter sein sollte, wie Buffon nahegelegt hat, muß man beiden Klarheit und Lauterkeit des Charakters bescheinigen.

Moltke und Rosa Luxemburg trennen Welten, gewiß. Die Hauptbegabung war ihnen wohl gemeinsam, die einer denkerischen Strategie, einer Unterordnung auch unter das theoretisch erworbene intellektuelle Ideal (wenn sie nicht in der Sprache, in ihrer Formulierungskunst gelegen haben sollte – man kann bei beiden bedauern, daß sie nicht Schriftsteller im Hauptberuf geworden sind, vielleicht sogar Dichter). Aber was wäre ihnen, mit Ausnahme der Tatsache, daß Moltke wie Rosa Luxemburg über weite Strecken hinweg taktisch-politisch oder militärisch zu planen verstanden, gemeinsam? So gut wie nichts. Gehört Rosa Luxemburg überhaupt in diese Reihe? Sie war und ist die Liberalste unter den Marxisten und Kommunisten. Aber eine Preußin war sie nicht, so vollkommen sie die deutsche Sprache beherrschte, übrigens auch die polnische. »Wenn Polen die polnisch geschriebenen Aufsätze Rosa Luxemburgs lesen«, schrieb 1939 der eben aus einem deutschen Konzentrationslager entkommene Luxemburg-Biograph Paul Frölich, »geraten sie in Entzükken über den Stil, seine Kraft und prangende Schönheit.«

Trotzdem besteht ein intimer Zusammenhang zwischen ihr und Preußen, ein tödlicher Zusammenhang sogar. Ihr Tod, aber auch das, was man ihren humanitären Idealismus nennen könnte, haben ihr Leben und Wirken eng mit dem des deutschen Kernlandes verwoben: Stil ist wohl sogar noch mehr als Charakter, er kann zum Schicksal werden. Ein anderer, späterer Biograph, Helmut Hirsch, hat sie geradezu »als slawischen Brückenpfeiler zwischen der östlichen und der übrigen Zivilisation« bezeichnet, was der Wahrheit ebenfalls entsprechen dürfte.

Rosa Luxemburg ist in Zamost (polnisch: Zamość) geboren, in Galizien, das jüngste von – wahrscheinlich – fünf Kindern des jüdischen Holzhändlers Eliasch Luxenburg. Genau weiß man nicht, wie viele Kinder er hatte, die Angaben schwanken, auch die über den Namen, ihr Bruder Józef, ein Arzt, heißt noch fünfzig Jahre später Luxenburg, wie überhaupt Rosalie, die sich auch Ruscha nennt, uns weitgehend in Unklarheit über ihre Jugend gehalten hat. Wir kennen noch nicht einmal ihr exaktes Geburtsdatum; es schwankt zwischen dem 5. 3. 1870 und dem 25. 12. 1870, bisweilen auch 1871. Die Angaben stammen aus diversen Quellen, die sich wiederum auf die vielen Pässe beziehen, die Rosalie oder Rosa im Laufe ihres ereignisreichen Lebens – unter vielen Namen, so Kruszyńska, Matschke oder Budilowitsch – besessen und benutzt hat, fand doch ihre Tätigkeit auf weiten Strecken im Untergrund statt, in der heimlichen Vorbereitung von Umwälzung und Revolution.
Der Vater ist übrigens in Deutschland zur Schule gegangen, und auch die Mutter, eine geborene Löwenstein, stammt aus dem deutschen Kulturkreis. Als Rosa drei ist oder um die drei, zieht die Familie nach Warschau, in eine finstere Mietskaserne. Die begabte Tochter erhält auf dem Mädchengymnasium eine ungewöhnlich gute Ausbildung.
Woher ihre frühe, schon als Gymnasiastin vollzogene endgültige Abwendung von bürgerlich-jüdischer Gesinnung, in der sie doch aufwächst, herrührt, können wir ebenfalls nur ahnen. Drei große gesellschaftliche Hindernisse stehen ihr im Wege: sie ist Polin (und auf dem Mädchengymnasium darf nur russisch gesprochen werden), sie ist Jüdin (und was das bedeutet im Urland der Pogrome, läßt sich unschwer nachvollziehen), und sie ist eine Frau (also ohnehin, wie wir heute sagen würden, »unterprivilegiert«). Man darf auch nicht verschweigen, daß sie ausgesprochen häßlich ist mit übergroßer, fleischiger Nase, vorstehenden Lippen und einem angeborenen Hüftleiden, einer doppelseitigen Hüftgelenkverrenkung, dazu beinahe winzig klein im Wuchs. Einen Buckel, wie politische Gegner ihn ihr gern noch zusätzlich angehängt hätten (und haben), hat sie nicht gehabt, wenn auch die Verwachsung einen »häßlichen Gang« bedingt, wie es die Freunde, ein »Watscheln«, wie es die weniger Wohl-

Rosa Luxemburg. Foto aus jungen Jahren

meinenden ausdrücken. Das sind vier Behinderungen, vier elementare Erfahrungen, denen sie nichts entgegenzusetzen hat außer ihrem Talent. Sie wird es derart rückhaltlos einsetzen, daß sie sich unter ihren Feinden haßvollen Respekt, aber unter ihren politischen Freunden beileibe nicht nur Hochachtung verschafft. Die Liste derer, die sie als »hysterisch« oder als eine »reine Krakeelerin« bezeichnen, reicht auch bei den Linken, den Sozialisten und Marxisten, zu denen sie sich von Jugend auf bekennt, von rechts bis links, das heißt von Bebel, dem führenden deutschen SPD-Politiker, bis Lenin, dem Führer des bolschewistischen Flügels der sich anbahnenden russischen Revolution.

Auch das hängt mit ihrer extremen Sprachbegabung zusammen, die sie immer wieder dazu verleitet, im persönlichen Engagement, in der direkten Polemik übers Ziel hinauszuschießen. In vielen Zungen gleich flüssig (und spitz), wird sie auf den Rednerpulten der Arbeiterbewegung stehen, der internationalen und, vor allem, der deutschen und polnischen. Sie spricht, wie sie schreibt, auch in den Massenversammlungen: klar, einfach, gemeinverständlich, mit kritischem Humor, der selbst vor ihren eigenen Thesen nicht haltmacht. Sie kennt keine roten Götzen, hat keinerlei Respekt vor Altüberliefertem, auch nicht der Arbeiterbewegung — das macht sie vor allem Arbeitern so sympathisch. »Sparsam in großen Worten und Gesten, wirkte sie allein durch den Inhalt ihrer Reden, und nur die silberhelle, volltönende und melodische Stimme, die ohne Anstrengung einen großen Saal füllte, kam ihr zu Hilfe«, berichtet Paul Frölich. Aber soweit ist es noch nicht. 1889 flieht das junge Mädchen, das in der Heimat keine Chance hat, nach bestandener Matura, in einem Strohwagen versteckt, über die deutsch-polnische Grenze. In Russisch-Polen kann, ebenso wie in Preußen, eine Frau kein Universitätsstudium absolvieren; und ein Studium ist ihr erstes Ziel. Zusammen mit ihrer frühen Liebe, Leo (Löw) Jogiches, der sich, noch abenteuerlicher, unter einer Ladung Lehm regelrecht einbacken läßt, setzt sie sich in die Schweiz ab, wo sie sich an der Universität Zürich immatrikulieren kann. Das Liebespaar wird in Emigrantenzirkeln sofort auch politisch aktiv, gründet eine neue Sozialdemokratische Partei Polens, sowie eine Pariser Zeitschrift,

»Sprawa Robotnicza« (Sache der Arbeiter), die Rosa Luxemburg unter einem ihrer vielen Decknamen und Pseudonyme verantwortlich leitet.
Leo Jogiches, ein seltsamer, gutaussehender Mann, eine gepflegte Erscheinung, Berufsrevolutionär unter vielen Namen, Grosovski, Tyschko und anderen, wird von einem dritten Biographen, Peter Nettl, als »von herrschsüchtiger Eifersucht erfüllt und zudem etwas wie ein Sadist« geschildert. Unter all den vielen Kameraden, denen Rosa Luxemburg zur Seite stand, ist er derjenige, dem zuliebe sie vieles aufgegeben hätte. Ähnlich nahe wird ihr später nur Hans Diefenbach kommen, der im ersten Weltkrieg fällt. Nach Ende des Studiums widmet Rosa ihrem Leo glühende Liebesbriefe – 725 sind erhalten und noch nicht einmal alle ediert. Von ihm wünscht sie sich sogar ein Kind, »vielleicht noch ein kleines, ganz kleines Baby«, mit ihm streitet sie erbittert, an ihm verzweifelt sie oft genug, aber bis zur endgültigen Trennung von dem Revolutionär, der zugleich Casanova und Othello scheint – sie erfolgt wegen eines Seitensprungs des Freundes –, ist er ihr Mann, ihr Geliebter, ihr Gatte (als all dies wird er von ihr apostrophiert), übrigens ein ausgesprochener Schöngeist. Als Rosa ihm aus Berlin einmal einen Stich von William Turner zum Weihnachtsfest schickt (auf Weihnachten und »Christkindel-Gaben« legt sie ihr Leben lang großen Wert), moniert er, daß es eine Barbarei sei, reiner Vandalismus, das Blatt nicht in der Sammelmappe zu belassen, in die es gehöre. Politisch trennen sich die beiden im übrigen nie: Jogiches wird wie Rosa Luxemburg und Karl Liebknecht als Spartakist in Berlin ermordet werden.
Rosa Luxemburg zieht es von der schon damals so sicheren Schweiz ins unsichere Berlin, nach Preußen (in eine Stadt, die sie nicht mag, einen Staat, den sie haßt). Da Ausländern in Preußen jedoch jegliche politische Tätigkeit untersagt ist, wendet sie einen Trick an, der zudem garantiert, daß man sie nicht gleich wieder ausweisen kann. Sie heiratet, wenn auch nur pro forma, Gustav Lübeck, den etwas einfältigen Sohn des Karl Lübeck, dem Rosa Luxemburg in Basel zeitweilig den Hausstand geführt und dem sie als Sekretärin gedient hat. Karl Lübeck, ein obskurer, reichlich bohemesker sozialistischer Schriftsteller, ist zwar inzwischen gestor-

ben, aber seine ebenfalls kurios-bohemehafte Witwe, Olympia, zwingt den sich heftig sträubenden 24jährigen Sohn, einen Gelegenheitsarbeiter, zu diesem freundschaftlichen Schritt, der ihm übrigens nichts als Schererei bringt. Als sich Rosa ein paar Jahre später von ihm scheiden läßt, muß der arme Kerl auch noch die Unkosten der Scheidung tragen. Obgleich nahe Zürich geboren, besitzt er — und nunmehr auch seine Pseudo-Gattin — die preußische Staatsangehörigkeit. Als Frau Lübeck begibt sich Rosa Luxemburg mit preußischem Paß nach Berlin.

Warum Berlin? Man darf nicht vergessen, daß Berlin damals die Hauptstadt eines Landes ist, das im Osten auch weite Landstriche umfaßt mit einer überwiegend polnischen Grundbevölkerung, Oberschlesien, besonders aber die Provinz Posen. Rund dreieinhalb Millionen Polen leben in den deutschen Reichsgrenzen (eine Million mehr, als Berlin Einwohner hat), darunter nicht wenige auch an Rhein und Ruhr. Ihre Vertretung übernimmt Rosa Luxemburg, etwas eigenmächtig, insgesamt aber durchaus zu Recht innerhalb der Arbeiterbewegung, der Sozialdemokratie. Die deutsche Sozialdemokratie hat im Kaiserreich, parallel dem industriellen Aufschwung nach dem gewonnenen Deutsch-Französischen Krieg und zusammen mit den Gewerkschaften, in den neunziger Jahren an Ansehen und Macht erheblich gewonnen und ist zu einer latenten politischen Kraft herangewachsen, gegen die sich Arbeiterbewegungen in anderen Ländern — vielleicht mit Ausnahme Rußlands — kärglich ausnehmen.

Rosa Luxemburg kommt übrigens nicht als Frau Lübeck nach Berlin, wo sie sich in der Cranachstraße 58 niederläßt, in Friedenau — ihre Nachbarn sind Luise und Karl Kautsky, der führende marxistische SPD-Theoretiker, bald gute Freunde —, sondern als Frau Dr. Lübeck. 1897 hat sie magna cum laude (Doktorarbeit: »Die industrielle Entwicklung Polens«) promoviert, bei dem liberalen Nationalökonomen Julius Wolf, der zwar beklagt, daß seine Schülerin »fertig als Marxistin aus Polen und Rußland« zu ihm gekommen sei, der sie aber trotzdem als die begabteste aller seiner Schüler bezeichnet. Sie hat übrigens in Zürich lange studiert, sieben Jahre lang, und vielerlei, neben Nationalökonomie unter anderem Jura, Botanik, Zoologie — Pflanzen und Vögel beschäftigen

sie bis zu ihrem Lebensende und sind ihr ein besonderer Trost in den langen Gefängnisjahren, die ihr bevorstehen —, auch Philosophie, Pädagogik und Völkerrecht. All dies Wissen kann sie in Zukunft nur zu gut gebrauchen.
Denn im Kreise der deutschen Sozialdemokratie reüssiert sie augenblicklich. Sie lebt zwar zunächst zurückgezogen in ihrem Berliner Heim, im Grunde eine leicht verwundbare Künstlernatur und radikal nur in ihren politischen Ansichten, aber in Zeitungsartikeln, zum Teil als Redakteurin (nie lange, weil sie viel zu hohe Ansprüche an die jeweiligen Redaktionen stellt), in öffentlichen Reden und auf den Parteitagen profiliert sie sich rasch. Gestützt auf die nicht eben mächtige oder zahlreiche Sozialdemokratie der Ost-Provinzen, in denen sie polnisch zu den Polen sprechen kann, entspricht ihr Hintergrund zwar kaum dem Ansehen und der Bedeutung, die sie bald als Rednerin, Theoretikerin, Taktikerin gewinnt, aber es gehört zu ihren Grundsätzen, daß in der Arbeiterbewegung die kleinen Mitglieder genauso gehört werden sollten wie die großen, zahlenmäßig übermächtigen. Wie anders unterschiede sich sonst die Arbeiterbewegung von den feindlichen feudalen und »imperialistischen Kräften«? So nimmt sie in der Sozialdemokratie, witzig, überlegen, aber auch fast alle Mitstreiter verletzend, stets den extremen linken Flügel ein, aber links heißt bei ihr zugleich demokratisch und liberal. In ihrem berühmtesten Aufsatz, den sie 1918 in preußischer Haft schreibt und in dem sie sich kritisch mit den Ergebnissen der russischen Oktoberrevolution auseinandersetzt, eine Anti-Leninistin und Anti-Stalinistin, fallen die ebenso berühmten und vielzitierten Sätze, es sei » . . . eine offenkundige unbestreitbare Tatsache, daß ohne freie ungehemmte Presse, ohne ungehindertes Vereins- und Versammlungsleben gerade die Herrschaft breiter Volksmassen völlig undenkbar ist . . . Freiheit nur für Anhänger der Regierung, nur für Mitglieder der Partei — mögen sie noch so zahlreich sein — ist keine Freiheit. Freiheit ist immer nur Freiheit des anders Denkenden . . .« Und, ebenfalls aus dem Breslauer Gefängnis, schreibt sie einen Brief an Mathilde Wurm, eine Freundin und Genossin, als Neujahrsgruß, in dem sie diese wegen ihrer larmoyanten politischen Haltung

bitter anklagt und ankündigt, sie werde, sofort nach Freilassung, »Eure Froschgesellschaft jagen und hetzen mit Trompetenschall, Peitschengeknall und Bluthunden, – wie Penthesilea, wollte ich sagen, aber Ihr seid bei Gott keine Achilleus«. Doch solcher kriegerischen Drohung folgt als weiteres Credo sofort auf dem Fuße: »Dann sieh, daß Du Mensch bleibst: Mensch sein ist vor allem die Hauptsache. Und das heißt: fest und klar und heiter sein, ja heiter trotz alledem und alledem, denn das Heulen ist Geschäft der Schwäche.«

Die Luxemburg war keine Pazifistin, aber sie lehnte aus Verstandesgründen (und aus bitter erfahrener Überzeugung) den Krieg als Fortsetzung der Politik ab. Politik war für sie nichts anderes als »in der Hauptsache Mensch bleiben«, ganz besonders republikanische, in ihrem Sinn marxistische, sozialistische, kommunistische Politik. Nicht ohne Grund wird darum Rosa Luxemburg – dies eine Formulierung vom Gründungsparteitag der KPD, 1969 – als »Vorläuferin, ja die eigentliche Begründerin des demokratischen Kommunismus« bezeichnet, wie er später, lange nach ihrem Tode, in der ČSSR offen zutage trat und alsbald mit Waffengewalt zertrampelt wurde, wie er auch als »Eurokommunismus« vor allem unter italienischen und französischen Kommunisten weiterwirkt.

In Berlin, in der Cranachstraße, ab 1911 in Südende, Lindenstraße 2, nimmt die polnische Jüdin Züge preußischer Strenge an. Die Umgebung, die sie nicht mag – ihre Briefe strotzen von Sottisen gegen Berlin, Preußen, die Menschen, sogar die Freunde –, färbt trotzdem auf sie ab, ob sie will oder nicht. Ihre mächtige Prosa wächst heran, sie liest sich nicht nur in die marxistischen Klassiker weiter ein, die sie kritisch betrachtet und – auch den Altvater Marx – verbessert, neu durchdenkt, sogar umschreibt, sondern auch in die deutsche Sprache; sie findet ihren eigenen, unverwechselbaren Stil. Mögen die Genossen Bebel, Kautsky, Liebknecht Vater und Sohn, Mehring und der Aristokrat unter den Sozialdemokraten, von Vollmar, auch immer wieder aufgebracht sein über ihre anmaßende Art, die keine Kompromisse duldet, wohl aber stets zu keineswegs immer harmlosen Späßchen aufgelegt ist (dem prüden und etwas starrsinnigen Bebel schiebt sie auf einem Lübecker Parteitag einen Zettel

Rosa Luxemburg mit Luise Kautsky. Amateurfoto

in die Tasche, auf dem er entsetzt liest: »Aujust, ick liebe dir!«), sie ist im sozialdemokratischen Führungskreis bald unentbehrlich in ihrer Formulierungsgewandtheit und Unbedingtheit, mit der sie die Ziele der Internationale verfolgt – ein Hecht im Karpfenteich der bereits mit politischer Verantwortung liebäugelnden deutschen Sozialdemokratie.

Im Januar 1904 attackiert sie scharf Lenins Organisationsprinzipien; »das Heilmittel gegen die Mängel der Demokratie, das Lenin und Trotzki in der völligen Abschaffung der Demokratie erblickt hatten, hielt sie für verderblich«, fassen Elisabeth und Heinrich Hannover Rosa Luxemburgs Überzeugung kurz zusammen. Im gleichen Monat kritisiert sie auch Kaiser Wilhelm II. (»Der Mann, der von der guten und gesicherten Existenz der deutschen Arbeiter spricht, hat keine Ahnung von den Tatsachen«) und handelt sich damit ihre erste Gefängnisstrafe ein wegen Majestätsbeleidigung. Sie muß diese in Zwickau abbüßen, wird jedoch bald amnestiert, weil der sächsische König Albert stirbt. »Sie wollte«, berichtet Frölich, »auf keinen Fall die gastliche Zelle verlassen und war empört, daß man ihr, der Republikanerin, zumutete, sich von einem König etwas schenken zu lassen. Schließlich mußte sie dem sanften Zwang weichen und den Marsch in die Freiheit antreten.«

In Warschau, 1905, wird es schon gefährlicher. Da nimmt sie an einem Volksaufstand teil, den sie acht Wochen lang unerkannt mitschüren hilft, ehe sie – übrigens zusammen mit Leo Jogiches – verhaftet und in den Kerker geworfen wird. Einmal droht man ihr mit der Erschießung, man hat ihr die Augen bereits verbunden: »Ich schämte mich, weil ich fühlte, daß ich erbleichte.« Da hilft ihr die Familie aus der Patsche, der Bruder eilt herbei und stellt die erforderliche Kaution. Sie wird ihm übrigens in einer Art von Drahtkäfig vorgeführt, »in einem ziemlich dunklen Winkel des Zimmers«, wie sie selbst mit offenbar nie versiegendem Humor und ohne jede Wehleidigkeit beschrieben hat, »und mein Bruder drückte sein Gesicht ziemlich dicht an den Draht. ›Wo bist du?‹ frug er immer und wischte sich vom Zwicker die Tränen, die ihn am Sehen hinderten.« Rosa Luxemburg kann sich über Finnland retten und nach Berlin zurückkehren.

1907 beginnt sie dann, nach einigem Zögern, mit der Arbeit in der »Parteischule«, in der begabte Genossen geschult werden, wochenlang und völlig kostenlos, sogar die Familie wird von der SPD unterstützt. Zu ihren Schülern zählen im Laufe der Jahre unter anderem Friedrich Ebert, der erste Reichspräsident der Deutschen Republik nach dem Ersten, und Wilhelm Pieck, der zweite Präsident der DDR nach dem Zweiten, noch verheerenderen Weltkrieg. In diesen Kursen — und in ihrem wichtigsten Buch, »Die Akkumulation des Kapitals«, eine gelinde Revision Marxscher Thesen — legt sie sich fest auf den Gedanken eines demokratischen Sozialismus: keiner Diktatur, wohlgemerkt. Das Proletariat scheint ihr der einzige Garant für den Frieden und soll herrschen, aber Andersdenkende respektieren, damit es selbst respektiert werde.

Den Ersten Weltkrieg verlebt Rosa Luxemburg fast ganz im Gefängnis. Zunächst wieder einmal wegen Majestätsbeleidigung verurteilt, später in »Schutzhaft« genommen, wird sie durch nicht weniger als neun Haftanstalten geschleust. Trotzdem bleibt sie am Ball, kann Artikel und Broschüren schreiben, greift sie in die schweren Richtungskämpfe ein, die die Sozialdemokratie erschüttern. Ein Teil hat sich, in frisch erwachtem Patriotismus, dem allgemeinen kaiserlichen Kurs angeschlossen (»Ich kenne keine Parteien mehr, ich kenne nur noch Deutsche!«). Sogar Karl Liebknecht, mit Rosa Luxemburg sonst stets am linken Flügel der Sozialdemokratie, stimmt anfänglich für die Rüstungskredite, erklärt dann aber am 1. Mai 1916 auf einer riesigen Friedensdemonstration auf dem Potsdamer Platz seinen Widerruf: »Nieder mit dem Krieg! Nieder mit der Regierung!«, was ihm eine über vierjährige Zuchthausstrafe einbringt.

1918 ist der Spuk vorbei. Karl Liebknecht und Rosa Luxemburg, letztere krank, geschwächt und schlohweiß geworden, werden entlassen; ihr Weg zurück in die Reichshauptstadt gleicht einem Triumphzug.

Die folgenden Wirren sind bekannt; sie gehören zu unserer jüngsten Zeitgeschichte. Sozialdemokraten, jetzt ganz und gar untereinander zerfallen, übernehmen die politische Verantwortung, nachdem Philipp Scheidemann, etwas voreilig — er war noch am Morgen kaiserlicher

Staatssekretär — am Mittag des 9. November die »Freie Deutsche Republik« ausgerufen hat. Ebert, der, nach eigenem Bekenntnis, »die Revolution haßt wie die Pest«, empfängt aus der Hand des letzten kaiserlichen Reichskanzlers, Prinz Max von Baden, das Kanzleramt (er träumt eher von einer konstitutionellen Monarchie nach englischem Vorbild und mit einer Labour-Regierung). Karl Liebknecht ruft dagegen eine »Freie Sozialistische Republik Deutschland« aus, der sich Rosa Luxemburg, als sie am nächsten Tag in Berlin eintrifft, rückhaltlos anschließt. Beide gründen den »Spartakus-Bund«, die Keimzelle der späteren KPD, und obwohl Rosa Luxemburg zur Mäßigung aufruft — sie streitet sich sogar mit dem alten Kampfgenossen Liebknecht, als dieser mit bewaffneten Stoßtrupps Zeitungsredaktionen besetzt —, kommt es zum erbitterten Kampf.

Es stehen auf beiden Seiten Sozialisten. Die einen wollen die parlamentarische Demokratie, die anderen die Räterepublik. Die Sozialdemokraten um Ebert rufen freilich jene reaktionären Kräfte zu Hilfe, gegen die sie einst angetreten waren: das Militär, das eben den Krieg verloren hat. Der Kampf wird auf beiden Seiten brutal genug geführt wie jeder Bruderkrieg.

Der sozialdemokratische Reichswehrminister Noske (»Einer muß der Bluthund sein«) nimmt die Verantwortung auf sich — wobei hinzuzufügen ist, daß die Fronten nicht so einfach verlaufen, wie es manche neomarxistische Autoren uns vorspiegeln möchten. Das Heer der »Frontkämpfer« kämpft nur zu einem kleinen Teil für die Wiederherstellung »alter imperialistischer Ordnung« — der Kaiser ist auch bei ihm unpopulär und Demokratie die Parole. Einen weltgeschichtlichen Augenblick lang scheint sich das preußisch-deutsche Militär tatsächlich auf die parlamentarische Demokratie festgelegt zu haben. Es ist dies aber auch das Todesurteil für Rosa Luxemburg, Karl Liebknecht, Spartakus und, letztlich, das Preußens und des Deutschen Reiches. Die Mitschuld des rechten SPD-Flügels bleibt bestehen, aber wer nun »recht« hatte, die »Rechten« oder die »Linken«, wird historisch nur schwer zu entscheiden sein. Eine parlamentarische Grundordnung, wie sie in der Bundesrepublik besteht, ist so unsozial nicht, und sie wird ja tatsächlich seit 1945 von der Sozialdemokratie – in Opposition und staatlicher Verantwortung – mitgetragen. Andererseits wurde das Erstarken des rasch wieder in nationalistische Fronten einschwenkenden Militärs der Weimarer Republik zum Verhängnis. Ebert hatte, auf seine Weise, recht, es mit einem Kompromiß zu versuchen, und Rosa Luxemburg, die Kompromißlose, auch. Eine tragische Situation mit einem für alle Beteiligten tragischen Ende.

Am 15. Januar 1919, der Aufstand der Sozialisten gegen die Sozialisten ist zusammengebrochen, Liebknecht und Rosa Luxemburg müssen sich verbergen, werden beide in Wilmersdorf, in der Mannheimer Straße 43, bei Freunden verhaftet. Ins Eden-Hotel gebracht, ein Hauptquartier der republikanischen Truppen, wird die Hilflose von den Offizieren verhöhnt (»Da kommt Röschen, die alte Hure«), mit Kolbenschlägen niedergeknüppelt und endlich erschossen. Den Leichnam versenkt man in den Landwehrkanal, aus dem er erst, schon fast verwest, am 31. Mai geborgen werden kann. Daß Liebknecht auf der Flucht erschossen wurde und Rosa Luxemburg von einer aufgebrachten Menschenmenge gelyncht, wie es später gern beschönigend von rechts dargestellt wurde, ist schlicht unwahr. Auch haben die nachfolgenden Prozesse dem Rechtsverständnis der neuen Republik nicht eben ein günstiges Zeugnis ausgestellt. Einen der Verantwortlichen läßt man entfliehen, und er wird, unter stillschweigender Billigung der SPD, schon nach 1½ Jahren amnestiert, der andere, im Dritten Reich hoch belohnt und ausgezeichnet, das Ganze, übrigens mit Hilfe von Hitlers späterem Geheimdienstchef Canaris, noch unter Weimar weitgehend vertuscht – daß Canaris dann eben Hitler zum Opfer fiel und von ihm nicht weniger bestialisch gehenkt worden ist, gehört zu jener furchtbaren Geschichtsironie, an der die letzten Jahrzehnte Preußens so überreich sind.

Zu ihr gehört auch, daß sich ausgerechnet jene Taubenseele, die wortmächtigste Friedenskämpferin, die der Sozialismus je gehabt hat, diejenige, die sich unter allen Umständen zuerst mit den Leidenden und auf keinen Fall mit den Herrschenden identifizieren mochte, in einen sinnlosen und von vornherein zum Scheitern verurteilten Aufstand verwickeln ließ oder, sagen wir besser: verwickeln mußte. Wenn es überhaupt linke Preußen geben sollte (man könnte ganz sicher eine andere Frau, Bettina von Arnim, zu ihnen rechnen), dann war, dann ist Rosa Luxemburg, die Gegen-Preußin, eine solche.

Daß sich die revoltierenden Studenten 1968 auf sie beriefen, war kein Zufall. »Das öffentliche Leben«, lesen wir in ihrem Artikel für die »Spartakus-Briefe«, den sie noch im Breslauer Gefängnis geschrieben hat, »ist mit beschränkter Freiheit eben deshalb so dürftig, so armselig, so schematisch, so unfruchtbar, weil es sich durch Ausschließung der Demokratie die lebendigen Quellen allen geistigen Reichtums und Fortschritts absperrt ... Der einzige Weg zur Wiedergeburt ist die Schule des öffentlichen Lebens selbst, uneingeschränkte, breiteste Demokratie, öffentliche Meinung.«

Den Preußen, den Sozialisten, den Kommunisten, den parlamentarischen Demokraten, den Stamokap-Anhängern, den Deutschen, Russen, Engländern, Franzosen, den Herrschern der dritten und vierten Welt, kurz, den Menschen ganz allgemein und insgesamt ins Stammbuch geschrieben. In deutscher Sprache hat das noch keiner besser gesagt.

14 Walther Rathenau oder Die Aufzehrung der Oberschicht

In gewisser Weise gleicht er dem Freiherrn vom Stein. Seine Zeit politischer Wirksamkeit war kurz bemessen. Und doch hat er in den fünf Monaten als Wiederaufbauminister von Mai bis Oktober 1921 und den abermals knapp fünf Monaten bis zu seiner Ermordung im Juni als Außenminister der Weimarer Republik Fundamente gelegt, die sich als außerordentlich haltbar erwiesen. Den anderen Teil des Fundaments hat dann sein Antipode Gustav Stresemann gelegt, und wenn sich diese dann doch dem Ansturm der braunen Flut als nicht gewachsen zeigten, so könnte es daran liegen, daß sich die außenpolitischen Bemühungen in umgekehrter Reihenfolge vollzogen wie nach dem Zweiten Weltkrieg, zunächst (Rathenau, Rapallo) nach Osten und dann (Stresemann, Locarno) nach Westen.

Da sich Geschichte nie wiederholt, sich nur die Gegebenheiten ähneln, dürfte es müßig sein, das Beispiel dieser beiden Preußen an einer viel späteren welthistorischen Situation zu messen – auf jeden Fall reicht es weit über die erste deutsche Republik hinaus bis hin zu Konrad Adenauer, der freilich kein Preuße war. In Konrad Adenauer fand jene als »Erfüllungspolitik« vielfach verdammte politische Methode, der Rathenau – übrigens ganz bewußt – zum Opfer fiel, nach einem zweiten verlorenen Krieg ihren eigentlichen Protagonisten.

Rathenaus »Deutschland wird tun, was möglich ist« kam aus liberal-preußischer Gesinnung: Rathenau liebte Deutschland, Preußen und träumte von einem Mitteleuropa, das beinahe schon Züge der späteren EWG vorwegnahm. Daß ihm vom falschen, degenerierten und heruntergekommenen angeblichen Preußentum der Nachkriegszeit dafür ein »Schlagt tot den Walther Rathenau, die gottverdammte Judensau« entgegenscholl, nahm er, wenn auch nicht immer gelassen, in Kauf.

Preußentum ist nie etwas »Eindeutiges« gewesen. Die großen Preußen waren komplizierte Charaktere. Der komplizierteste von ihnen, dazu noch in eine komplizierte Zeit geboren, dürfte Rathenau gewesen sein. In der Kunst, sich Feinde zu machen war er zumindest ebenso erfolgreich wie einst Nicolai; und es hat wohl auch kaum jemand zu seiner Zeit eine schlechtere Presse – von links wie von rechts – gehabt. »Um eine gute

Presse zu haben«, lesen wir in seiner 1918 erschienenen Schrift »Zeitliches«, »muß man tot oder wenigstens sehr alt sein; am besten haben es neben den verstorbenen Klassikern und Nationalhelden die Forscher entfernter Wissensgebiete.«
Zu ihnen gehörte er nicht. Der hochgewachsene Mann, der uns von seinen Zeitgenossen als kühl und so gut wie unnahbar geschildert wird, war ein mächtiger Wirtschaftsmagnat und saß in über achtzig Aufsichtsräten, insgesamt ist er im Laufe seiner Karriere bei 86 deutschen und 21 ausländischen Unternehmen leitend tätig gewesen. Daß er nebenher noch philosophische und wirtschaftspolitische Werke schrieb, scheint dabei fast ein Wunder. Er gehörte — einer der besten Stilisten deutscher Sprache — zu den meistgelesenen und -diskutierten Autoren seiner Zeit (sein Buch »Von kommenden Dingen«, 1916 bei S. Fischer erschienen, war ein Kriegsbestseller, wurde im Tornister mitgeführt wie der obligate »Faust« und hatte es schon zwei Jahre später zur 65. Auflage gebracht). Eine Unzahl von Zeitschriftenartikeln hat er verfaßt: allein im Jahre 1917 eine »Streitschrift vom Glauben«, ein Pamphlet über »Probleme der Friedenswirtschaft«, »Vom Aktienwesen« und ein Aufsatz über »Die Zukunft der deutschen Bühne«. Ein vielseitiger Mann, Erfinder auch auf elektrochemischen Gebiet und glänzender Organisator. Daß das Deutsche Reich 1914 bis 1918 überhaupt über vier Kriegsjahre durchstand, war ihm zu verdanken, der — als Zivilist neben den Militärs — dafür sorgte, daß in Deutschland bestimmte Rohstoffe, hauptsächlich Salpeter für Sprengstoff, richtig erfaßt, verwaltet, eingeteilt und erbeutete Rohstoffvorräte, die in Belgien und Nordfrankreich in deutsche Hand fielen, sinnvoll verwendet wurden. Ein Schöngeist und Wirtschaftsdenker, Leitartikler, Philosoph und Praktikus. »Wenn man Rathenau den Posten des Papstes angeboten hätte«, so Albert Einstein, »hätte er die Wahl angenommen. Technisch hätte er es wahrscheinlich gar nicht schlecht gemacht.«
Königsallee 54 in Grunewald, die schöne Villa, die er sich hat bauen lassen, wird geführt wie eine Residenz. Rathenau besitzt eine zweite, noch pompösere, das von Gilly erbaute Königin-Luise-Schloß Freienwalde an der Oder, aber sein eigentliches Domizil, sein Elfenbeinturm (wie Emil

Edvard Munch: Porträt Walther Rathenau (1907).
Märkisches Museum, Ost-Berlin

Ludwig sagte) ist jene Grunewald-Villa, in der der erfolgreiche Finanzmann, AEG-Herr und Schriftsteller – von Gerhart Hauptmann meist als »Sir Walther« apostrophiert – in selbstgewählter Einsamkeit seinen siebzehnstündigen Arbeitstag beginnt und beendet. Gäste sind eher Dichter und Philosophen, Künstler und Schriftsteller wie Wedekind, Stefan Zweig, Dehmel, Rilke, Munch, auch obskure darunter wie Maximilian Harden, dessen Enthüllungszeitschrift »Zukunft« im wilhelminischen Deutschland eine ähnliche – wenn auch nicht durchgehend seriöse – Rolle spielt wie nach dem Zweiten Weltkrieg der »Spiegel«, und jener blonde deutsch-völkische Wilhelm Schwaner, ein Früh-Hakenkreuzler, der eine »Germanenbibel« verfaßt hat.
Schwaner, der sich als »Nachfolger Heliands, des gepanzerten Heilands« fühlt, nennt seinen Freund Rathenau, der leidenschaftlich für alles Germanisch-Blonde schwärmt, den »Hohen Priester der Juden«, aber auch einen »Gastdeutschen des Grunewalds«. Sagen wir es frei heraus, was die meisten Rathenau-Biographen entweder schamhaft verschweigen oder hurtig bemänteln: das homoerotische Element, früh ausgeprägt, macht den einen Teil des Zwiespalts aus, der Rathenau quält und mit dem er fertig werden muß. Der andere: sein Judentum. »Ich bin ein deutscher jüdischen Stammes«, schreibt er 1918. »Mein Volk ist das deutsche Volk, meine Heimat ist das deutsche Land, mein Glaube der deutsche Glaube ... Doch hat die Natur, in lächelndem Eigensinn und herrischer Güte die beiden Quellen meines alten Blutes zu schäumendem Widerstreit gemischt: den Drang zum Wirklichen, den Hang zum Geistigen.« Sein bester Freund, der vornehme Harry Graf Keßler, beschreibt ihn als schlank, sehr groß und einen Mann, »der durch seine anormale Kopfform, die mehr negerhaft als europäisch aussah, auffiel. Tiefliegende kühle, rehbraune langsame Augen, gemessene Bewegungen, eine tiefe Stimme, eine pastorale Sprechweise bildeten die etwas unerwartete, künstlich wirkende Fassung für eine blitzende Gedankenfülle«.
Die Tür zum Grunewald-Domizil ist so schmal gehalten, daß niemals zwei Menschen sie gleichzeitig durchschreiten können. Der Gast erblickt in der Eingangshalle als erstes den nackten griechischen »Betenden Kna-

ben« in einer vorzüglichen Kopie. Die weiteren Räume sind mit äußerstem Geschmack ausgestattet: Möbel, Tapeten, Ornamente, Farben, alles ist von Rathenau selbst ausgesucht oder gestaltet. Das Haus strahlt Würde aus, Ruhe, aber auch Kühle. »Er ließ niemand in die Cella seiner Seele; zu diesem Tempel war die Tür so schmal wie die seines Hauses« (Emil Ludwig). Gäste werden von der distanzierenden Atmosphäre leicht eingeschüchtert, was der Hausherr mitunter durch allzu übertriebene Freundlichkeit zu kompensieren trachtet. »Ich finde es sehr schwierig«, so der französische Dichter André Gide nach einem Besuch, »von der überherzlichen Art, in der er von jemandem Besitz ergreift, nicht peinlich berührt zu sein. Seine Hand blieb fast während der ganzen Dauer unseres Gesprächs auf meinem Arm liegen.«

Bisweilen kommen sogar Frauen, mit denen Rathenau gern diskutiert und mit denen er lange Briefwechsel führt. Minka Grönvold, die Frau eines norwegischen Malers, die verwachsene »Vorwärts«-Redakteurin Lore Karrenbrock (die ihren Briefwechsel mit ihm später unter dem irreführenden Titel »Briefe an eine Liebende« herausgibt), die Schriftstellerin Fanny Künstler oder Lili Deutsch, die Schwester des New Yorker Bankiers Kahn. Harry Wilde berichtet in seiner Biographie auch von Prostituierten, die in einer Art von Alibi-Funktion in die Königsallee bestellt werden, und man darf auch nicht verschweigen, daß dort mitunter junge, vorwiegend blonde und vorwiegend »völkisch« eingestellte junge Männer verkehren, auch Arbeiter darunter. Es gibt das Gerücht, daß einer von ihnen Erich Kern war, der spätere Mörder Rathenaus; jedenfalls könnte eine Bemerkung im Tagebuch des Grafen Keßler darauf hindeuten.

Der Mann, der vier Sprachen fließend beherrscht und sich auch auf Englisch, Französisch, Italienisch angeblich ebenso wenig verspricht wie im stets druckreif vorgebrachten Deutsch, der mit Martin Buber in Hebräisch über chassidische Mystik diskutiert, empfängt auch Scharlatane und hat sie sogar — Musterbeispiel: Schwaner — zum Duzfreund.

Gerhart Hauptmann: »In Walther Rathenau waren zwei Dinge vereint, die sonst meist getrennt vorzukommen pflegen: das praktisch-organisatorische Genie und der reine Idealist.« Und Theodor Heuss: »Ich glaube, Rathenau war der unnaivste Mensch, dem ich je begegnet bin, mit einem höchst gezüchteten Intellekt, in immer gegenwärtiger Bewußtheit.«

Die Philosophie, die er vertritt, eine wenig originelle Mixtur aus Nietzsche, Bergson, Fichte, enthält auch verklemmt Mythisches; sie ist mitunter von Leuten wie Gobineau und Houston Stewart Chamberlain beeinflußt, also ausgesprochen rassistischen Denkern. So glaubt Rathenau, die Menschheit in zwei »Urrassen« einteilen zu können, die »Mut-Menschen« und die »Furcht-Menschen«. Übrigens bezieht der Großindustrielle auch Marx und Engels in sein Denkgebäude mit ein.

Aber das ist eben Rathenaus Größe: in ihm kommen alle jene geistigen Kräfte zusammen, die die Zeit bereithält, die konservativen und die fortschrittlichen (oder die sich für fortschrittlich halten), die nationalistischen und die jugendbewegten, die am Alten festhaltenden und die revolutionären. Sein Konglomerat hat eines für sich: es ist gründlich liberal, und — es wird von ihm so vorzüglich formuliert, daß man es weithin versteht. Seine Bücher werden gelesen. Der aristokratische Mann erreicht die von vielen vergeblich ersehnte intellektuelle Massenbasis.

So wird er bald auch zum Angriffsziel von allen Seiten. Seine Artikel in der »Zukunft« erhalten in den Zeitungen Rezensionen, als wenn es sich um Bücher handeln würde. Sein berühmter Artikel »Höre, Israel« bringt sowohl Juden als auch Antisemiten auf die Palme. Obwohl ein reicher Mann, vertritt er eine gerechtere Gesellschaftsordnung: er will den erblichen Reichtum abschaffen, die Großindustrie sozialisieren, die Klassenunterschiede beseitigen, die Produktionsmöglichkeiten staatlich lenken (was ihm übrigens nach dem Zweiten Weltkrieg in der DDR postum eine — siehe oben! — gute Presse eingebracht hat). Sein gewiß aus einiger Sachkenntnis geschriebenes Wort von den 300 Männern (Geschäftsleuten), die die Welt tatsächlich beherrschen, wird von den Antisemiten flugs umgemünzt in die »300 Weisen von Zion«. Rathenaus Bücher und Artikel sind große Leitartikel eines liberalen Intellektuellen, der alle Möglichkeiten durchdenkt, durchspielt, und das in einem glänzenden Deutsch vor aller Öffentlichkeit. Das merkwürdige Ergebnis: er wird zum bestgehaßten Mann seiner Zeit. Er setzt sich zwischen sämtliche vorhandenen Stühle.

Das kann er sich freilich erlauben. Alle Handikaps, die äußeren und die inneren, hat er in rastlos tätiger Arbeit überwunden. Zwar hat sein Vater, Emil Rathenau, die AEG gegründet, aber der Sohn sein Ansehen und Vermögen selbst erworben, als Fabrikant in der Provinz, in Neuhausen in der Schweiz sowie in Bitterfeld, als Elektrochemiker (Doktorarbeit: »Die Absorption des Lichts in Metallen«) und als internationaler Geschäftsmann, der auch im Ausland rasch Vertrauen gewinnt. Als er nach dem Tod seines Vaters 1915 dessen Stellung in der AEG übernimmt, hat er schon die Kriegsrohstoffversorgung sichergestellt, ist verschiedentlich auch diplomatisch für das Kaiserreich (unter anderem in den Kolonien) tätig gewesen. Die Nachfolge hat nichts Ererbtes – man könnte beinahe sagen, daß Rathenau trotz seiner Geburt ein großer Industrieller geworden ist, gegen seinen Vater (der den frühverstorbenen zweiten Sohn, Erich, vorzog).

In seinen Büchern erfolgt ein zweiter Emanzipationsprozeß, ein geistiger. Und mag es vielen, so seinem Intimfeind Stinnes, auch lächerlich erscheinen, daß ein Großindustrieller von der Befreiung der Seele predigt, so ist dies doch notwendig, für Rathenau und für seine Zeit. Niemand hat scharfsinniger erkannt, woran es ihr in Wirklichkeit mangelt: an schöpferischen Persönlichkeiten. Das geliebte Preußen – und Rathenau spricht es, zum Entsetzen aller Preußen, deutlich aus – scheint ihm am Ende, weil das menschliche Reservoir erschöpft ist. Das dritte Kapitel seines Buches »Zur Kritik der Zeit«, das er Gerhart Hauptmann widmet, heißt: »Die Aufzehrung der Oberschicht«.

Rathenau verkörpert selbst diese Aufzehrung der preußischen Oberschicht. In einer Spätzeit führt ein Bündel an Begabung zwangsläufig zur Resignation. Zugleich versucht er jedoch, als einziger, diese Resignation zu überwinden, sowohl durch Aktivität in Wirtschaft und Politik als auch in nahezu pausenlos vorgelegten Beiträgen zur geistigen Auseinandersetzung. In beidem hat er Erfolg, macht er sich Neider und Feinde. Bezeichnend ist die Einstellung von Hugo Stinnes: »Die Stunden, die ich mit Rathenau zubringe, sehe ich immer als die köstlichsten an, die ich kenne. Rathenau hat aber einen verkehrten Begriff von sich selbst. Er sieht sich selbst als Staatsmann an, das ist er nicht, als Kaufmann, und das ist er ebensowenig; über seine Philosophie will ich nichts sagen, aber wessen sich Rathenau selbst nicht bewußt ist, ist, daß er auf technischem Gebiet das größte Genie im Deutschen Reiche ist.«

Andere urteilen anders. Einen prophetischen Blick hat dieser Mann nicht nur im Technischen, Finanziellen, Verwaltungsmäßigen, Organisatorischen, sondern vor allem in den von Stinnes abschätzig beurteilten gesellschaftlich-philosophischen Bereichen.

Ein Kronzeuge, Stefan Zweig, berichtet in seiner »Welt von gestern«: »Dieser vielbeschäftigte Mann hatte immer Zeit ... Er hatte ständig seinen Tag bis auf die einzelne Minute eingestellt und konnte doch jederzeit mühelos aus einer Materie in die andere umschalten... Er sprach fließend, als ob er von einem Blatt ablesen würde, und formte doch jeden Satz so plastisch und klar, daß seine Konversation mitstenographiert ein vollkommen druckreifes Exposé ergeben hätte ... Nie ließ ihn sein Gedächtnis im Stich, nie brauchte er für irgendeine Materie besondere Vorbereitung ... Aber was war in dieser blendenden Helligkeit, in dieser kristallenen Klarheit seines Denkens, was unbehaglich wirkte wie in seiner Wohnung die erlesenen Möbel, die schönsten Bilder? Sein Geist war ein genial erfundener Apparat, seine Wohnung wie ein Museum, und in seinem feudalen Königin-Luise-Schloß in der Mark vermochte man nicht warm zu werden vor lauter Ordnung und Sauberkeit ... Er hatte alle denkbare Macht geerbt von seinem Vater und wollte doch nicht Erbe sein, er war Kaufmann und wollte sich als Künstler fühlen, er besaß Millionen und spielte mit sozialistischen Ideen, er empfand sich als Jude und kokettierte mit Christus. Er dachte international und vergötterte das Preußentum, er träumte von einer Volksdemokratie und war jedesmal hochgeehrt, von Kaiser Wilhelm empfangen und befragt zu werden ... Erst in der verantwortlichen Stunde, als 1919 nach dem Zusammenbruch der deutschen Armeen ihm die schwerste Aufgabe der Geschichte zuteil wurde, den zerrütteten Staat aus dem Chaos wieder lebensfähig zu ge-

Walther Rathenau in seinem Wagen (um 1920) Foto

Mordstelle mit Gedenkstein Walther Rathenaus, Berlin-Grunewald (heutiger Zustand)

stalten, wurden plötzlich die ungeheuren potentiellen Kräfte in ihm einheitliche Kraft. Und er schuf sich die Größe, die seinem Genie eingeboren war, durch den Einsatz seines Lebens an eine einzige Idee: Europa zu retten.«

Tatsächlich entwickelt sich Rathenau nach dem Zusammenbruch zu einem Staatsmann. Zwar wird er zunächst abgelehnt, als er sich 1918 beim »Politischen Rat der Geistigen Arbeiter«, den Kurt Hiller führt, um Mitgliedschaft bemüht, was ihn sehr getroffen hat. Und als bei der Nationalversammlung am 7. Februar 1919 in Weimar für die Wahl des Reichspräsidenten nur zwei telegrafische Vorschläge vorliegen: Hindenburg und (ein Vorschlag aus Schweden, wo seine Bücher besonders populär geworden sind) Rathenau, verzeichnet das Protokoll »minutenlange Heiterkeit«.

Aber die Aversion legt sich — auf einen Mann wie Rathenau kann ein Volk in einer Lage wie der, in der sich das deutsche Volk befindet, nicht verzichten. Im August 1919 erscheint sein Buch »Kritik der dreifachen Revolution«, und gleich im ersten Kapitel mit dem bezeichnenden Titel »Revolution aus Versehen« heißt es: »Die Revolution war kein Produkt des Willens, sondern ein Ergebnis des Widerwillens.« In einem Artikel zum Jahrestag des Zusammenbruchs schreibt er in der »Welt am Montag«: »Wäre es eine Revolution gewesen, dann hätten die Kräfte und Ideen, die sie erzeugte, fortgewirkt. Das Volk wollte nichts als Ruhe ... Das erste Jahr hat ein Maß von Ordnung gebracht. Das war zu erwarten, denn wir sind ein ordentliches Volk ...« — Mit 54 Jahren wird er vom Reichskanzler Wirth zum erstenmal zum Minister berufen. Beraten hat er die wechselnden Regierungen schon vorher, der Entschluß, nun auch offiziell ein Amt zu bekleiden, fällt ihm nicht leicht. Stets hat er zum Ausdruck gebracht, Juden sollten sich im Hintergrund halten und keine öffentlichen Ämter übernehmen. Auch ist er sich seiner Unpopularität bewußt und der persönlichen Gefahr, in die er sich nun begibt. Besonders seine Mutter, die in der Viktoriastraße 3 im alten Tiergartenviertel wohnt, rät ab. Schon seit Jahren pflegt Rathenau, wenn er in Berlin ist, bei seiner Mutter das Mittagessen einzunehmen. Anschließend

Wallotstraße
Erdener Straße

spielen beide eine halbe Stunde vierhändig Klavier. Mathilde Rathenau, aus einer alten Frankfurter Bankiersfamilie stammend, sieht Unheil voraus.

Der Entschluß ihres Sohnes, aktiv die Zukunft des geschlagenen Deutschlands mitzugestalten, hat deutlich resignative Züge. Rathenau weiß, worauf er sich einläßt. Er weiß aber auch, spätestens seit der Konferenz von Spa, auf der er rasch das Vertrauen der Alliierten, besonders des englischen Ministerpräsidenten Lloyd George erobern konnte, daß niemand außer ihm geeignet sein dürfte, den einzigen Weg einzuschlagen, der ihm gangbar scheint. Mit »Erfüllungspolitik« ist er nur ungenau umrissen. Es geht dem Pragmatiker und Idealisten darum, das jeweils Beste aus den jeweiligen politisch-wirtschaftlichen Voraussetzungen zu machen: Preußen und Deutschland mit den (und nicht gegen die) Alliierten zu erhalten.

Aus parteipolitischen Rücksichten tritt das Kabinett Wirth bald zurück, aber wenig später, am 31. Januar 1922 – fast alle politisch denkenden Kräfte wissen inzwischen, was sie an Rathenau haben –, übernimmt er einen noch wichtigeren Posten, den des Außenministers. Seiner Mutter wagt er nicht diese Entscheidung einzugestehen; sie erfährt es aus der Morgenzeitung. »Walther, warum hast du mir das angetan?« fragt sie ihn beim Mittagessen.

»Mama«, antwortet er (seine Biographin Etta Federn-Kohlhaas hat diesen Wortlaut des Gesprächs überliefert), »ich mußte ja, weil sie keinen anderen gefunden haben.«

»Er besaß das volle Vertrauen des Kanzlers Wirth«, umreißt es James Joll, der englische Historiker, »und er hatte gezeigt, daß er fähig war, mit den Alliierten zu verhandeln und Deutschland in würdiger und eindrucksvoller Weise bei internationalen Konferenzen zu vertreten. Als Fachmann für Wirtschafts- und Finanzprobleme war er geeignet, sich mit den Reparationsfragen, die die deutsche Außenpolitik beherrschten, zu befassen. Vor allem aber hatte er eine klare Vorstellung von der Richtung, die die deutsche Politik einschlagen sollte. Er glaubte, daß es mühevoll sein würde, die Alliierten davon zu überzeugen, daß Deutschland

bereit war, einige seiner Verpflichtungen zu erfüllen. Nur dann könnte die Atmosphäre geschaffen werden, in der Verhandlungen mit dem Ziel einer Revision des Versailler Vertrages möglich sein würden.«
Rathenaus »Erfüllungspolitik« ist alles andere als das, was ihm die Nationalisten vorwarfen: ein »Ausverkauf der deutschen Interessen«. Im Gegenteil. In zäher Arbeit, für die er auch persönliche Verbindungen einsetzt, etwa die zu Colonel House, dem Vertrauten des amerikanischen Präsidenten Wilson, versteht er es geschickt, das geschlagene Deutschland ins Spiel der weltpolitischen Kräfte wieder einzuschalten. Sein Meisterwerk ist der Rapallo-Vertrag, den er während der Konferenz von Genua mit der UdSSR – wenn auch widerstrebend – abschließt. Beide Staaten vereinbaren die sofortige Aufnahme diplomatischer und konsularischer Beziehungen, beschließen wirtschaftliche Annäherung nach dem Meistbegünstigungsrecht und verzichten gegenseitig auf alle finanziellen Forderungen. Damit hat Rathenau dem Deutschen Reich den Rücken gestärkt, die eine Seite freigeschaufelt und es vom Status eines Schuldners und Bittstellers in den eines Verhandlungspartners zurückmanövriert. Er – und seine sowjetischen Verhandlungspartner – sind die Sieger von Genua.
Das aber ist auch sein Todesurteil. Kann man es zulassen, daß eine »gottverdammte Judensau« einen Staat errichtet, der in seinem Selbstbewußtsein genau dem entspricht, was man sich von rechts und links erträumt? Mit einer »neuen Wirtschaft« jenseits von Kapitalismus und Sozialismus, mit einer neuen Staats- und Gesellschaftsverfassung, die unabhängig ist von westlichen wie östlichen Modellen? Soll ausgerechnet er, der Vielgehaßte, Deutschland retten?
Die Nationalisten sind mit ihren Vorwürfen nicht zimperlich. Sie behaupten, Rathenau habe seine eigene Schwester mit dem Lenin-Mitarbeiter Radek verkuppelt (sie ist in Wirklichkeit mit Fritz Andreae verheiratet, der aus einer protestantischen Theologenfamilie stammt). Sie behaupten, er habe persönliche Vorteile aus seinen Verhandlungen gezogen (dabei verzichtet Rathenau nach seinem Eintritt in die Regierung sogar aufs Gehalt und hat auch alle seine Aufsichtsratsposten niedergelegt so-

wie sämtliche Wirtschaftsbeteiligungen aufgegeben: »Der Abbau eines Lebenswerkes in 24 Stunden war schwer und bedeutet dennoch wenig im Vergleich zu der gestellten Aufgabe . . .«).

Eine Flut von Verleumdungen ergießt sich über ihn – und alles höchst bewußte Lügen, denn auch im »vaterländischen« Lager weiß man es besser, man weiß, daß Rathenau im Grunde einer der Ihren ist, ein Patriot (wenn auch ein anderer, besonnenerer, als die, die das Vaterland so lauthals im Munde führen). Kurz vor elf Uhr am Morgen des 24. Juni 1922 steigt Rathenau in der Königsallee in seinen offenen Wagen, um ins Amt zu fahren. Er und sein Chauffeur sind die einzigen Insassen des auffallenden und völlig ungesicherten Gefährts. Polizeischutz hat er grundsätzlich abgelehnt, obwohl sich in letzter Zeit die Mordbriefe und Attentatsdrohungen gehäuft haben.

An der Ecke Wallotstraße hält ein sechssitziger Tourenwagen, offensichtlich mit einer Panne behaftet. Aber kaum passiert Rathenaus Wagen die Stelle und verlangsamt die Fahrt kurz vor der Straßenkurve, da setzt sich das andere Auto in Bewegung. Ein Augenzeuge, der Bauarbeiter Krischbin, berichtet der »Vossischen Zeitung«: »Das große Auto überholt den kleineren Wagen . . . auf der rechten Straßenseite und drängte ihn stark nach links . . . Als der große Wagen etwa um eine halbe Wagenlänge vorüber war, . . . bückte sich der eine Herr im feinen Ledermantel nach vorne, ergriff eine lange Pistole, deren Kolben er in die Achselhöhle einzog, und legte auf den Herrn im anderen Wagen an. Er brauchte gar nicht zu zielen, so nah war es, er sah ihm sozusagen direkt ins Auge . . . Ich nahm Deckung, weil die Schüsse auch uns hätten treffen können. Da krachten auch schon die Schüsse ganz schnell, so schnell wie bei einem Maschinengewehr . . .«

Rathenau, der seinem Mörder ins Auge gesehen hat, wird von fünf Schüssen getroffen, die ihm Wirbelsäule und Unterkiefer zerschmettern. Der Lenker des Mordwagens wirft noch eine Eierhandgranate. Trotzdem bleibt der Fahrer unverletzt: Er wendet das Auto und fährt in rasender Fahrt die Königsallee zurück. In seinem Haus, auf dem Fußboden seines Arbeitszimmers, schlägt Rathenau noch einmal die Augen auf. Der Arzt,

der fünf Minuten später herbeieilt, kann aber nur noch seinen Tod feststellen.
Die Mörder, Kern und Fischer, zwei Landsknechte, einander nicht nur kameradschaftlich verbunden, finden wenig später auf der Flucht in die Schweiz den Tod. Kern wird auf der Burg Saaleck, in der sie sich verschanzt haben, von einem Hilfspolizisten erschossen. Fischer nimmt sich daraufhin selbst das Leben. Ungeklärt bleibt ihre Verbindung zu Rathenau, dem Zehntausende auf seinem letzten Weg folgen. Die Gewerkschaften haben Arbeitsruhe ausgerufen, über eine Million Berliner säumen den Trauerweg. In fast allen Städten des Reiches wird demonstriert. Es scheint, als würde Rathenaus Vaterstadt und würden die Menschen im zerrissenen Deutschland erst jetzt gewahr, was sie an dem so wüst beschimpften, so unflätig gehaßten (und insgeheim von allen Seiten so heftig bewunderten) Mann gehabt haben: die überragende preußische Persönlichkeit ihrer Zeit.

»Blond und stahlblau Korn und Lüfte,
Himmelsaugen heiliger Seen,
Blasser Dünen Schaumeswehn ...
Mußte sich der Mensch verschließen,
Daß das Herz umpanzert bliebe,
Endlich darf es überfließen:
Land, mein Land, du meine Liebe!«

Diese etwas schwärmerisch-spätromantischen Verse stammen aus der Feder Walther Rathenaus. Er schrieb sie am Vorabend des Ersten Weltkriegs zur Erinnerung an den preußischen Befreiungskrieg von 1813 und als Lobpreis einer Landschaft, auf die die Schatten der Geschichte schwerer gefallen sind als auf alle anderen sonst zwischen Etsch und Belt.

15 George Grosz oder Preußen stellt auch den Anti-Preußen

1916 – Rathenau, fast fünfzigjährig, organisiert eben die deutsche Kriegswirtschaft – schreibt ein 23jähriger in einem Brief an einen Freund ein paar unfreundliche Zeilen über die Deutschen im allgemeinen, die Preußen im besonderen. Er schlägt damit ein Thema an, das in den folgenden Jahrzehnten nicht nur das seine werden soll: das der Auseinandersetzung mit dem ebenso erstarkten wie (geistig) heruntergekommenen Bürgertum, dessen Emanzipation Nicolai einst betrieben hat und dessen kleinbürgerliche Variante jetzt zu einem bedrohlichen Faktor wird, jedenfalls aus der Sicht derjenigen, die, wenn auch unter veränderten Zeitumständen, auf eine größtmögliche Liberalität hoffen.
Wer die heimattrunkenen Verse Rathenaus noch im Ohr hat, wird entsetzt sein über das, was der junge Mann über sein Volk und seine Mitmenschen zu schreiben wagt (er wird es bald, mit der Zeichenfeder, in aller Öffentlichkeit tun). Auch in der Sprache bemerkt man den Wandel der Generationen und ihrer Anschauungen. Überdies sieht die Geschichte, von unten betrachtet, doch immer sehr viel anders aus, als wenn man sie, wie es Rathenau zu tun pflegt, von oben sieht – es bleibt ihm ja auch gar nichts anderes übrig. Hier zeigt sich deutlich, was der hellsichtige Staatsmann als »Auszehrung der Oberschicht« längst diagnostiziert hat, wenn es sich auch – im Gegensatz zu Rathenau selbst oder zur vornehmen Bettina von Arnim – eruptiv, haßerfüllt, proletarisch-direkt äußert.
George Grosz, der sich lange mit dem Gedanken trägt, ein Buch aus Fotos mit Normalbürgern zusammenzustellen, das den Titel »Von der Häßlichkeit der Deutschen« tragen soll, schreibt 1916 an Robert Bell: »Es ist wahr, ich bin ein Gegner des Krieges, das heißt, ich bin ein Gegner jeden Systems, das mich zwingt. Vom Standpunkt einer ästhetisierenden Anschauung allerdings freue ich mich über jeden Deutschen, der auf dem Felde der Ehre (wie schön!) den Heldentod stirbt. Deutsch sein heißt immer, geschmacklos sein, dumm, häßlich dick, unelastisch, – heißt, mit vierzig Jahren keine Leiter mehr besteigen können, schlecht angezogen sein – deutsch sein heißt: reaktionär schlimmster Sorte, heißt: unter hundert wäscht sich mal einer den ganzen Körper.«

Das klingt zynisch, bösartig. Das klingt vor allem verletzt. Georg Ehrenfried Grosz, ein Jahr zuvor als »dienstunbrauchbar« vom Militär entlassen, ist 1893 in der Berliner Jägerstraße geboren worden, und er empfindet es, dem Kunstkritiker Paul Westheim zufolge, als einen Geburtsfehler, »das Licht der Welt hinter dem Halleschen Tor und nicht im 47. Stockwerk der 16th Street erblickt zu haben«. Noch im gleichen Jahr, 1916, nennt er sich endgültig in »George Grosz« um, einer emphatischen, unkritischen Liebe zu Amerika wegen, das er nur vom Hörensagen kennt, besonders aus den Romanen Karl Mays und jenen Nick-Carter-Detektiv-Schmökern, die er so leidenschaftlich verschlingt wie seine Altersgenossen den »Wanderer zwischen beiden Welten« von Walter Flex oder den »Faust«, den sie – angeblich – nebst Marschallstab in den Tornistern tragen.
Ein merkwürdiges Phänomen: von heute aus glauben wir, in seiner überscharfen Kritik an den deutschen Verhältnissen etwas deutlich Amerikanisches heraushören zu können. So, anscheinend anti-national, »das eigene Nest beschmutzend« kennt man eigentlich nur Stimmen aus den USA über die USA, wo ein Schriftsteller sein Engagement traditionell dadurch unter Beweis stellt, daß er ein Kritiker seiner Nation ist – und kein Lobredner. Daß den Nationen, gleich welchen, Kritiker eher nützen als Lobredner, hat in Deutschland, hat in Preußen wenig Tradition. Derart harsche Worte und, bald darauf, ebenso rückhaltlos entlarvende, angriffslustige Zeichnungen ist man wenig gewohnt, noch weniger als, beispielsweise, in England oder Frankreich, wo die Karikatur schon immer in der Kunst eine größere Rolle gespielt hat als bei uns. Die sonderbare, durch nichts erklärliche Affinität des jungen Grosz zu Amerika hat prophetische Züge. Amerika wird ihm einst Asyl bieten, als die preußisch getarnten Anti-Preußen Hitlers an die Macht kommen und damit das Schicksal Preußens endgültig besiegeln werden.
Die Besucher des »Cafés des Westens« – im Volksmund: »Café Größenwahn« – kennen Grosz schon aus dem Jahre 1912. Da kam er schon einmal in seine Heimatstadt zurück, denn aufgewachsen ist er nicht in Berlin, sondern in Stolp in Pommern, wo sein Vater Kastellan war der

dortigen Freimaurerloge, was immer man sich darunter vorzustellen hat, und sein Kunststudium hat er in Dresden begonnen, 1912 setzte er es in Berlin bei Emil Orlik fort. Schon damals eine auffallende Erscheinung: weißgepudert mit Derby-Bowler, großkariertem Jackett und elegantem Spazierstock, flaniert der arme Schlucker, als Dandy verkleidet, über die Berliner Boulevards. Daß er vom Karikaturenzeichnen, von illustrierten Witzen lebt, sieht man ihm nicht an. Wo immer es geht, läßt er sich am Straßenrand nieder, meist in Cafés, und hält die Vorübergehenden blitzschnell mit dem Zeichenstift fest. Sein Vorbild darin ist übrigens der alte Menzel. »Als ich einmal über den berühmten Adolph von Menzel las«, heißt es in seiner Autobiographie «Ein kleines Ja und ein großes Nein«, »beschloß ich sogleich, ihm nachzustreben, und überall, wo es auch sei, im Stehen, Liegen, Sitzen und Schlafen zu zeichnen.«

Seine Modelle sind die Berliner in den Vergnügungsgärten, auf den Straßen, in den Parks, aber auch dort, wo sie es nicht vermuten: in den Nackttanzkneipen und bei ihren heimlichen Orgien zu Hause. Als er ernüchtert aus dem Krieg kommt, in dem die anderen bleiben müssen, treten die Kriegsgewinnler hinzu in ihren dicken Mänteln und die Krüppel, die vom Schlachtfeld, der viel apostrophierten Dankbarkeit des Vaterlandes zum Trotz, direkt ins tiefe Elend der Kohlrübenwinter stürzen. Vermengt mit Mordszenen und mit Detektivgeschichten entstehen Zeichnungen wie aus dem Inferno. Freilich erkennt ein jeder, der sie sieht, sofort, wo dieses Inferno liegt: an der Spree, unmittelbar vor jedermanns Haustür. Deutschland und die Deutschen haben kaum vorher und selten nachher einen derart unerbittlichen Kritiker gefunden wie George Grosz, den Möchtegern-Amerikaner, der an seinem eigenen Volk verzweifelt war und es doch immer wieder darstellen, zeichnen, malen, kritisieren mußte. Das späte Preußen stellt selbst den Anti-Preußen (was wiederum den Vergleich mit Amerika auf den Plan ruft, das den Preußen, man schlage im Lexikon unter Steuben nach, letztlich ebenfalls einiges zu danken hat).

Die Zeichnungen machen, zunächst in ausgesprochen intellektuellen Kreisen, bald Furore. Das Hauptverdienst daran dürfte ein Mann haben, der dem jungen Grosz äußerlich wie innerlich diametral entgegengesetzt scheint: der damals vierzigjährige Dichter Theodor Däubler, ein Trummskerl, groß, breit, schwer, bärtig, dessen mystisch-rauschhaftes Epos »Das Nordlicht« 1910 erschienen ist. Er versteht freilich etwas von Kunst und erkennt in den Zeichnungen des Orlik-Schülers, dessen Mentor er wird, sowohl das große künstlerische Talent als auch den Zündstoff.

Walter Mehring berichtet: »Am Abend des glorreichen deutschen Sieges bei... na, der Name tut nichts zur Sache; jedenfalls hingen allen Staatsgebäuden, Mietskasernen und Aborten die Fahnen heraus – und in Herwarth Waldens expressionistischem ›Sturm‹-Salon fand eine Gedächtnisfeier für die gefallenen Künstler, die Maler Franz Marc und August Macke und den Dichter August Stramm, statt . . . und nach der Tafel – denn im Hause Walden tafelte man noch, trotz Brot- und Lebensmittelkarten; ja, mitten im Weltkrieg, unter Léger-, Severini-, Kandinsky-, Chagall-Gemälden und anderen undeutschen, feindlichen Kunstprodukten – zum Nachtisch reichte Theodor Däubler eine Mappe mit heiklen Kostproben eines jungen Karikaturisten herum . . .«

Walden selbst findet Grosz und seine Zeichnungen übrigens abscheulich, was auf Gegenseitigkeit beruht. Im »Sturm« des verdienstvollen Sammlers, Galeristen, Herausgebers und Kunstpromoters, in dem sonst alles vertreten ist, was in Europa an Modernem Rang und Namen besitzt oder bekommen wird, findet George Grosz keinen Platz. Er wird Anfang 1917 noch einmal eingezogen, aber schon einen Tag später in ein Lazarett und später eine Nervenheilanstalt eingewiesen. »Meine Nerven«, schreibt er in einem Brief vom März 1917, »gingen entzwei, ehe ich dieses Mal Front, verweste Leichen und stechenden Draht sah – vorerst hat man mich unschädlich gemacht, interniert, zur speziellen Begutachtung meiner noch in Frage kommenden Dienstfähigkeit. Die Nerven, jede kleinste Faser, Abscheu, Widerwillen!«

Zum »Sturm« paßt Grosz nicht. Insbesondere die Frivolität, mit der er auftritt, jeder Zoll ein bewußter Laffe, stößt Walden ab. Um so lieber provoziert Grosz ihn, indem er sein Gesicht violett schminkt und statt

George Grosz: Selbstbildnis als Warner.
Galerie Nierendorf, West-Berlin

eines Hutes einen aus Pappmaché gefertigten Totenkopf trägt, den er zum Gruß – »How are you, Mr. Walden?« – höflich lüpft. Deutsch spricht er ohnehin mit überdeutlichem amerikanischem Akzent, wie er später, in den USA, englisch sprechen wird wie ein Preuße.

Das alles paßt hervorragend zu Dada, in jene Bewegung der reinen Unvernunft, die Berlin schon während des Krieges erreicht und die nach Friedensschluß hier ihren Höhepunkt findet. Mit den Dadaisten stellt er aus, mit ihnen tritt er in den wilden Soiréen auf, in denen Raoul Hausmann, Richard Huelsenbeck, der selbsternannte »Oberdada« Johannes Baader und die anderen das Publikum zur Weißglut treiben, mit Walter Mehring veranstaltet er im Renaissance-Theater das berühmte lautmalerische Wettrennen zwischen Näh- und Schreibmaschine.

Dada ist aus auf eine Umkehrung der Werte. Dada ist die Frucht der allgemeinen großen Enttäuschung. Was kann eine Kultur wert sein, die es zuläßt, daß sich die Völker jahrelang gegenseitig hinmorden? Die Kultur war bislang von der Vernunft bestimmt, hieß es wenigstens. Ob man es in Zukunft nicht eher mit der Anti-Vernunft versuchen sollte? »Die Kunst ist Sache der Nation«, verkündet Raoul Hausmann. »Nationalität ist der Unterschied zwischen Polenta, Bouillabaisse, Powidl, Roastbeef, Piroggen und Kloßbrühe. Insofern ist es wichtig, der Kunst einen nationalen Charakter zu geben.«

Was sie in Wirklichkeit anstrebt, ist Internationalität. Anfangs mit dem Spartakus sympathisierend, schließt sich Grosz politisch – mit seinen Freunden John Heartfield, Wieland Herzfelde, Johannes R. Becher, Erwin Piscator, Otto Nagel – sofort nach ihrer Gründung 1918/19 der KPD an. Wieland Herzfelde gründet seinen (kommunistischen) Malik-Verlag eigens zu dem Zweck, die grafischen Folgen von Grosz zu publizieren, die jetzt entstehen. Sie sind ein Spiegel jener verwirrten Jahre, in die Leute wie Rathenau und Stresemann verzweifelt Ordnung zu bringen versuchen. Mehr noch sind diese Serien (»Gott mit uns«, »Das Gesicht der herrschenden Klasse«, »Abrechnung folgt!« »Ecce homo«) eine kulturhistorische Bestandsaufnahme. In ihnen wird erklärt, aus ihnen heraus erklärt sich, warum die neue Ordnung (eine Republik, eine Demo-

kratie) nicht angenommen wird. Grosz schildert keine Menschen, sondern Verhaltensweisen, keine Einzelpersönlichkeiten, sondern Typen. Fette Spießer und noch fettere Spießerinnen gießen in Schlemmerlokalen (fast immer »Horcher«, wo Grosz selbst gern verkehrt) Champagner in sich hinein, indes draußen tuberkulöse Arme an einem noch ärmeren Bettler vorüberziehen. Ein Arbeiter stapft in ausgetretenen Stiefeln über den Tauentzien, wo ihn pelzbestückte Halbweltdämchen naserümpfend über die Schulter ansehen. Schwarz-weiß-rote Chauvinisten mit Schmiß und Burschenschaftermütze hetzen gegen den »Erbfeind«. Der Schlotbaron, der Inflationsschieber, der Teutone und der Revanchist — es mögen dies die Standardfiguren der Karikatur in den angehenden zwanziger Jahren sein, die später sonderbarerweise als »golden« in die Geschichte eingehen: Grosz verleiht ihnen über alle Zeitbedingtheiten hinweg fortdauernde Prägnanz, denn (so Ulrich Becher) »der Grosz-Deutsche ahnt den Großdeutschen voraus«.

Seine Zeichnungen beruhen auf Erfahrung. Grosz war Augenzeuge von Preußens Niedergang auf den Schlachtfeldern des Ersten Weltkriegs. Er hat das Massengemetzel erlebt und überlebt. 1919 sieht er mit eigenen Augen an, wie ein Leutnant in der Nähe des Eden-Hotels einen Soldaten, der keinen Ausweis hat und ihm patzig antwortet, kurzerhand erschießt, »umlegt«, wie es in der Sprache des Unmenschen heißt. Grosz selbst soll während des Kapp-Putsches verhaftet werden, kann aber — er zeigt einen falschen Ausweis, den ihm Freunde vorbereitet haben — fliehen und irrt tagelang durch eine Stadt, die sich selbst zerfleischt. Im Hof eines Hauses in der Französischen Straße läßt ein Offizier 24 Matrosen erschießen, die sich dort anscheinend aufrührerisch zusammengerottet haben. Später stellt sich heraus, daß sich in dem Haus die Kassenverwaltung befindet und die Leute sich nur ihre Monatslöhnung abholen wollten.

Wir wissen dies alles in der Hauptsache aus den Tagebüchern eines liberalen Diplomaten und Schöngeistes. Harry Graf Keßler, der Freund Rathenaus, der mit der Republik sympathisiert, schreibt in seinem Tagebuch am 5. Februar 1919: »Vormittags Besuch beim Maler George

Grosz... Er sagte, er möchte der ›deutsche Hogarth‹ werden, bewußt gegenständlich und moralistisch; predigen, bessern, reformieren... Im Grunde genommen ist Grosz ein Bolschewist in der Malerei. Er hat einen Ekel vor der Malerei, vor der Zwecklosigkeit der bisherigen Malerei; er will etwas ganz Neues mit malerischen Mitteln oder, richtiger, etwas, was die Malerei früher geleistet hat (Hogarth, religiöse Malerei), was ihr aber im 19. Jahrhundert verlorengegangen ist...« Keßler fügt hinzu: »Dabei sind seine Gedankengänge intellektuell zum Teil primitiv und leicht anfechtbar«, aber an einem läßt er keinen Zweifel: Kritiker sein heißt die Wurzel des Übels erfassen, und das bedeutet auch, zuweilen ungerecht sein. Intellektuell objektive Hogarths gibt es nicht.«

Grosz, den seine Freunde aus unerfindlichen Gründen »Böff« nennen, benutzt bewußt einen Zerrspiegel. Schön nehmen wir Deutschen uns darin nicht aus. Alte Erbübel blicken uns ins Gesicht: hektische Erregtheit in nationalen Fragen, Blauauge und Specknacken, eine gewisse Unverläßlichkeit auch bei aller Tüchtigkeit, die sich mit falscher Romantik vermählt, ein Hang zu Turnrecks, Spitzengardinen, Blumenfenstern, Hosenträger-Gemütlichkeit und plötzlich, aufgrund übergroßen Biergenusses, so etwas wie lärmenden (und andere belästigenden) Frohsinn. Härter noch als Goya mit seinen Spaniern, Daumier mit seinen Franzosen oder Hogarth mit seinen Briten geht Grosz, der größte Satiriker, den wir gefunden haben, mit seinen Deutschen um. Ob wir inzwischen eine Lehre daraus zogen, steht dahin. Selbsterkenntnis, heißt es, sei der einzige Weg zur Besserung. Es ist, seit Nicolai, ein durchaus preußischer.

1921 wird Grosz zum erstenmal vor Gericht gestellt wegen Beleidigung der Reichswehr und zu 300 Mark Geldstrafe verurteilt. 1924 sind es schon 6000 RM, für »Verletzung der öffentlichen Moral«, und 1928 2000 RM, die er zahlen muß, diesmal wegen Gotteslästerung – er hat in einer Zeichnung den gekreuzigten Christus mit einer Gasmaske dargestellt. Seine Antwort erfolgt jeweils prompt: 1925 erscheint sein »Spießer-Spiegel«, 1930 »Das neue Gesicht der herrschenden Klasse« und »Die Gezeichneten«, wiederum heftige Abrechnungen mit der anti-liberalen Reaktion.

Also ein Nein-Sager, ein Negierer, jemand, der im Schlimmen wühlt? Zweifellos. Auf einem anderen Blatt steht, was bewußt geführte Polemik, was auf Erfahrung (und berechtigter Furcht vor der Zukunft) beruhende Kritik an Positivem leistet. Das zeigt sich schon bei den Dadaisten, deren Bewegung sich 1922 auflöst. Sie hinterlassen der Kunstgeschichte mehr positive, das heißt anwendbare Dinge, als Kunstrichtungen sonst zu hinterlassen pflegen, den Filmschnitt, zum Beispiel, sowie die Fotomontage, die uns bis heute von jeder Litfaßsäule und Plakatwand her anbleckt.

An ihr, der einzigen Findung oder Erfindung der modernen Kunst, die ein spezieller Beitrag Berlins ist, hat auch Grosz seinen Anteil. Im Südender Gemeinschafts-Atelier hat er schon 1916 mit John Heartfield (der zum großen Fotomonteur der KPD wird) in dieser Richtung experimentiert. Mit Heartfield verbindet ihn neben früh-kommunistischer Überzeugung ein leidenschaftlicher Anti-Chauvinismus. Wie Grosz seinen Vornamen mitten im Krieg amerikanisiert hat, hat Helmut Herzfelde den seinen, aus Protest gegen des Kaisers »Gott strafe England«-Tiraden, anglisiert und wird ihn beibehalten, noch als er später, aus der Londoner Emigration heimgekehrt, in der DDR tätig wird. 1916 kleben die beiden aus Anzeigen und Reporterfotos kulturkritische »Botschaften zusammen, die ohne Verschlüsselung der Zensur zum Opfer gefallen wären«.

Da in der Kunstgeschichte nichts umstrittener ist als die sogenannte Priorität, sei nicht verschwiegen, daß einen ebenso großen Anspruch auf die Erfindung der Fotomontage Raoul Hausmann und Hannah Höch erheben können, die um 1917 aufgrund alter Gruppenfotos, in die frühe Fotografen nachträglich fotografierte Köpfe einklebten (ein damals vielgeübtes Verfahren), ebenfalls anfingen, Illustriertenfotos auseinanderzuschneiden und zu neuen Zusammenhängen wieder aneinanderzufügen. Die Technik, ideal dafür geeignet, dasjenige herauszudestillieren, was im Hintergrund vordergründiger Momentaufnahmen lauert, ist vielleicht — das kommt oft vor — zweimal er- oder gefunden worden. Die Methode lag sicherlich »in der Luft«. Sie ist längst, praktische Hinterlas-

senschaft der Anzweifler und Nein-Sager, in den allgemeinen Kunstgebrauch eingegangen, zu schweigen von dem einer konsumsteigernden Gebrauchsgrafik.
Trotz Beteiligung an Dada und Malik-Verlag, trotz KPD-Mitgliedschaft und all der vielen Prozesse, die man gegen ihn und seine Freunde anstrengt, paßt Grosz allerdings auf die Dauer in keine Gemeinschaft hinein, die, wie es der deutsche Wortgebrauch will, »festgefügt« zu sein hat. Er ist langfristig weder ein Revolutionär (dazu schreckt ihn das bei Revolutionen übliche Blutvergießen) noch einer, der neue Kunststile mitgründet, um sie später wieder zu verwerfen. Alle Versuche, ihn künstlerisch in ein Lager zu ziehen, schlagen letztlich doch fehl. Von einer Reise durch die Sowjetunion, die er schon 1922 mit dem dänischen Dichter Anderson-Nexö unternimmt, kehrt er ohne jede Zeichnung, dafür mit einer Überfülle sarkastischer Notizen zurück, die er jedem vorliest, der sie hören will, aber auch denjenigen, die sie nicht hören wollen. Was seine neuerlichen Lobredner ungern verzeichnen: er tritt aus der KPD aus, indem er ganz einfach keine Mitgliedsbeiträge mehr zahlt — ihn interessiert trotz hoher Ehrungen, die er in Moskau und Leningrad erfahren hat, das kommunistische Rußland ebensowenig wie der »Sturm«. Es geht ihm im Grunde um keine Ideologie, weshalb er als Maler auch konstruktivistische Tendenzen aufnimmt und am Ende — sogar mit Recht — zur »Neuen Sachlichkeit« gezählt wird. Sein einziges Thema sind und bleiben die Deutschen.
»Grosz' Unsicherheit und Widersprüchlichkeit«, schreibt Uwe M. Schneede, sei »typisch für viele fortschrittliche bürgerliche Intellektuelle und Künstler«. Bedeutet aber, Ideologien zu durchschauen — und Grosz hat nicht nur die großdeutsche, sondern auch die kommunistische Ideologie bald durchschaut —, »Unsicherheit und Widersprüchlichkeit«? Gerade weil Grosz sich einzig und allein auf die Deutschen und ihre Zukunft konzentriert, ist er weniger unsicher und widersprüchlich als die sturen Ideologen neben ihm, die Künstler unter ihnen eingeschlossen.
Böffs Einseitigkeit ist sein Engagement, eine Abart der Liebe, zumindest des unauskömmlichen Verkettetseins. Die Häßlichkeit der Franzosen,

George Grosz auf den Berliner Trümmern (1958)

Engländer, Italiener hat ihn nie tangiert. Als er später, am 12. Januar 1933, Berlin – wie immer rechtzeitig in seinen Vorahnungen – verläßt und im ebenfalls schon vorahnungshaft von ihm so heißgeliebten Amerika Unterschlupf findet, erlahmt neben seinem satirischen Impetus auch seine Künstlerkraft. Es gibt vorzügliche Aquarelle von ihm aus Cape Cod, die er übrigens malt, als in Deutschland seine Arbeiten in der Ausstellung »Entartete Kunst« gezeigt und viele anschließend verbrannt werden. Er zeichnet bisweilen auch in den Straßen großer Städte, beschränkt sich dann aber doch mehr und mehr auf zwar durchaus gekonnte, letztlich aber indifferente Naturstudien. Grosz und die Deutschen, Grosz und die Preußen, Grosz und die Berliner gehören zusammen, wie Haß und Liebe zusammengehören oder doch eine gemeinsame Wurzel haben. Der Chronist des Niederganges Preußens ist ein Preuße. Und bleibt einer, auch in der Emigration.
»Mein Vater«, hat sein Sohn, Peter Grosz, dem Biographen Lothar Fischer versichert, »ist in Amerika eigentlich ein einsamer Mann gewesen. Während er im Berlin der zwanziger Jahre täglich mit den führenden Leuten von Kunst, Theater und Literatur zusammen war, Ideen austauschte und realisierte, hat er in den USA – vielleicht abgesehen von Dos Passos – nur Leute zweiter Garnitur um sich gehabt.« Er trinkt mehr, als ihm und der Familie guttut. Aber erst 1959, 14 Jahre nach dem Zweiten und um vieles schrecklicheren Weltkrieg, beschließt er, endgültig dorthin zurückzukehren, wohin er gehört, nach Berlin. Dort ist er in der Zwischenzeit zwar schon wieder gewesen und hat vorgeschlagen oder den Gedanken gefaßt, »die Ruinen Berlins alle farbig zu besprühen mit Gold- oder Silberbronze«. Es gibt ein Foto von ihm, wie er, den obligaten Strohhut auf dem Kopf, immer noch aussehend wie ein »Yankee«, auf Berliner Trümmern sitzt, an der kalten Pfeife saugt und zeichnet.
Im Künstlerlokal Diener durchzecht er eine Nacht – dort an der Wand hat das Foto von ihm den Krieg überdauert, das ihn in Boxerstellung zeigt; es entstand, als er in den zwanziger Jahren Max Schmeling porträtierte. Spät erst verabschiedet Grosz sich von ein paar alten und neugewonnenen Freunden.

Im Morgengrauen des 6. Juli 1958 findet ihn eine Zeitungsfrau zusammengebrochen im Treppenhaus Savignyplatz 5. Dort hat sich früher die Wohnung seiner Schwester befunden, aus ihr ist er 1933 in die USA emigriert. Er stirbt – Todesursache laut Totenschein: Herzinfarkt –, als man ihn in diese Wohnung trägt, rund sechs Wochen nach seiner Rückkehr oder Heimkehr und kurz vor seinem 65. Geburtstag. Die Stadt Berlin bestattet ihn in einem Ehrengrab auf dem Friedhof an der Trakehner Straße, an der Seite seines Entdeckers und Fürsprechers Theodor Däubler.

Wie George Grosz aussah, wissen wir von Fotos, aber am besten erfahren wir es aus jenem Selbstbildnis, das er 1927 gemalt hat. Es zeigt den großen Unbequemen, wie er sich selbst sah, mit eben jenem steil aufgerichteten Zeigefinger, den er seinen Deutschen so vehement und so vergeblich vorgehalten hat. Störte ihn die Ähnlichkeit mit dem Johannes auf Meister Grünewalds Isenheimer Altar oder die fatalere mit einem grunddeutschen Schulrektor, der ja auch, tief verborgen, in ihm vorhanden war? Die obere Fingerkuppe hat Grosz in dem sonst so exakt und sachlich gemalten Porträt jedenfalls nachträglich verwischt, als wolle er nicht so oberlehrerhaft in die Ewigkeit eingehen oder sei es leid, den ewigen Mahner zu spielen.

Er muß es nicht mehr. Preußen – vielleicht auch dies eine Vorahnung von ihm – hat weiter keine Lehrmeister mötig; es hat aufgehört zu existieren.

Wie liberal war Preußen?

Man las es in der Zeitung, in einem Bericht über eine Historiker-Tagung zum Thema »Das Preußenbild in der Geschichte«. Es ging auf der Tagung unter anderem um eine Revision verzerrter und falscher Eindrücke, die man — Historiker eingeschlossen — von Preußen hat oder gehabt hat. Das Spielchen »Irrtümer der Weltgeschichte« gehört ja seit je zu den interessantesten Begleiterscheinungen aller Forschung: Columbus hat nie ein Ei auf die Spitze gestellt, Bismarck keinen Hering gegessen und Luther sein »Hier stehe ich, ich kann nicht anders« in dieser überlieferten Form nie gesagt etc.

So las man nun, neuestes Forschungsergebnis, bis hin zum Freiheitskrieg seien die preußischen Beamten keineswegs allzu preußisch gewesen, sondern zumindest ebenso korrupt wie die bayerischen oder sächsischen. Ich erinnere genau meine erste Reaktion: »Wie sympathisch«, dachte ich, denn gelernt hat man's anders. Der preußische Beamte war unbestechlich, ein Diener des Staates, der ihn karg belohnte und dem er, auch dies anscheinend typisch preußisch, in »unverbrüchlicher Treue« bis zum Tode aufopfernd die Fahnenstange hielt, schwarz-weiß mit aufsteigendem Adler. Ein etwas enger, bürokratischer, aber streng rechtlich eingestellter Mann, der — siehe da! — nun doch auch hin und wieder, das erste menschliche Merkmal, die flache Hand aufgehalten haben soll, ganz wie seine bayerischen oder sächsischen Kollegen, denen man es schon immer zugetraut hat.

Preußen, scheint mir, ist nicht zuletzt an der Überschätzung zugrunde gegangen, die die Deutschen insgesamt dem Land entgegengebracht haben. Nur so konnte es im Gesetz Nummer 46 des Alliierten Kontrollrats vom 25. Februar 1947 heißen: »Der Staat Preußen, seit jeher Träger des Militarismus und der Reaktion, hat zu bestehen aufgehört.« Militarismus und Reaktion — zugegeben. Aber sind nicht die Bayern und die Württemberger, die Sachsen und die Pfälzer, zu schweigen von den Schweden, Franzosen, Engländern, Schotten, auch ganz schön durch die Weltgeschichte marschiert? Es lag wohl, wie der Tübinger Wirtschaftswissenschaftler Erich Born auf der schon erwähnten Tagung zum Ausdruck brachte, nicht zuletzt an der »verpreußten« Geschichtsschreibung, daß der

Eindruck entstand, Preußen sei an allem schuld gewesen, an dem in Wirklichkeit die Nationalsozialisten schuld waren, und die waren nach Herkommen (aus Braunau, dem Wiener Antisemitismus und den Münchner Bierkellern) wie Einstellung (»Mehr Scheinen als Sein«) nun alles andere als würdige Nachfolger der alten Preußen.

Preußens Aufstieg zur Hegemonialmacht Deutschland war kein Akt von Militarismus oder Reaktion, sondern einer des Handels und Wandels im gesamtgesellschaftlichen Gefüge. Er begann nicht 1870/71 oder mit den Schlachten Friedrichs des Großen, sondern mit dem Zollverein 1834. Er war auch eine Folge der Industrialisierung, die, im Gegensatz zur vorherrschenden Auffassung, eher von Ost nach West als von West nach Ost verlaufen sein dürfte. Die Dampfmaschine jedenfalls stammt aus dem Osten – in den schlesischen Bergbaubetrieben ist sie früher angewendet worden als sonstwo, wahrscheinlich schon Ende des 18. Jahrhunderts. Die preußische Handels- und Wirtschaftspolitik folgte den Grundsätzen des wirtschaftlichen Liberalismus. So konnte Preußen, das geistig auch die Aufklärung hervorbrachte, Anfang des vorigen Jahrhunderts als fortschrittlicher Staat gelten, selbst für so unverdächtige Demokraten wie Görres, und sogar 1848 letztlich mit den Revolutionären paktieren, die ja ebenfalls die – romantische – Einigung des Reiches anstrebten. Mit der Reichsgründung 1871 ist die Geschichte Preußens im Grunde zu Ende, da geht sie auf in eine deutsche Geschichte, unheilvoll genug. Aber es ist ungerecht, Preußen nun zum alleinigen Prügelknaben für die nachfolgende deutsche Geschichte – inklusive Hitler – zu machen. Das Land hatte Schattenseiten genug – und ich habe mich bemüht, hier keinesfalls nur als Apologet aufzutreten –, man konnte an Preußen leiden (Kleist!) wie an einer tödlichen Krankheit, der Staat konnte Menschen zerstören (E. T. A. Hoffmann), aber er konnte sie auch fördern und ihnen größere, liberalere Möglichkeiten zur Entfaltung geben, als sie in anderen deutschen Ländern vorhanden waren: ein Friedrich Nicolai war nur unter einem König Friedrich denkbar, der ihm größere Freiheiten zugestand, als es andere Herrscher getan hätten, ein verwachsenes Genie wie Menzel konnte nur in Preußen groß werden, eine Bettina von Arnim nur in

Berlin so etwas wie eine geistig-politische Opposition bilden. Wie es kein Licht ohne Schatten gibt, gibt es keinen Schatten ohne Licht. Und da man bislang, jedenfalls nach dem Ende des Zweiten Weltkriegs, fast immer nur den Schatten Preußens gesehen hat, schien es mir an der Zeit, auch einmal wieder die Licht-Seite darzustellen. Ich gestehe offen: mein Buch, anfangs eine Serie für den Berliner »Tagesspiegel«, ist nicht zuletzt aus Ärger begonnen worden. Mich ärgerte die Ungerechtigkeit in der Behandlung Preußens vor der Geschichte.

Es handelte sich um den Ärger eines Nicht-Historikers. Mehr als das: ich glaube nicht an »Geschichte« als abstrakten Tatbestand. Geschichte ist keine Abstraktion, sollte es wenigstens nicht sein. Geschichte sollte von Menschen handeln, denn hinter all den Kämpfen, Kriegen, Siegen, Niederlagen, Geistes- und Heldentaten, Schurkereien und Intrigen stehen Menschen, von denen alles verursacht wurde, die aber auch alles durchleiden mußten. Die einzig denkbare, konkret-gerechte Geschichtsschreibung würde darin bestehen, die Lebensläufe aller Menschen nachzuerzählen, die gelebt und gelitten haben. Eine Utopie. Sowie der Ansatz dieses Buches, bescheiden genug, denn es begnügt sich mit 15 Lebensläufen unter Millionen. Überdies handelt es sich um die Lebensläufe großer und bedeutender Frauen und Männer, und ich bedaure sehr, daß es kaum möglich sein wird, den Lebenslauf eines, sagen wir, biederen Handwerkers unter Friedrich dem Großen oder eines ungelernten Arbeiters im »Voigtland«, dem Armenviertel Berlins in der Zeit angehender Industrialisierung, exakt nachzuerzählen. Erst ein derartiges Verfahren würde so etwas wie historische Gerechtigkeit garantieren. Geschichte und Kulturgeschichte bewahren aber über längere Zeit hinweg nur das Andenken an die wirklichen oder vermeintlich »Großen«, die Denkmalsgestalten. Die kleinen Leute bleiben den Romanautoren und Belletristen überlassen, nicht immer zu ihrem Vorteil.

Wie liberal Preußen war, läßt sich darum kaum pauschal beantworten. Ein Staat ist immer so liberal, wie er freie Entfaltungsmöglichkeiten bietet für möglichst viele seiner Bürger. Auch darin, wie er diese beschneidet, oft beschneiden muß, entweder einem — meist verhängnisvollen —

»Staatsgedanken« zuliebe oder weil Interessen und Entfaltungswillen der Bürger auseinander- und somit gegeneinanderstreben (und sie deshalb nach einer »ordnenden Hand« verlangen, auch wenn sich diese bisweilen gegen sie selbst wendet). Nicolai und Menzel gegenüber hat sich Preußen als durchaus freiheitlich bestimmter Staat erwiesen — inwieweit dem Buchbinder gegenüber, der für Nicolai handwerklich tätig war, oder gegenüber Menzels Stubenmädchen, wage ich nicht zu beurteilen. Rathenau und Rosa Luxemburg wurden von — wenn man so will — pervertierten Preußen ermordet. Ermordet wurden auch die Männer des 20. Juli 1944, die vielleicht keine Liberalen waren, wohl aber aufrechte Preußen, die auf dem gewichtigen Unterschied zwischen historischem Recht und historischem Unrecht bestanden und die ihr Leben dafür einsetzten. Die Liste der Hingerichteten liest sich über weite Strecken wie ein altpreußisches Familienregister, auch die Namen Moltke und Kleist befinden sich darunter. Wenn Preußen nicht schon 1871 endete, als es in Deutschland aufging, ins Reich, so endete es, genealogisch, an den Henkerstricken Hitlers. Nur den allerletzten Schlußstrich haben die Alliierten gezogen.

Hier sind 15 Lebensläufe brandenburgisch-preußischer Persönlichkeiten, die zu ihrer Zeit und nach ihren Umständen liberal eingestellt waren: Frauen und Männer der Lichtseite. Keine Geschichtstheorie wird aus dem Zylinder gezaubert, sondern gelebte Leben werden nach den überlieferten Quellen erzählt — 15 Menschen. Die Frage nach der Liberalität Preußens bleibt unbeantwortet; sie sollte von kenntnisreicheren und, vielleicht, mutigeren Leuten beantwortet werden. Sie mußte aber wohl einmal gestellt werden, ganz nach dem Motto des berühmten Berliner Schusterjungen mit seiner frech-beständigen Redewendung: »Man wird doch noch mal fragen dürfen.«

Wir haben es 15mal getan.

Bibliographische Hinweise

1) Über den Großen Kurfürsten: F. Schevill »The Great Elector« (Chicago, 1947) und in der Neuen Deutschen Biographie, Band 5, von G. Oestreich (1961). Weiter benutzt wurden der Aufsatz von Carl Hinrichs in den »Großen Deutschen« (Berlin, 1956), »Christina, Königin von Schweden« von Georgina Masson (deutsch 1968, Tübingen) sowie »Preußen, Mythos und Realität« von E. J. Feuchtwanger (deutsch 1972, Frankfurt am Main). Über Johann Kunkel berichtet Fontane in den »Wanderungen«, Band Oderland. Über die Dorotheenstadt: Kurt Pomplun im »Baedeker« und Günther Kühne in Reclams Kunstführer, Deutschland VII, Berlin, 1977.

2) Wer mehr über Nicolai nachlesen möchte, dem seien die beiden einzigen Biographien empfohlen, die zur Zeit vorliegen: Gustav Sichelschmidts knappe, »Friedrich Nicolai — Geschichte eines Lebens«, erschienen 1971 in der Nicolaischen Verlagsbuchhandlung, damals Herford, jetzt wieder Berlin, und, sehr viel ausführlicher, Horst Möllers »Aufklärung in Preußen« mit dem Untertitel »Der Verleger, Publizist und Geschichtsschreiber Friedrich Nicolai« (Berlin, Historische Kommission, 1974). Benutzt wurde auch ein anonymes Nachwort aus einer Neuausgabe des »Sebaldus Nothanker« im Ost-Berliner Rütten-&-Loening-Verlag; in einem Fall ist aus Fontanes »Wanderungen« zitiert.

3) Über Schlegel gibt es unzählige Fachliteratur. Die Zitate stammen meist aus der rororo-Monographie von Ernst Behler (1966) und aus »Johann Friedrich Reichardt« von Walter Salmen (Freiburg, 1963). Zu Rate gezogen wurden auch »Die Musik in Geschichte und Gegenwart, Band 11« (Kassel, 1963), »Das literarische Leben in Eutin im 18. Jahrhundert« von Brigitte Schubert-Riese (Neumünster, 1975), Vilmars »Geschichte der deutschen National-Literatur« (Neuausgabe im Safari-Verlag, Berlin, 1936) und Korffs »Geist der Goethezeit« (Leipzig, 1964).

4) Auch die Kleist-Literatur ist fast unübersehbar. Ich habe in der Hauptsache die Darstellungen benutzt von Hans M. Wolff, Joachim Maass, Paul Böckmann (in den »Großen Deutschen«) und Curt Hohoff (Reinbek, 1958). Der Aufsatz von Golo Mann, aus dem zitiert wurde, ist in der Anthologie »Der Reiz der Wörter« zum 150jährigen Bestehen des Reclam-Verlages (1978) erschienen.

5) Die neueste Biographie Hardenbergs stammt von Peter Gerrit Thielen (Köln und Berlin, 1967). Benutzt wurden auch eine Rede von Hans-Georg Wormit zum 150. Geburtstag Hardenbergs bei der Eröffnung einer Ausstellung am 26. 11. 1972 und ein Aufsatz von Oswald Hauser über »Das geistige Preußen«, beide veröffentlicht im Jahrbuch der Stiftung Preußischer Kulturbesitz von 1972, sowie Fontanes »Wanderungen«, Band Oderland.

6) Eichendorffs Quintessenz über E. T. A. Hoffmann wurde in seiner »Geschichte der

poetischen Literatur in Deutschland« (1857) ausgesprochen. Zitiert habe ich vor allem aus der Biographie von Gabrielle Wittkop-Ménardeau, Reinbek (1966), und den Werkausgaben von Geiger, Erné und Gisela Spiekerkötter. Die Angaben über Hippel basieren auf der 1958 erschienenen Biographie von M. Greiner.

7) Über Bettina von Arnim liegt, nach Natur der Sache, höchst unterschiedliche Literatur vor. Zitiert wurde nach der eher konservativen Biographie von Hans von Arnim (Berlin, 1963) und den eher »linken« Darstellungen »Bettina — eine weibliche Sozialbiographie aus dem 19. Jahrhundert« von Gisela Dischner (Berlin, 1977) sowie »Bettine von Arnim« von Ingeborg Drewitz (Düsseldorf, 1969). Den Hinweis auf die Verbindung zu Karl Marx hat Horst Behrend in »Karl und Jenny Marx« von B. Nikolajewski und O. Männchen-Helfer (Berlin, 1933) aufgespürt und in seinem Vorwort zu Hans von Arnims Monographie veröffentlicht.

8) Karl Friedrich Schinkel wird von Fontane im Band »Die Grafschaft Ruppin« seiner »Wanderungen« behandelt, desgleichen von Hans Scholz in seinen neuen »Reisen und Wanderungen durch die Mark Brandenburg« (Band 7). Schinkel hat — leider — keine Memoiren geschrieben, aber sein Nachlaß, seine Reisetagebücher, Briefe und Aphorismen wurden schon 1862—64 von seinem Schwiegersohn A. v. Wolzogen in vier Bänden herausgegeben. Eine Auswahl aus den Tagebüchern und Briefen liegt in einer einbändigen Ausgabe von G. Meier (1967) vor. Monographien sind unter anderem von Fritz Stahl (1912), August Grisebach (1924 — aus ihr stammen die meisten Zitate) und Paul Ortwin Rave (1953) erschienen. Hinzugezogen wurden ferner, wie im Text erwähnt, Lübke-Haacks »Die Kunst des XIX. Jahrhunderts (Esslingen, 1913) sowie Zeitlers »Kunst des 19. Jahrhunderts« im Rahmen der Propyläen-Kunstgeschichte (1966).

9) Die umfangreichste Biographie Alexander von Humboldts stammt von Hanno Beck (2 Bände, Wiesbaden, 1959—61), ergänzt durch die »Gespräche Alexander von Humboldts« des gleichen Autors (Berlin, 1959). Eine kurze, verläßliche und gut geschriebene Würdigung findet sich in »rowohlts monographien«, Band 131, von Adolf Meyer-Abich. In der gleichen Reihe wird Wilhelm von Humboldt (Band 161) von Peter Berglar abgehandelt. Zitiert wurde auch aus dem Humboldt-Aufsatz von Carl Troll in den »Großen Deutschen«.

10) Eine Auswahl aus Menzels grafischem Werk ist in zwei Bänden 1976 bei Rogner & Bernhard in München erschienen. In ihr findet sich auch das erwähnte Vorwort von Jens Christian Jensen. Weitere Quellen: »Die Kunst des XIX. Jahrhunderts« von Lübke-Haack (Esslingen, 1913), Irmgard Wirth: »Berlin — Maler sehen eine Stadt« (Berlin, 1963), G. Tolzien: »Menzel« in Kindlers Malerei-Lexikon (Zürich, 1967). Der ebenfalls mehrfach zitierte Aufsatz von Paul Ortwin Rave steht im ersten Band der »Großen Deutschen«, deren Biographien 1966 von Heimpel, Heuss und Reiffenberg herausgegeben wurden (Neudruck 1978), der Ausspruch Mete Fontanes in »Briefe an die Eltern« (Berlin, 1973).

11) Das Standardwerk über Helmuth von Moltke, Rudolf Stadelmanns »Moltke und der Staat«, ist 1948 erschienen. Zitiert wurde hauptsächlich aus Peter Rassows Aufsatz »Helmuth von Moltke«, der auf dieser Biographie basiert, aber auch aus Fontanes »Wanderungen«, E. J. Feuchtwangers »Preußen — Mythos und Realität«, (daraus die Schilderung Treitschkes) sowie Fritz Sterns Biographie »Gold und

Eisen« des Bismarck-Bankiers Bleichröder (Berlin, 1977). Die Briefe Moltkes sind, herausgegeben von E. Kessel, in einer Auswahl 1959 erschienen.

12) Über Helene Lange haben vor allem ihre Mitkämpferinnen berichtet, so Gertrud Bäumer in »Gestalt und Wandel« (1939) und »Helene Lange zum 100. Geburtstag« (1949) sowie Dorothee von Velsen (1966). Über die Fortschrittspartei habe ich mich bei E. J. Feuchtwanger informiert, dem Neffen des Schriftstellers Lion Feuchtwanger (»Preußen — Mythos und Realität«, deutsche Übersetzung 1972, Frankfurt am Main). Virginia Woolfs »Ein Zimmer für sich allein« ist in der Übersetzung von Renate Gerhardt 1978 in Berlin (Gerhardt Verlag) zum erstenmal auf deutsch erschienen. Die »Lebenserinnerungen«, aus denen zitiert wird, sind 1921 bei Herbig in Berlin verlegt.

13) Aus der Fülle der Rosa-Luxemburg-Literatur ragt immer noch das 1940 von Victor Gollancz zuerst verlegte Quellenwerk »Rosa Luxemburg — Gedanke und Tat« von Paul Frölich heraus, der, aus der Emigration heimgekehrt, 1953 in Frankfurt am Main gestorben ist. Es wurde 1967 mit einem Nachwort von Iring Fetscher neu aufgelegt (Frankfurt am Main als »basis studienausgabe«). Ihm verdanken auch die Biographien von J. P. Nettl (Köln-Berlin 1967) und Helmut Hirsch (Reinbek 1969) vieles. Eine Ausgabe der Briefe an Leo Jogiches ist 1971 in Frankfurt am Main erschienen. »Der Mord an Rosa Luxemburg und Karl Liebknecht« wurde 1967 von Elisabeth Hannover-Drück und Heinrich Hannover ausführlich nach den Prozeßakten dokumentiert (edition suhrkamp 233). Die »Darstellung von rechts« des Mordes habe ich der »Geschichte unserer Zeit« von Siegmar-Geléra entnommen, »Band I, Die Revolution, ihre Entstehung und Folgen«, Leipzig, 1930.

14) Die Zitate sind entnommen: der Rathenau-Biographie von Harry Wilde (Reinbek, 1971), dem »Tagebuch Rathenaus 1907—1922« sowie dem Vorwort dazu von Hartmut Pogge-v. Strandmann und einem Beitrag von James Joll (Düsseldorf, 1967), der Schrift »Zeitliches« (Berlin, 1918), den »Tagebüchern Harry Graf Keßlers 1918 bis 1937« (Frankfurt am Main, 1961) und der »Welt von gestern« von Stefan Zweig (Stockholm, 1944). Einen wichtigen Hinweis verdanke ich Dr. Wolfgang Stresemann, dem Sohn Gustav Stresemanns und langjährigen Intendanten der Berliner Philharmoniker.

15) Zitiert habe ich aus der Selbstbiographie von George Grosz, »Ein kleines Ja und ein großes Nein«, die 1946 gekürzt und von Lola Sachs Dorin ins Englische übersetzt (A Little Yes and a Big No) in New York und erweitert und mit neuen Abbildungen 1955 zum erstenmal in Deutschland erschien, bei Rowohlt. Weitere Quellen: Mehrings »Berlin Dada« (Zürich, 1959), Huelsenbecks »Dada« (Reinbek, 1964), meine eigene Hannah-Höch-Biographie (Berlin, 1968), die Texte von Eberhard Roters und Wieland Schmied im Katalog der Ausstellung »Tendenzen der zwanziger Jahre« (Berlin, 1977) sowie die Grosz-Biographien von Günther Anders (Zürich, 1962), Uwe M. Schneede (Köln, 1975) und Lothar Fischer (Reinbek, 1976), letztere die verläßlichste und unabhängigste von allen.

Register

Alle Fotos: Christiane Hartmann (Berlin)